루이스와 톨킨
우정의 선물

루이스와
톨킨

The Gift of Friendship 우정의 선물

콜린 듀리에즈 지음_홍종락 옮김

홍성사.

그건 황금 같은 시간이다.

······실내화를 신고 난롯불 앞으로 발을 쭉 뻗는다.

바로 곁에는 마실 것이 놓여 있다.

우리가 대화를 나눌 때면 온 세계가,

그리고 세계 너머의 무언가가 우리 마음에 모습을 드러낸다.

누구도 다른 사람에게 어떤 요구나 의무도 없으며,

마치 한 시간 전에 처음 만난 것처럼 모두가 자유롭고 동등하다.

그러면서도 세월에 무르익은 애정이 우리를 감싼다.

삶—자연적인 삶—은 이보다 좋은 선물을 줄 수 없다.

누구에게나 과분한 선물이 아니겠는가?

—"우정", 《네 가지 사랑》에서

일러두기

- 책(단행본) 제목은 《 》로, 영화/시/아티클/에세이/단편소설(단행본으로 나오지 않은)/언론사(방송사) 등의 제목은 〈 〉로 표기했다.

- 본문에 나오는 인용문 안에서 [ ] 부호 안에 들어간 말은 저자가 첨가한 것이다.

차례

머리말

　내가 두 사람의 우정에 대해 안 것은 상당히 오래된 일이다. 학생 시절, C. S. 루이스의 자서전을 읽고서 J. R. R. 톨킨과 루이스가 친구 사이였다는 사실을 알게 되었으니 말이다. 그러나 이 책을 쓰는 과정에서 나는 그들의 우정이 얼마나 강하고 오래 지속되었는지 발견하고 놀랐다. 물론 그들 사이에도 갈등과 골은 있었다. 40년 이상 이어진 우정에서 그런 일이 없었다면 오히려 이상하지 않은가? 이 책은 그들의 우정뿐 아니라 문학적 교우 관계에도 주된 초점을 맞춘 첫 번째 책이다.

　물론 J. R. R. 톨킨은 전 세계에 널리 알려진 인물이다. 그의 책 《반지의 제왕》이 경이적인 인기를 얻은 작품인데다 피터 잭슨이 감독한 3부작 영화가 나온 후론 그의 명성이 더욱 높아졌다. 영화의 촬영지였던 뉴질랜드 전체가 실제로 '가운데땅'이 되어 버렸다. 호빗, 오르크, 모르도르, 그리고 마법의 반지는 전 세계의 많은 술

집과 학교와 캠퍼스에서 설명이 필요 없는 화젯거리로 통한다.

그러나 톨킨이 옥스퍼드 동료 학자인 C. S. 루이스와 중요하고도 복잡한 우정을 나눴다는 사실은 그리 잘 알려져 있지 않다. 친구 루이스의 끊임없는 격려가 없었다면 《반지의 제왕》을 완성하지 못했을 거라는 이야기는 톨킨도 인정한 사실이다. 이 위대한 이야기 및 이와 연계된 작품 《실마릴리온》은 그냥 개인적 취미로만 머물고 말았을 것이다. 깊이 있는 두 문학가의 우정은 윌리엄 워즈워스와 새뮤얼 테일러 콜리지, 윌리엄 쿠퍼와 존 뉴턴, 그리고 G. K. 체스터턴과 힐레어 벨록의 우정과 비견할 만하다. 톨킨의 《반지의 제왕》에 등장하는 엔트족 나무수염은 루이스, 특히 "흠, 흠!" 하는 그의 깊고 우렁찬 목소리에 영감을 받아 탄생했다.

C. S. 루이스도 특별히 어린이들을 위한 시리즈 《나니아 나라 이야기》를 통해 전 세계에서 큰 인기를 얻고 있다. 시리즈 제목이 잘 보여 주듯이 이 이야기의 초점은 상상의 세계 나니아에 있다. 루이스가 어린이들을 위해 이 세계를 창조할 때 그는 《반지의 제왕》이 조금씩 완성될 때마다 톨킨이 들려준 가운데땅의 사건들에 흠뻑 빠져 있었다. 나니아 시리즈의 첫 번째 작품 《사자와 마녀와 옷장》은 〈슈렉〉을 제작한 앤드루 애덤슨 감독에 의해 영화화된다.

톨킨만 루이스에게 큰 빚을 진 것은 아니었다. 1926년 두 사람이 옥스퍼드 대학에서 만난 이후, 루이스의 모든 소설에는 장소나 등장인물의 이름은 물론이고 설득력 있게 창조된 환상세계에서도 톨킨의 영향을 받은 흔적이 역력하다. 루이스가 쓴 공상과학 소설의 주인공 엘윈 랜섬 박사는 영락없는 톨킨이다. 오랫동안 무신론자였던 루이스에게 1세기의 팔레스틴 지역이라는 초라한 배경 안에서 벌어진 사건을 근거로 하는 기독교의 핵심 주장들이 지성과 상상력의 측면 모두에 호소력이 있으므로 무시해선 안 된다는 확신을 심어 준 이도 톨킨이었다. 나중에 루이스가 그간 두 번이나 거절했던 케임브리지 대학의 교수직을 받아들이도록 설득한 사람 역시 톨킨이었다. 루이스는 옥스퍼드에서 거의 30년 동안 학생들을 가르쳤지만 세 번이나 교수 자리를 놓쳤던 터였다.

톨킨과 루이스의 우정은 1926년 그들이 처음 만난 시점부터 1963년 루이스가 죽을 때까지 이어졌다. 모든 친구 사이, 특히 오랫동안 이어진 관계들이 그렇듯 두 사람 사이에도 기복은 있었다. 루이스와 톨킨의 경우엔 특히 말년에 둘의 사이가 소원해졌다. 그러나 그들을 하나로 잇는 유사성은 그들을 갈라 놓는 차이점보다 언제나 강했다.

톨킨과 루이스의 전기는 각각 여러 권이 나와 있다. 그들의 관계를 연구하는 책을 쓰면서 나는 주요 전기 작가들, 험프리 카펜터, 월터 후퍼, 고(故) 로저 랜슬린 그린, 조지 세이어, 그리고 앤드루 윌슨의 도움을 많이 받았다. 톨킨과 루이스의 생애와 활동을 다룬 중요한 연구 결과들도 많이 있다. 그중에는 루이스의 어린 시절을 기록한 데이빗 다우닝과, 문헌학자로서 톨킨을 연구한 톰 쉬피의 책도 있다. 참고문헌의 분량만 봐도 그들의 교수 활동과 저작과 소설의 여러 측면에 대해 놀라운 통찰력을 제공하는 연구가 매우 풍성하게 이루어져 있음을 알 수 있다.

오랜 세월 동안 이어진 그들의 미묘하고 복잡한 우정을 포착하기 위해서는 취사선택이 불가피했다. 이런 과정의 일환으로 나는 각 장을 시작할 때나 그 외 본문에서 짤막한 장면들을 만들어 제시해

봤다. 이것은 기록에 남아 있는 사실을 바탕으로 그들의 생애와 우정에서 중요했던 순간들을 간략하게 재구성해 본 것이다. 사실 둘 사이 우정의 생생한 맥박은 일기와 편지, 친구들의 회상뿐 아니라 그들의 문학 작품에서도 요동치고 있다. 그들의 우정을 기록하려는 사람은 그들의 생애에서 일어난 사건들과 주요한 관계들은 물론 그들의 글도 눈을 부릅뜨고 살펴야 한다.

그런 폭넓은 시야를 견지하려 노력하면서 책을 쓰는 가운데, 나는 일부 잘못된 발언이 권위 있게 받아들여진 사실에 놀라지 않을 수 없었다. 그런 발언들을 그냥 넘어갈 수는 없는 노릇이다. 유명한 20세기 영문학 사전(망신 줄 의도는 없으므로 구체적으로 밝히지는 않겠다)을 하나 인용해 보겠다. "루이스는…… 여성차별주의자였고 여성의 지성이 남성보다 본질적으로 열등하다고 생각했다. 따라서 여성들과의 관계가 대개 불편했다는 것은 당연하다." 그 항목의 저자는 루이스가 전시(戰時)에 그의 집으로 피난 온 어린이들에게 친절했고 30년이 넘도록 양어머니를 보살폈고 두 명의 양아들을 책임졌으며 고민거리를 상담하는 편지를 보내온 이들에게 성실하게 답장을 썼고 자선단체에 많은 돈을 기부한 사연들을 몰랐던 것이 분명하다. 여성의 지성에 대한 그의 견해를 보여 주는 사례들은 얼마든지 더 들 수 있다. 그러나 그가 조이 데이빗먼의 명민함에 대해 한 말을 읽거나, 당대 최고의 신학적 지성인 중 한 명인 도로시 세이어즈와의 우정을 살펴보거나, 철학자 엘리자베스 앤스콤과의 논쟁 이후 자연주의를 반대하는 자신의 논증에 심각한 오해의 소지가 있음을 깨닫고 그 논증을 수정한 사실만으로도 충분할 것이다.

위 사전의 인용글 뒤에는 더욱 심각한 오류가 등장한다. "루이스와 톨킨은 친구 사이였지만 어린이들을 대상으로 쓴 서로의 글을 경멸했다." 톨킨은 《나니아 나라 이야기》를 좋아하지 않았지만(그는 그 책이 알레고리투성이라고 생각했다) 그 이야기를 경멸하지는 않았다. 루이스로 말하자면, 《호빗》의 출간 직후 그것이 아동문학의 고전이 될 만한 작품임을 알아보고 극찬을 아끼지 않았다.

내가 루이스와 톨킨의 주요 전기 작가들이 쓴 철저한 작품들에 큰 빚을 졌다는 사실은 앞에서 언급했다. 물론 감사해야 할 사람들은 그 외에도 많다. 그중에서도 특히 루이스와 톨킨의 특별한 우정을 계속 탐구하도록 격려해 준 이들에게 감사한다. 영국, 아일랜드, 미국, 스페인, 이탈리아, 스웨덴, 폴란드 등 국적도 제각각이었던 그들의 수가 너무 많아 다 언급할 수가 없지만 내게 특히 중요했던 사람들 몇을 꼽아 보자면 영국의 톨킨 협회, 미국의 웨이드센터와 항상 도움을 주는 그 직원들, 일리노이 주 휘튼의 친절한 메리 베첼 부인, 옥스퍼드 대학의 C. S. 루이스 협회, 그리고 썬비(Thurnby)의 성 누가 교회 친구들이다. 바람 불고 비 오는 날 나를 태우고 톨킨이 어린 시절을 보냈던 장소를 찾느라 혼란한 풍경의 도시 버밍엄을 누비고 원고를 읽어 준 린 해밀턴과, 늘 탁월한 통찰력으로 나의 시야를 밝혀 주고 원고를 읽어 준 데이빗 다우닝에게 고마운 마음을 전한다. (언제나처럼 자신이 얼마나 큰 도움이 되었는지 몰랐겠지만) 이 작업을 격려해 준 월터 후퍼에게도 감사를 전한다. 그럼에도 불구하고 남아 있는 오류들은 모두 내 잘못이라는 말을 덧붙여야겠다.

루이스와 톨킨 같은 작가의 작품에 대한 일반 독자들의 지식은 엄청나다. 따라서 부족한 부분에 대해서는 독자의 양해를 구한다. 때로 지나치게 생략된 것으로 보이는 부분이 있다면 그건 좀더 전문적인 연구에나 적합할 세부 내용에 치우치지 않기 위한 불가피한 선택이었다고 생각해 주길 바란다. (영화 〈반지원정대〉에서는 발로그를 탁월하게 형상화했지만 그놈에게 정말 날개가 있는지는 지금도 모르겠다. 그래도 호빗들이 물고기와 감자 튀김을 먹는 이유는 알 것 같다. 루이스가 조이 데이빗먼과 결혼한 사실을 톨킨에게 말하지 않은 이유를 확실히는 모르겠다. 그래도 내가 발견할 수 있는 최선의 이유를 본문에서 제시해 볼 것이다. 그리고 결코 그랬을 것 같지는 않지만, 루이스가 그의 양어머니와 육체적 관계를 가졌는지 여부도 모르겠다.) 자극과 좋은 교제를 제공해 준 레스터 작가 클럽 회원들에게 감사한다. 내가 여행을 계속하도록 도와주고 격려와 현명한 조언을 아끼지 않은 편집자 잰 에릭거스에게도 감사한다.

2003년 2월 레스터에서
콜린 듀리에즈

1. 두 인격의 형성기 1892-1925

두 소년이 버밍엄 철도 제방 가장자리에 웅크리고 있다. 둘의 모습은 잔뜩 피어난 꽃과 풀 아래로 반쯤 가려져 있다. 키 큰 아이는 아홉 살 정도 되고 그 동생 힐러리는 두 살 아래다. 시간이 휴가라도 간 듯한 1901년 한여름의 나른한 날이다. 들리는 소리라곤 반(半)도시 풍으로 제멋대로 뻗어나간, 아이들의 집이 있는 뒤쪽 거리에서 가끔 들려오는 전차 소리나 킹즈 히스 역 근처의 저탄장(貯炭場)에서 석탄을 실은 화차가 선로를 바꾸며 끼익거리는 소리가 전부다. 큰 아이가 동생을 바라보며 덤불 더미 안에서 발견한 작고 화려한 식물을 가리킨다. 잠시 후 둘이 기다리던 주인공이 등장한다. 남쪽에서 증기 기관차 한 대가 느리고 규칙적인 소리를 내며 아이들이 있는 곳으로 오고 있다. 아이들은 많은 석탄화차를 뒤에 거느린 채 옅은 열안개를 뚫고 나타나는 반짝이는 검은 기관차를 더 잘 보려고 일어선다. 이 기차는 남웨일스의 탄광에서 탄질이 좋고 습기가 많은 석탄을 싣고 160킬로미터가 넘는 거리를 달려왔다. 버밍엄을 이전 90년 동안보다 너댓 배나 더 키워 놓은 산업혁명의 불길에 연료를 공급하기 위해서이다. 버밍엄은 앞으로 두 배는 더 커질 것이다. 석탄화차가 지축을 울리며 두 아이 바로 앞을 덜컹덜컹 지나가는 동안 큰 아이는 열차 옆면에 적힌 이름들을 뚫어져라 쳐다본다. 그 아이는 이전에도 여러 번 그렇게 했는데 그건 아직 발음도 할 수 없는 지명들(Blaen-Rhondda, Maerdy, Senghenydd, Nantyglo, Tredegar)이 주는 신비한 아름다움에 매료된 까닭이다. 소년의 이름은 존 로널드 루얼 톨킨이고 가족과 친구들에게는 로널드나 존 로널드로 불린다.[1]

그로부터 거의 70년이 지난 1970년, J. R. R. 톨킨은 BBC 방송 인터뷰[2]에서 그때 웨일스의 지명들을 처음 접한 것이 중요한 의미가 있었다고 밝히게 된다. 소년 시절의 그 특별한 경험은 많은 면에서 호빗과 요정, 사악한 존재인 오르크와 용의 세계, 그가 창조한 가운데땅 이야기의 탄생으로 이어진다. 같은 인터뷰에서 톨킨은 자신이 그 지명들에 매료되었다고 설명한다. "저는 무엇보다 웨일스어의 그 억양과 어감에 매력을 느꼈어요. 석탄화차에 적힌 글자를 처음 보았을 때도 그것이 무슨 뜻인지 알고 싶었지요."

그는 자신의 작품이 언제나 이름으로 시작된다고 설명한다. "이름이 하나 주어지면 거기서 이야기가 만들어집니다. 그 반대의 경우는 별로 없습니다." 그는 현대어 가운데서 처음에는 웨일스어와 나중에는 핀란드어가 《반지의 제왕》을 비롯한 그의 작품에 가장 큰 영감을 주었다고 말한다. 실제로 웨일스어는 그가 발명한 요정 언어의 한두 주요 분파뿐 아니라 아르웬, 안두인, 로히림, 과이히르

등 그의 이야기에 등장하는 많은 이름들에 영향을 주었다.

철도 제방에 서 있는 톨킨 형제와 그들 앞에 놓인 미래에서 벗어나 이제 새처럼 빨리 버밍엄 상공으로 날아가 보자. 잉글랜드 중서부의 조그맣고 푸른 들판과 삼림에 접해 있는 버밍엄의 광활한 침식지가 보인다. 톨킨의 샤이어(호빗족이 사는 마을)다. 우리는 기구에 탄 사람들만이 가끔씩 볼 수 있었던 광경을 본다. 도시에서 사방으로 뻗어 나간 먼지투성이 도로들이 복잡하게 연이어져 다양한 색깔을 이룬 잉글랜드 시골의 경치를 지나간다. 시내와 운하가 낮은 언덕과 완만한 기복을 가로지르며 남쪽의 세번 강으로 흘러간다. 여름의 열기에도 이 푸른 경관은 상쾌하기만 하다. 혼잡한 도시 한복판을 지나 철도 본선을 따라 북쪽으로 날아가면 드디어 크루(Crewe), 머지 운하, 분주한 리버풀 항구, 그리고 푸른빛의 아이리시 해(海)가 나온다. 서쪽으로 방향을 틀면 아래쪽으로 맨 섬(the Isle of Man)이 지나가고, 얼마 후 북아일랜드의 아즈 반도와 수평선 남쪽으로 몬 산맥이 보인다. 이곳이 루이스가 톨킨의 가운데땅에서 영감을 얻어 후년에 만들어 내게 되는 세계, 나니아 나라다. 우리 아래로 지나가는 얼스터처럼, 이 나니아 나라는 동쪽에 해안선이 있고 카운티다운 같은 풍경의 내륙에다 북쪽에는 늪지와 황무지가, 남쪽에는 산맥이 있다. 반도를 돌아 벨파스트 호(湖)에 들어가면 여느 때처럼 배가 많이 떠 있고 저 멀리 도시가 환히 보인다. 당시 세계에서 가장 큰 조선소였던 할랜드 앤드 울프 조선소의 거대한 기중기들은 지금도 볼 수 있다. 그곳에서 올림픽 호와 타이타닉 호 같은 자랑스러운 선박들이 숙련되고 창의적인 기술자들의 노고 아래 만들어졌다.

톨킨이 석탄화차에 적힌 웨일스 지명들에 매료되었던 무렵, 그보다 훨씬 어린 클라이브 스테이플즈 루이스도 나름의 강렬한 경험을 한다. 여섯 살배기였던 그의 형 워렌 루이스가 벨파스트 호 기슭 근처, 할랜드 앤드 울프 조선소에서 그리 멀지 않은 곳에 위치한 튼튼한 집 던델라 빌라의 놀이방으로 뛰어 들어온다. 그는 이끼와 꽃과 잔가지로 채운 비스킷 통 뚜껑을 동생에게 자랑스레 보여준다. 루이스는 아름다움과 최초로 대면한 당시의 순간을 미숙하고 "구제불능일 정도로 낭만적인" 경험으로 회상한다. 그 경험 덕분에 당시 세 살도 안 된 루이스는 형 '와니'(워렌의 애칭)와 함께 놀던 놀이방 바깥의 정원을 새롭게 볼 수 있게 된다. 워렌이 이끼로 세심하게 덮은 뚜껑 안에다 꽃과 잔가지들을 솜씨 좋게 밀어 넣어 미니 장난감 정원을 만들었기 때문이다. 그전까지 그들 형제는 진짜 정원에서 놀면서도 나뭇잎 모양 따위는 안중에도 없었다. 이제 루이스는 어린 그가 경험할 수 있는 자연 세계, 진짜 정원을 워렌의 작품을 통해 본다.[3]

나중에 그는 《예기치 못한 기쁨》(1955)에서 이렇게 회상한다. "나는 그 경험을 통해 자연을 형태와 색의 창고가 아니라 이슬을 머금은 서늘하고 신선하고 활력 있는 곳으로 인식하게 되었다."[4] 그 사건의 중요성은 기억 속에서 점점 더 커져서 닿을 수 없는 낙원의 이미지, 위로할 길 없는 갈망을 포착하는 수단이 된다. 루이스가 '기쁨' 또는 동경(Sehnsucht)이라고 부르게 되는 그 갈망은 그의 저작들을 관통하는 특징이다. 형의 장난감 정원은 그 후로 줄곧 그가 상상하는 천국의 모습에 영향을 끼친다. 그 특별한 경험을 시작으로 루이스의 "통해서 보는" 습관적인 과정이 시작된다. 그것은 기억, 문학 작품, 또는 다른 렌즈를 통해 보이는, 분명히 존재하되 잡히지는 않는 기쁨과 아름다움을 포착하기 위한 과정이다. 오랜 세월이 지나서, 실제로는 반평생을 보낸 후에야 그는 기쁨을 낳는 이러한 경험들을 통해 진정으로 바라볼 만한 구체적이고 만족스러운 대상을 찾게 된다. 그때 비로소 루이스는 하나님이 존재하지 않는다거나, 자연에 존재하는 힘에 불과하다는 그때까지의 믿음이 틀렸음을 마지못해 인정한다. 그는 하나님이 우리 존재의 원천이심을 발견한다. 아닌 게 아니라 루이스는 후일 이렇게 말한다. "그분은 모든 존재의 불가사의한 중심, 그저 오로지 존재하시는 분, 사실이 솟아나는 원천이시다."[5]

톨킨과 루이스의 유년 시절에는 상상의 세계가 계속해서 큰 부분을 차지한다. 벨파스트의 루이스는 (형 워렌과 함께) 말하는 동물들의 세계 복센과 동물나라를 창조하고, 잉글랜드 중부의 톨킨은 웨일스어와 핀란드어, 그리고 나중에는 고대 고트어 같은 기존 언어의 매력에 빠지게 된다. 의미심장하게도 두 사람 모두 어머니를 일찍 여읜다. 루이스는 아홉 살, 톨킨은 열두 살 때의 일이다. 그때 톨킨은 이미 아버지를 잃은 후였다. 그는 뭔가 기억에 남을 만큼 기억력이 채 정돈되기 어려울 정도로 어린 나이였다. 루이스는 어머니의 죽음에 이어 당시엔 쫓겨나는 것처럼 느끼며 불행한 기숙학교로 보내지면서 아버지와 소원해지게 된다. 톨킨과 루이스 모두 제1차 세계대전 동안 본격적으로 글을 쓰기 시작한다. 그 기간에 루이스는 부상을 당하고 톨킨은 절친한 두 친구를 잃는다.

⟨∽⟩

톨킨은 1892년 1월 3일, 남아프리카공화국의 블룸폰테인에서 영국인 부부 아서 루얼 톨킨과 메이벨(처녀 시절의 성은 서필드)의 첫째 아들로 태어났다. 아서 톨킨은 1857년에 태어났는데, 아프리카 은 행에 취직하기 위해 남아프리카공화국으로 가서 결국 케이프타운 에서 1,100킬로미터 떨어진 블룸폰테인의 주요 지점에 자리를 잡았 다. 메이벨은 1870년 버밍엄에서 태어났다. 그녀의 가족은 원래 우 스터셔의 이브셤 출신으로, 나중 톨킨의 동생 힐러리는 그곳에서 과수원을 경영하게 된다.

톨킨은 잉글랜드 중서부 특히 우스터셔에 마음이 끌렸고, 도시에 사는 톨킨 가문보다는 외가 쪽인 서필드 가에 더 일체감을 느꼈다. 블룸폰테인의 톨킨 가족은 "메이틀랜드 로(路)의 제방 위에서 살았 는데, 그 너머에는 메마르고 나무도 없는 벨트 평야가 있었다." 메 이벨이 인척들에게 보낸 한 편지에는, 흰색 주름 장식이 달린 옷에 다 신발과 에이프런 드레스까지 입혀 놓은 아기 톨킨이 "진짜 요 정" 같다고 쓰고 있다. 그녀는 같은 편지에서 옷을 벗겨 놓은 톨킨 은 "더욱 요정 같은" 모습이라고 말한다.® 1894년 2월 17일, 힐러리 아서 루얼이 태어났고 덕분에 후일 양친의 사망 이후에도 톨킨은 혼자가 아닐 수 있었다. 톨킨 형제의 관계는 어린 시절 루이스와 형 와니의 관계와 비슷하다.

1895년 4월, 맏아들 톨킨의 건강 때문에 메이벨은 두 아들을 데 리고 잉글랜드행 배를 탔다. 블룸폰테인의 더운 날씨 때문에 아이 가 힘겨워했던 것이다. 아서 톨킨은 남아서 자기 일에 몰두했다. 메 이벨은 두 아들을 데리고 버밍엄 킹즈 히스의 애슈필드 로(路)에 있 는 서필드 일가의 작은 집에서 그녀의 부모님과 여동생 제인과 함 께 지냈다. 톨킨은 환경의 변화에 혼란스러워했으며 때로는 뱅크

하우스의 베란다를 본딴시고 외갓집에서 고개를 있는 대로 내밀기도 했다. 먼 훗날 그는 이렇게 회상했다. "지금도 버밍엄의 도로를 내려가면서 그 큰 베란다는 어떻게 되었을까, 그 발코니는 어떻게 되었을까 궁금해하던 기억이 난다."[7] "건조하고 메마른 더위" 속에 있다가 처음으로 성탄절 트리를 보는 일은 새롭고 신기했다.

그러나 그 다음 날아온 소식으로 인해 톨킨 가족의 삶은 거주지를 옮기는 것과는 차원이 다른 큰 변화를 겪었고 그때부터 가난에 시달리게 되었다. 1896년 2월 15일, 아서 톨킨은 류마티스성 발열과 출혈로 잠시 앓다가 세상을 떴다. 서른아홉밖에 되지 않았던 그는 블룸폰테인의 세인트조지 교회와 처치 로(路)의 모퉁이에 있는 오래된 공동묘지에 묻혔다. 메이벨이 남편이 아프다는 처음 전보에 이어 그의 사망 소식을 받았을 때는 장례식까지 모두 끝난 후였다. 톨킨 일가는 돈이 없어서 수천 킬로미터나 떨어진 그의 무덤을 찾아갈 엄두조차 내지 못했다.

그해 여름, 상심한 가족은 버밍엄 시에서 대략 1.6킬로미터 정도 떨어진 그레이스웰 5번지, 세어홀 방앗간의 연못과 거의 반대편에 있는 날렵하고 크기도 적당한 반독립식 오두막으로 이사했다. 도시와 가까웠지만 그들의 집은 농촌 워릭셔의 한복판에 있었다. 말과 수레만 있는 그곳은 "소음이 적고 녹지가 더 많은 고요한 옛 세계"[8]였다. 톨킨에게 그곳은, 얼마 후 세상을 떠난 어머니에 대한 기억과 얽혀 고향이 되었다. "샤이어는 내가 처음으로 사물에 대해 인식하게 되었던 세상과 아주 비슷하다. ……시들어 가는 유칼리나무로 첫 번째 성탄절 트리를 만들고 늘 더위와 모래에 시달려야 하는 곳에 살다가…… 상상력이 막 발동하는 나이에 갑자기 조용한 워릭셔

마을에 오게 되면 좋은 수석, 느릅나무, 작고 조용한 강 등과 곳곳의 시골 사람들이 어우러진 잉글랜드 중부의 시골에 대해 특별한 애착을 느끼게 된다."[9] 세어홀 방앗간(오늘날 버밍엄에 보존되어 있다)은 특히 그의 상상력에 큰 영향을 끼쳤다. "제분기 두 개로 진짜 곡식을 빻았던 오래된 방앗간, 백조가 노니는 큰 연못, 모래밭, 꽃이 핀 아름다운 골짜기, 구식의 마을 집 몇 채, 그리고 저 멀리 또 다른 방앗간이 있는 개울이 있었다."[10] 톨킨은 무서운 방앗간 주인의 아들에게 '하얀 도깨비'라는 별명을 붙였다.

동네 아이들은 톨킨과 힐러리의 긴 머리(당시 중산층 남자아이들의 관습)를 이상하다고 여겨 둘을 '계집애'라고 부르며 비웃었다(톨킨은 대체로 그 별명을 아주 좋아했다). 한 편지에서 톨킨은 늙은 방앗간 주인과 그 아들이 어린 그에게 무섭고도 경이로운 존재였다고 말한다. 또 다른 편지에서는 그가 어린 시절을 "기계 문명 이전의 시대 '샤이어'"에서 보냈다고 썼다.[11] 그리고 사실 덩치가 다를 뿐 자신은 호빗이었다고 덧붙였다. 그는 호빗처럼 정원과 나무, 기계화되지 않은 농지를 좋아했다. 그도 파이프 담배를 피웠고 소박한 음식을 즐겼다. 단조로운 색상이 유행이던 20세기 중반에 과감하게 장식이 달린 조끼를 입었다. 밭에서 갓 딴 버섯을 좋아했고 농담도 즐겼는데, 그의 농담을 지루하게 여긴 사람들도 있었다. 그는 늦게 잠자리에 들고 가능하면 늦게 일어났다고 했다. 그리고 호빗처럼 그도 여행을 거의 다니지 않았다. 《반지의 제왕》에서 그는 호빗골의 워터 강에 있는 방앗간이 헐리고 벽돌 건물이 세워져 물과 공기를 오염시키는 이야기를 썼다.

그의 상상력의 또 다른 중요한 특징이 시작된 시기가 이 즈음이었을지 모른다. 그는 대홍수, 큰 파도에 대한 꿈을 여러 번 꾸었다. 결국 오랜 구상 끝에 이 기억은 샤이어가 속한 상상의 세계, 가운데 땅의 역사에 통합되었다. 톨킨은 그 꿈을 톨킨판 아틀란티스 신화라 할 누메노르의 멸망에 대한 이야기로 엮어 냈다.[12]

1900년, 톨킨은 당시 버밍엄의 뉴스트리트 역 근처에 있던 고전 문법학교 킹에드워드 스쿨에 입학했다. 학비는 이모부가 지불했다. 그 무렵 톨킨의 어머니 메이벨과 이모 메이는 개신교 집안이던 친정과 시댁 모두의 거센 반대를 무릅쓰고 로마가톨릭으로 개종했다. 그 결과 메이벨은 익숙지 않았던 가난과 근심을 겪어야 했다. 그들은 시골집을 떠나 버밍엄 시내 모즐리로 이사했는데 그곳은 버밍엄 오라토리오회(會)에 전보다 좀더 가까웠다. 1859년 뉴먼 추기경이 설립한 이 수도회는 메이벨의 영적 고향이 되었다. 존 헨리 뉴먼 (1801-1890)은 옥스퍼드에서 배운 학식과 상상력과 독립심으로 로마가톨릭이 소생하는 데 큰 기여를 한 비전의 사람이다. 모즐리는 도심으로 가는 전찻길에 접해 있었기 때문에 톨킨이 통학하기에도 더 편했다.

이듬해 가족은 또다시 이사해야 했고 새로 들어간 집 뒤편에는 근처의 킹즈 히스 역과 연결된 철로가 놓여 있었다. 바로 여기서 톨킨은 웨일스 지명들이 적힌 석탄화차들을 발견했다. 나중에 그들은 에지배스턴 지역의 올리버 로(지금은 도심재개발의 일환으로 없어졌다)에 있는 낡아 빠진 집으로 이사했다. 그곳은 오라토리오회까지 걸어가도 금방이었고 저수지와도 가까웠다. 그리고 지금도 남아 있는 두 개의 탑이 하늘 높이 우뚝 솟아 있었다. 지역 사학자들은 이 탑들이 톨킨의 가운데땅에 나오는 곤도르의 탑들인 미나스 모르굴과

미나스 티리스에 영감을 주었다고 주장하지만 서로 전혀 닮지 않았다. 그중 하나는 버밍엄에서 가장 이상하게 생긴 건물로 1756년에 세워진 높이 30미터의 페로츠 폴리고, 또 하나는 빅토리안 급수탑이다. 한동안 톨킨 형제는 킹에드워드 스쿨을 떠나 학비가 저렴한 오라토리오회 부속 세인트필립스를 다녔다. 그러나 1903년 톨킨은 에지배스턴의 집에서 3킬로미터밖에 안 떨어진 킹에드워드 스쿨의 장학생으로 선발되어 가을학기에는 그곳에서 다시 공부를 시작할 수 있었다. 톨킨은 그해 첫 번째 영성체를 받아 어머니의 로마가톨릭 신앙에 대한 애정을 드러냈다.

세인트필립스 스쿨을 통해 메이벨과 두 아들은 프랜시스 모건 신부를 만났는데, 그는 톨킨에게 뉴먼 추기경의 교육에 대한 이상을 얼마간 전해 주게 된다. 프랜시스 모건은 오라토리오회 부속 교구의 사제였고 뉴먼 밑에서 일한 바 있었다. 모건 신부는 아버지 없는 톨킨 가족에게 친구이자 조언자였고 경제적 도움도 주었다. 그는 자주 아픈 아이들과 당뇨병이 진행되는 어머니가 1904년 여름 동안 우스터셔의 시골 깊숙이 위치한 렌덜 마을 근처 오라토리오회 시골 휴양지의 예쁜 오두막에서 살 수 있게 해 주었다. 그곳의 분위기는 세어홀과 비슷했다. 메이벨은 몇 달 후 그곳에서 죽었고 아이들의 후견인이 된 모건 신부는 아이들을 책임지기로 했다. 그는 아이들을 위해 버밍엄에 숙소를 구해 주었고 경제적으로 도왔으며 휴가 때는 아이들과 함께 시간을 보냈다. 처음에 톨킨 형제는 에지배스턴의 스털링 로(路)에 있는 비어트리스 숙모의 집으로 이사했다. 형제는 어둑한 숙모 집의 꼭대기층 침실을 함께 썼는데 그곳에서는 마을의 무수한 지붕들이 넓게 보였고 멀리 공장 굴뚝들도 눈에 들어왔다.

톨킨은 어머니를 재능이 많고 아름답고 재치 있는 분으로 기억했다. 그는 어머니가 많은 고통과 슬픔을 겪었다고 생각했다. 그는 서른넷의 젊은 어머니를 죽음으로 몰아넣은 것이 어머니의 로마가톨릭 신앙에 대한 친척들의 '박해'였다고 은연중 믿었다. 어린 나이에 아버지를 잃은 형제에게 어머니의 죽음이 어떤 충격으로 다가왔을지는 상상에 맡길 수밖에 없다. 톨킨은 이렇게 썼다. "내가 문헌학 (문헌의 고증과 문헌 비평 및 해석을 통하여 한 민족 또는 시대의 문화를 역사적으로 연구하는 학문—옮긴이), 특히 게르만어와 로망스를 좋아하게 된 것은 (내가 장학금을 받기 전까지) 나를 가르쳐 주신 어머니 덕분이다." 톨킨이 말하는 '로망스'는 다른 세계를 흘낏 보여 주어 그 기묘함과 경이로 상상력에 직접 호소하는 이야기와 시(詩)들을 뜻했다.

메이벨 톨킨은 렌델에서 멀지 않은 브롬즈그로브의 세인트피터스 로마가톨릭 성당의 교회묘지에 묻혔다. 톨킨은 이렇게 회상한다. "나는 나를 가톨릭교회로 이끄신 어머니가 극도의 가난 속에서 영웅적인 고통을 겪고 일찍 돌아가신 것을 (제대로 이해하지 못한 채) 목격했고 프랜시스 모건 신부님의 놀라운 사랑을 받았다. 나는 처음부터 성체 찬미식에 반했다……."[13]

⌖

클라이브 스테이플즈 루이스는 1898년 11월 29일, 북아일랜드 벨파스트의 부유한 지역에서 벨파스트 시의회와 여러 기관의 수석변호사였던 아버지 알버트 루이스(1863-1929)와 어머니 플로렌스

(플로라) 오거스타 해밀턴(1862-1908) 사이에서 태어났다. 양친 모두 이야기를 글로 쓰는 것을 좋아했고 플로라는 1889년 〈하우스홀드 저널〉에 "로제타 공주"라는 제목의 이야기를 싣기도 했다. 그의 형 워렌 해밀턴 루이스는 1895년 6월 16일에 태어났다. 말을 잘하게 되자 어린 루이스는 '잭시'(Jacksie)라고 불러 달라고 떼를 썼고 친한 친구들과 가족들은 그를 평생 '잭'(Jack)으로 불렀다(그러나 루이스의 옥스퍼드 친구들은 대개 서로를 성이나 별명으로 불렀다. 루이스는 그냥 '루이스'라고 불렀고 톨킨은 흔히 '톨러스'로 불렀다). 그의 어린 시절, 무신론에서 기독교로 회심한 사연, 자아 바깥에 존재하는 충족감을 향한 갈망과 기쁨을 인식하게 되는 이야기는 그의 자서전 《예기치 못한 기쁨》과 그의 알레고리 작품 《순례자의 귀향》(1933)에 나와 있다. 루이스 가족은 플로라의 아버지 토마스 해밀턴이 교구 목사로 있던 던델라의 영국 국교회 소속 세인트마크 교회에 다녔다. 알버트의 아버지 리처드 루이스는 벨파스트 조선회사의 사원이었고 노동자 계층의 사회적 여건에 관심이 많은 복음주의자였다.

1905년 루이스 가족은 벨파스트의 외곽에 새로 지은 집 '리틀 리'로 이주했다.

그 집은 내 어린 시절의 중요한 일부가 되었다. 그 새 집은 이 이야기의 주요 등장인물이라고 할 수 있다. 나는 그 집의 긴 복도와 햇빛 가득한 빈 방들, 위층의 고요한 실내, 혼자 탐험하던 다락방들, 멀리서 들려오던 물탱크와 수도관의 물소리, 지붕 밑 바람 소리의 산물이다. 그리고 그 한없이 많은 책들…… 서재에도 응접실에도 화장실에도 책이 있었고, 층계참에 있던 엄청난 크기의 책장에도 책이 가득했으며(한 칸에 두 겹씩), 침실에도 책이 있었고 지붕 위 옥탑방에도 내 어깨 높이만큼 책이 쌓여 있었다. 그 집에는 부모님의 관심사가 어떻게 바뀌어 왔는지 보여 주는 온갖 종류의 책, 읽을 만한 책, 읽을 만하지 못한 책, 아이에게 읽힐 만한 책, 절대로 읽히면 안 되는 책들이 있었다. ……들판에 나간 사람이 어김없이 새로운 풀잎을 찾아내듯 나는 언제나 새로운 책을 찾아냈다.[14]

루이스는 어머니 사망 이전의 자기 모습에 대해 자화상을 남겨놓았다. 그가 1907년 12월에 쓴 그 일기는 1930년대에 워렌 루이스가 공들여 편찬한 "나의 인생, 잭스 루이스 지음"이라는 제목의 《루이스 가족 문서》에 남아 있다. 그는 일기에 '아빠'가 당연히 집의 대장이라고 쓰고 있다. 그는 아버지가 루이스 집안답게 성미가 급하고 감상적이었다고 썼다. 어머니는 당시 대부분의 여성들처럼 "통통하고 갈색 머리에 안경을 썼고 소일거리로 주로 뜨개질을 했다." 그는 자신이 또래의 사내아이들과 비슷하다고 생각하고 이렇게 말했다. "나는 아빠처럼 성질 급하고, 입술은 두껍고, 빼빼고, 대게 서츠를 임는다"(맞춤법이 틀린 원문 그대로 옮겼음).[15]

이 글을 쓴 지 두 달도 못 되어 플로라 루이스는 암 치료를 위해 대수술을 받았다. 1908년 5월 그녀는 루이스를 데리고 요양차 란 항구(Larne Harbour)로 갔다. 그러나 수술은 암이 퍼지는 것을 막지 못했고 그녀는 남편 알버트 루이스의 생일이던 8월 23일에 세상을 떴다. 알버트는 그해 초에 아버지를 잃었고 또 2주 후에 동생 조지프를 잃은 상태였다. 슬픔에 빠진 그에게 두 아들을 혼자 돌봐야 하는 일은 너무나 큰 부담이었다. 루이스는 《예기치 못한 기쁨》에서 그때의 상실감을 이렇게 적었다. "어머니의 죽음과 더불어 안정된 행복도, 평온하고 듬직하던 모든 것들도 내 삶에서 사라져 버렸다. 물론 이후로도 재미있는 일이나 즐거운 일이 많을 것이고 '기쁨'이 잠깐 깃들기도 하리라. 그러나 예전의 그 안정감은 다시 누리지 못할 것이다. 이제 바다에는 섬들만 떠 있을 뿐이다. 거대한 대륙은 아틀란티스처럼 가라앉고 없었다."

⚭

톨킨이 태어나기 3년 전인 1889년 1월 21일, 장래 그의 아내가 될 에디스 브랫이 글로스터에서 태어났다. 당시 그녀의 어머니 프랜시스는 에디스를 데리고 버밍엄 지역으로 돌아와 혼자서 핸즈워스에 정착했다. 프랜시스는 사촌 제니 그로브와 함께 에디스를 길렀다. 그녀는 끝까지 에디스 아버지의 이름을 밝히지 않았다. 톨킨과 에디스가 만나서 사랑에 빠지고 결국 결혼까지 하게 된 이유는 두 사람이 어린 시절에 공통적으로 겪은 불행 때문이었다. 물론 이비슷한 처지가 그들의 사랑과 결혼 생활에 스트레스와 긴장을 가져온 것도 불가피한 일이었다.

톨킨이 장학금을 받아 킹에드워드 스쿨에 돌아갈 수 있었던 1903년, 에디스 브랫의 어머니 프랜시스가 죽었다. 에디스는 이브섐의 드레스덴하우스 스쿨로 보내졌고 그곳에서 음악교육을 받고 피아노를 배우고 사랑하게 되었다. 그리고 몇 년 후 그녀는 버밍엄으로 되돌아왔다.

1907년 에디스는 기숙학교를 마쳤다. 그녀의 법적 후견인 스티

븐 케이틀리는 버밍엄 더치스 로 37번지에 있던 포크너 가족의 집에 그녀의 거처를 마련해 주었다. 포크너 부인은 오라토리오회 교구 활동에 적극 참여했고 모건 신부를 알고 있었다. 이듬해에 모건 신부는 고아가 된 톨킨 형제를 위해 비어트리스 숙모의 집보다 더 적당한 곳을 물색하다가 포크너 부인의 집이 적격이라고 판단했다. 그래서 열여섯의 톨킨과 열아홉의 에디스 브랫이 만나 친구가 되었고 '잔소리꾼' 노부인에 맞선 동지가 되었다. 톨킨은 이내 사랑에 빠졌다. 에디스는 매력적이고 작고 날씬했으며 회색 눈을 가지고 있었다. 모건 신부는 그들의 관계를 알자마자 반대하고 나섰다(톨킨의 《실마릴리온》에 나오는 베렌과 루시엔 이야기의 싱골 왕처럼). 그는 톨킨이 공부에 방해를 받지 않을까 우려했고 에디스가 로마가톨릭 신자가 아닌 것을 염려했다. 그는 톨킨에게 스물한 살이 될 때까지 에디스를 만나지 말라고 명령했다. 에디스는 결국 어머니의 고향집 근처인 첼튼엄으로 이사를 해서 가족과 친분이 있는 연로한 '제솝 아저씨와 아줌마'와 함께 머물게 된다. 이 기간에 그녀는 결국 워릭셔의 농부 조지 필드와 약혼한다.

어머니가 죽은 지 몇 주가 지난 1908년 9월, 루이스는 하트퍼드셔 주 왓포드의 윈야드 스쿨에 입학했다. 그의 형은 1905년 5월에 그 학교에 입학했다. 루이스는 윈야드에서의 생활이 견디기 어려웠고 배움에 굶주린 그의 지성을 채워 줄 만한 것을 거의 배우지 못했다. 그는 《예기치 못한 기쁨》에서 이렇게 말한다. "선생님들이 가르칠 때 유일하게 자극을 주는 요소는 하나뿐인 교실의 녹색 벽난로 위에 걸려 있던, 길이 잘 든 회초리 몇 개뿐이었다."[16] 어머니의 죽음이 그랬듯, 정신이상에 가까웠던(나중에 정신이상 진단을 받았다) 교장이 가한 고통은 두 형제를 더욱 가까이 묶어 주었다.

다행히 그 학교는 1910년 여름학기에 문을 닫았고 9월에 루이스는 집으로 돌아와 '리틀 리'에서 1.6킬로미터 거리에 있는 캠벨 칼리지에 입학해 11월까지 다녔다. 그러나 호흡기에 심각한 문제가 생겨 집에서 쉬어야 했다. 그 무렵 루이스가 형처럼 몰래 담배를 피워 댔던 것도 그 문제에 일조했다. 사실 1911년 봄, 워렌은 용기를 내어 아버지에게 담배를 피울 수 있게 해 달라고 요청했다. 루이스를 캠벨 칼리지로 보낸 것이 실패였다는 아버지의 판단에 따라 그는 형 워렌이 먼저 가 있던 잉글랜드 중부의 몰번으로 보내졌다. 그 곳은 폐병 환자들에게 특히 좋은 건강 휴양지로 유명했다. 그는 형 와니가 다니고 있던 몰번 칼리지(사립 고등학교에 해당—옮긴이)에 인접한 셔버그 하우스(사립 중학교에 해당. 루이스는 《예기치 못한 기쁨》에서 이곳을 밝히지 않기 위해 샤르트르Chartres라고 불렀다—옮긴이)로 들어갔다. 그리고 1913년 6월까지 그 학교를 다녔다. 이 기간 동안 그는 어린 시절의 기독교 신앙을 버리고 유물론(나중에 그는 《기적》에서 그것을 '자연주의'라고 불렀다)을 받아들였고 상상의 삶에서 위로를 구했다.

ⓘ

톨킨은 킹에드워드 스쿨에 다니던 1910년 여름, 문학에 관심이 있는 몇몇 친구들과 함께 토론 클럽을 결성했다. 톨킨을 제외한 주요 회원으로는 제프리 배치 스미스, 로버트 퀼터 '롭' 길슨(킹에드워드 학교장의 아들), 그리고 크리스토퍼 와이즈먼이 있었다. 처음에 그들은 모임 이름을 티 클럽(Tea Club, T.C.)이라고 불렀지만 나중에는 배로비언협회(Barrovian Society, B.S.)로 바꾸었다. 학교 근처 코퍼레이션 로에 있던 배로 씨 가게의 찻집이 그들이 좋아하는 모임 장소였기 때문이다. 이 두 가지 이름이 T.C.B.S.라는 머리글자로 합쳐졌다. G. B. 스미스는 톨킨의 초기 시 몇 편에 대해 논평을 했는데 그중에는 에아렌딜(Earendil, 당시에는 Earendel로 적혀 있었다)에 대한 초기 시들도 있었다. 클럽이 결성된 무렵 톨킨은 소위 '자신만의' 언어를 개발하기 시작했고 이미 라틴어와 헬라어에 능통했다. 북유럽 전설과 중세 영문학에 대한 톨킨의 관심은 그의 친구들까지 즐겁게 했다.

공인된 톨킨 전기 작가 험프리 카펜터에 따르면, 크리스토퍼 와이즈먼과 톨킨은 라틴어와 헬라어, 럭비풋볼에 대한 관심과 해 아래 모든 것을 토론하는 열정을 공유했다고 한다. 와이즈먼도 고대 이집트 상형문자와 언어를 연구하고 있었고 언어 발명에 대한 톨킨의 실험에 호의적인 반응을 보였다.

1911년 톨킨이 학교를 떠나 옥스퍼드로 간 후에도 네 사람은 계속 만났고 서로 편지를 주고받았다. 그러던 그들의 관계는 전쟁 때문에 깨어졌다. T.C.B.S.는 톨킨의 성격에 영구적인 자국을 남겨 놓았는데, 그것은 반지원정대와 같은 '우정'에 대한 갈망이었다. 나중에 C. S. 루이스와의 우정이 톨킨의 인성에서 중요한 이 요소를 만족시키는 데 도움이 되었다.

1911년 10월, 톨킨은 옥스퍼드의 엑서터 칼리지의 고전학 학생으로 입학했다. 거기서 그는 사람들과 신나게 어울렸고 '방종'(당시에 방종은 젊은이답게 기분 좋게 어울리는 것을 뜻했다)을 위한 나름의 학부생 모임인 '향락 클럽'을 시작했다. 이 무렵 조지프 라이트가 톨킨을 가르치기 시작했다. 킹에드워드 스쿨에 있을 때 톨킨은 라이트의 《고트어 입문》을 헌책으로 구해 기뻐한 적이 있었다. 요크셔의 변변찮은 집안에서 태어난(그는 겨우 여섯 살 때 모직 공장에서 일하기 시작했고 열다섯 살 때 독학으로 읽기를 배웠다) 라이트는 오랜 노력 끝에 옥스퍼드의 비교문헌학 교수가 된 인물이다. 그의 업적 중 하나는 여섯 권 분량의 《영어 방언사전》 집필이었다. 라이트와의 수업에 더해서 톨킨은 어릴 때 그를 사로잡았던 웨일스어를 공부했고 핀란드어를 배웠다. 이 무렵 그는 요정어들을 개발하기 시작했는데, 그중에는 핀란드어에 근거한 퀘냐어와 웨일스어에 근거한 신다린어가 있었다. 40년 후 톨킨은 아이들이 상상어(想像語)를 만들어내는 것은 흔한 일이고 훨씬 더 발전시키는 아이들도 있다며 자신은 쓰기를 배우면서부터 그렇게 했다고 말한 바 있다.[17]

1913년 여름, 톨킨은 학사학위를 받기 위한 1차 시험에서 2등급의 점수를 받고 비교언어학에서 '최고점'을 받은 후 영문학으로 전공을 바꾸었다. 이때 그는 키너울프가 쓴 18세기의 위대한 두운시 〈그리스도〉를 읽었다. 여러 해가 지난 후 그는 그 시에서 "에아렌델, 가장 빛나는 천사 에아렌델을 보라"(Eala Earendel engla beorhtost)라는 부분을 "궁극적으로 내 신화 전체가 생겨나는 모태가 된 황홀한 구절"[18]이라고 인용했다. 옥스퍼드에서 공부하는 동안에도 스물한 번째 생일이 다가옴에 따라 그의 생각은 거듭거듭 에디스 브랫에게로 향했다.

스물한 살이 될 때까지 에디스를 만나지 말라는 후견인 모건 신부의 지시는 톨킨에게 오랜 이별을 강요하는 가혹한 것이었만 톨킨은 그에게 순종했다. 그는 톨킨의 기억에 남아 있는 유일한 아버지였던 것이다. 더구나 에디스와 다시 만났을 때 그는 또 다른 장애물을 넘어야 했다. 에디스를 설득해 조지 필드와 파혼하고 야심만만하되 전망이 불투명한 학자 지망생인 자신을 선택하게 하는 일이었다. 톨킨이 마침내 그녀와의 약혼 소식을 편지로 알렸을 때 모건 신부는 군말 없이 받아들였다. 워릭에서 에디스가 로마가톨릭으로 개종한 후 두 사람이 공식적으로 약혼했을 때 톨킨의 나이는 스물 둘이었다. 에디스는 그 전 해 어머니의 사촌 제니 그로브와 기르던 개 샘과 함께 첼튼엄을 떠나 워릭으로 이사해 있었다.

1914년 8월 4일, 영국은 독일에 선전포고를 했고 병력을 징발했다. 그해 10월, 톨킨이 여름을 보내고 공부를 다시 시작했을 때 대학엔 학생들이 급속도로 줄어들고 있었다. 모든 것이 이전과 확연히 달라질 게 분명했다. 그 이듬해 여름 영어영문과 최종 시험을 우등으로 통과한 후, 그는 T.C.B.S.의 친구 G. B. 스미스를 따라 랭커셔 경보병 연대에 배속되었다. 그리고 1916년 3월 22일, 톨킨은 워릭의 성모 마리아 성당에서 에디스와 결혼했다.

《루이스 가족 문서》에는 루이스의 젊은 시절에 대한 몇몇 흥미있는 기록들이 담겨 있다. 문서 편집자인 워렌 루이스는 "사춘기에 접어든 클라이브의 무심하고 고독한 성격"에 대해 묘사하면서, 동생이 쓴 미완성의 소설을 끼워 넣는다. 그 소설은 영락없는 '리틀 리' 같은 집을 배경으로 한 열너덧 살 소년의 이야기다. 어린 C. S. 루이스는 한 소년이 자기 방 어두운 구석에 특별한 보물을 쌓아 두었다고 쓴다. 아주 '외로운' 날이면 소년은 그 구석으로 가서 무릎을 꿇고 집 안에서 불어대는 바람 소리를 듣는다. 소년의 '보물'은 비뚤비뚤 쌓여 있는 종이더미인데 거기에는 노래, 희곡, 이야기들이 들어 있었다. 이는 모두 루이스가 어린 시절에 쓰려고 시도했던 것들이었다. 세월이 지나 바랜 종이더미 아래에는 쓰는 법을 배우기 전에 그렸던 많은 그림들이 있다. 글과 그림뿐 아니라 다른 것들도 있다. 그림물감 상자들, 졸업앨범에서 **빼낸** 삽화들, 금지된 책 몇 권, 자금에 여유가 있을 때는 담배가 추가된다. 이 종이더미는 소년의 보물이었고 "나의 종교이자 과거였다. 과거란 내가 지금까지 내 것으로 만든 전부이기 때문이다."[19]

실제로 루이스는 점점 더 자신의 기억, 경험, 문학적 발견과 가장 깊숙한 주관성을 '종교'로 만들어 갔다. 1913년 9월, 그는 고전학 장학생으로 몰번 칼리지에 들어갔다. 이 무렵 그는 북유럽 신들에 대한 비극시 〈사슬에 묶인 로키〉를 썼다. 이듬해인 1914년 4월, 이후 마음의 친구가 되는 아서 그리브즈(1895-1966)를 만난다. 아서는 '리틀 리' 바로 위의 큰 집에 살았다. 1933년에 루이스는 아서에 대해 말하기를 형 워렌 다음으로 가장 오래되고 가장 친한 친구라고 했다.

그러고 나서 얼마 후 루이스의 삶을 바꾸는 두 번째 사건이 벌어졌다. 1914년 9월 19일, 루이스는 써리의 그레이트 부컴에서 '위대한 노크 선생님' W. T. 커크패트릭을 만나 그에게 사사(師事)하며 1917년 4월까지 함께 지냈다. 윌리엄 커크패트릭(1848-1921)은 1874년부터 1899년까지 북아일랜드의 카운티아마에 있는 러간 칼리지의 교장으로 있었다. 알버트 루이스는 1877년부터 1879년까지 러간 칼리지를 다녔고 나중에 커크패트릭의 변호사가 된다. 커크패트릭은 1899년에 러간 칼리지에서 은퇴한 후 학생들에게 개인교습을 하기 시작했고 이미 와니를 준비시켜 샌드허스트의 육군사관학교에 입학시킨 바 있었다.

커크패트릭은 루이스가 옥스퍼드 대학에 들어갈 수 있도록 엄격하게 가르쳤다. 나중에 루이스는 그 엄격한 얼스터 사람을 애정을 담아 《그 가공할 힘》에 등장하는 앤드루 맥피로 재현했다. 나니아 나라 이야기의 디고리 커크 교수에서도 좀더 부드러운 모습(세계관은 다르지만)의 그를 볼 수 있다. 루이스는 《예기치 못한 기쁨》에서 이렇게 말했다. "만약 인간이 완전히 논리적인 실체가 될 수 있다면, 커크 선생님이야말로 거기에 가장 근접한 분일 것이다. 그분은 아마 조금만 늦게 태어났으면 논리실증주의자가 되었을 것이다. 진실을 발견하거나 전달하는 것 이외의 다른 목적을 위해 인간의 성대를 사용한다는 것은 선생님에게 있을 수 없는 일이었다. 별생각 없이 쓴 말들이 논쟁의 불씨가 되곤 했다." 루이스는 '커크'가 자신에게 생각하는 법을 가르쳐 주었다고 믿었다.

노크 선생님 밑에서 개인교습을 받던 시절은 루이스의 생애에서 손에 꼽히는 행복한 시기였다. 그는 선생님의 엄중한 합리성 아래서 빠르고 성숙하게 자라났을 뿐 아니라 잉글랜드 시골 풍경의 아름다움과 윌리엄 모리스 같은 판타지 작가들을 알게 되었다. 1916

년 3월 초, 조지 맥도널드의 《판테스티스》를 읽은 루이스는 그 감동에 대해 아서 그리브즈에게 이렇게 썼다. "물론 내가 그것을 제대로 묘사할 가능성은 없어. 하지만 네가 주인공 아노도스를 뒤쫓아 요정 숲의 작은 시내를 따라가고 끔찍한 재나무(ash tree)에 대해 듣고…… 코즈모의 에피소드를 듣는다면, 너도 내 생각에 동의할 거야." 《예기치 못한 기쁨》에서 루이스는 이로 인해 "상상력이 세례를 받았고" 거룩한 것에 대한 깊은 감각이 생겼다고 묘사한다.

ᏊᏯ

1916년 6월 6일, 톨킨은 프랑스 북부의 평평한 해안을 따라 칼레에 도착했다. 이후 7월부터 10월까지 그는 솜므 전투에 참전했다. 그것은 제1차 세계대전 기간 동안 가장 사상자가 많이 난 전투 중 하나였다. T.C.B.S.의 롭 길슨은 전투 첫날에 죽었다. 솜므 전투가 끝날 무렵인 11월 중순, 연합군의 전선은 13킬로미터 전진했는데 그 과정에서 연합군 측에서는 61만5천 명, 독일군 측에서는 50만 명의 사상자를 냈다. 톨킨이 참호에 있는 동안 글을 썼을 거라 생각한 사람들도 있지만 사실은 그렇지 않다. 한 인터뷰에서 그는 이렇게 대답했다. "그건 다 거짓말입니다. 봉투 뒷면에 뭔가를 휘갈겨서 뒷주머니에 넣을 수야 있지만 그게 전부예요. 글을 쓸 수는 없었어요. 커다란 참호를 [자신의 개조한 차고를 가리키며] 저곳과 비교할 수 있겠군요. 파리 떼와 오물 사이에서 웅크리고 있어야 했거든요."[20] 그러나 그는 곧 다시 글을 쓸 수 있었다.

1916년 11월, 톨킨은 '참호열'(세계대전중 유행한 전염성 질환—옮긴이)에 시달려 잉글랜드로 송환되었다. 현대전에 대한 그때의 기억은 그가 나중에 쓴 글에 계속 나타난다. 그 한 예가 《반지의 제왕》의 '늪지 횡단'이다. 《반지의 제왕》에서 샘은 서둘러 앞으로 가려다 발을 헛디딘다. 그의 한 손이 수렁에 빠진다. 그는 화들짝 뒤로 물러나면서 물 속에 죽은 얼굴들이 있다고 소리친다. 골룸은 샘의 반응을 비웃으며 이곳의 이름이 '죽음의 늪지'라고 설명한다. 오래전에 거대한 전투가 있었고 그 와중에 수많은 인간들과 요정들이 쓰러졌다는 것이다.[21] 물속에서 위를 쳐다보고 누운 그 죽은 얼굴들 중에는 톨킨의 죽은 친구들 스미스와 길슨도 있을지 모른다.

톨킨이 잉글랜드에 도착한 직후인 1916년 12월 3일, T.C.B.S.의 G. B. 스미스가 포화로 부상을 입고 며칠 후 괴저로 죽었다. 그는 부상당하기 얼마 전 톨킨에게 편지를 써서 자신이 그날 밤 죽는다 해도 T.C.B.S.— '불멸의 네 사람'—가 계속 살 수 있는 방법이 있다고 말했다. 스미스는 이렇게 편지를 맺었다. "소중한 존 로널드, 하나님의 축복이 너와 함께하시길. 그리고 내가 그곳에서 하려던 말을 못하는 것이 내 운명이라면 네가 그 말까지 해 주길 바란다." 절친한 세 친구 중에서 두 명을 잃은 사건은, 톨킨이 신화를 써 내려가고 그들의 열망을 이해하게 하는 강한 자극제가 되었다. 나중에 그는 이렇게 말했다. "요정 이야기에 대한 실질적인 감각을 일깨운 것은 성인의 문턱에서 배운 문헌학이었고 그것이 완전히 살아나도록 자극한 것은 전쟁이었다."[22]

1917년 초 톨킨은 스태퍼드셔 주에 있는 마을 그레이트 헤이우드(그와 에디스, 그리고 제니 그로브가 워릭을 떠나 그곳으로 이사했다)에서 요양하면서 후에 《실마릴리온》으로 정리되는 이야기를 진지하게 구상하며 〈곤돌린의 멸망〉을 썼다. 이에 대한 톨킨의 설명이다. "《호빗》을 쓰기 오래 전, 《반지의 제왕》을 쓰기 오래 전부터 나는 이 세계의 신화를 고안했다."[23] 그는 임시 발령을 받아 요크셔로 간 후 병세가 도지는 바람에 해러게이트의 요양소에 입원했다. 그는 〈실마릴리온〉의 습작에 해당하는 〈잃어버린 이야기들의 책〉(크리스토퍼 톨킨이 편찬한 12권 분량의 시리즈 《가운데땅의 역사》 1, 2권에 해당한다—옮긴이)에 들어가는 또 다른 이야기를 창조했는데, 그것은 핀란드의 대서사시 《칼레발라》에 나오는 쿨레르보 이야기에 영향을 받은 투린 투람바르 이야기다. (이 책 내내 나는 〈실마릴리온〉과 《실마릴리온》을 구분해서 쓰고 있다. 〈실마릴리온〉은 가운데땅의 세 시대를 포괄하는 끝나지 않은 글감의 방대한 총체—운문과 산문으로 된 이야기, 역사와 요정어에 대한 기록— 를 가리킨다. 이것들은 톨킨의 사후에 《끝나지 않은 이야기》와 열두 권짜리 《가운데땅의 역사》로 출간되었다. 《실마릴리온》은 크리스토퍼 톨킨이 편찬하여 1977년에 출간된 책을 가리킨다. 그 책은 톨킨이 구상했던 내용에 근접하는 일관성 있는 원문을 간결하게 재구성했다.) 1916-1917년 동안의 요양 기간 중에 〈잃어버린 이야기들의 책〉 대부분과 〈골도그린어 사전〉(골도그린어Goldogrin=Gnomish는 요정어 신다린어의 고대어에 해당한다—옮긴이)이 만들어졌다. 톨킨은 이렇게 말했다. "내 이야기는 마치 하나의 티끌 주위에 눈송이가 쌓이는 것처럼 만들어진다."[24]

1917년 11월 16일, 톨킨의 맏아들이 태어났고 아버지와 아버지의 후견인 프랜시스 모건 신부의 이름을 따서 존 프랜시스 루얼 톨킨 (2003년 사망)이라고 이름 지었다. '루얼'은 가문에서 좋아하는 이름이었다. 어머니와 아이는 톨킨의 막사 근처에 있기 위해서 험버 강후미의 북쪽 루스로 이주했다. 에디스는 대작 루시엔과 베렌 이야기에 영감을 주었다. 이 이야기는 〈실마릴리온〉 창작 과정의 초반부에 만들어졌고 '떠났다 돌아오는' 첫 번째 이야기다. 요정 루시엔과 인간 베렌의 사랑, 그리고 베렌과 결혼하기 위해 불멸의 삶을 포기하는 루시엔을 다루고 있다. 베렌은 루시엔을 얻기 위해 모르고스의 강철 왕관에서 마법의 보석 실마릴을 잘라내어야 한다. 이 이야기는 톨킨에게 개인적으로 큰 의미가 있었기 때문에 루시엔과 그녀의 연인 베렌은 에디스와 자신의 애칭이 되었다. 이 이야기의 착상은 두 사람이 루스의 작은 숲을 거닐던 일과 연결되어 있다. 그곳의 솔송나무 사이에서 에디스는 춤을 추며 톨킨을 위해 노래를 불렀다. 이야기에서 베렌은 넬도레스의 숲에 있는 솔송나무 사이에서 춤추는 루시엔을 처음 만난다. 1971년, 에디스가 죽었을 때 톨킨은 그녀의 묘비에 '루시엔'을 적어 넣었다. 그 묘비에는 나중에 그의 애칭 '베렌'이 추가되었다.

⊙Ⓣⓞ

톨킨이 솜므 전투에서 돌아왔을 무렵, 막 열여덟 살이 된 루이스는 옥스퍼드의 고전학 장학생 자격시험에 응시하여 유니버시티 칼리지 학생으로 선발되었고 1917년 4월 26일부터 9월까지 다녔다. 아일랜드에서 태어난 사람들은 징집되지 않았으므로 그는 자원입대하여 옥스퍼드 키블 칼리지에서 사관 훈련을 받았다. 당시 그의 룸메이트는 같은 아일랜드 출신의 에드워드 '패디' 무어(1898-1918)였다. 패디는 제이니 킹 무어(1872-1951)의 아들이었는데, 그녀는 1901년 불행한 결혼생활을 청산하고 아일랜드를 떠나, 아들 패디와 딸 모린 데이지 헬렌(1906-1997)을 데리고 브리스틀로 이주했다. 패디가 장교로 임관하면서 무어 부인과 모린은 루이스의 근처에서 살기 위해 다시 옥스퍼드로 거처를 옮겼다. 무어 부인과 루이스는 1917년 6월에 처음 만났다. 루이스는 1917년 9월 25일, 서머셋 보병 제3연대 장교로 임명되었고 열아홉 번째 생일 무렵인 11월에는 솜므 계곡 전선에 도착했다.

당시 열한 살이던 모린은 이렇게 회상했다. "오빠는 프랑스의 참호로 나가기 전에 C. S. 루이스에게 요청했어요. …… '내가 돌아오지 못하면 우리 어머니와 어린 여동생을 보살펴 주겠니?'" 루이스에 대해 모린은, 첫인상에 대해 모린은, "호리호리하지만 잘생겼고 말이 많았어요"[25]라고 했다. 당시 루이스가 모린에게 어떤 인상을 받았는지는 모르지만 무어 부인에게 대단히 끌렸던 것은 분명하다. 그런 감정은 당시 아버지 알버트 루이스의 무관심 때문에 한층 커졌다.

1918년 1월, 그는 참호 안에서 몇 주를 보낸 후 '참호열'로 프랑스의 르트레포르에 입원했다가 2월 말에 다시 전선으로 돌아가 (그의 표현에 의하면) 나름대로 상당히 조용한 시간을 보냈다. 봄이 되자 독일군의 대공세가 시작되었다. 그것은 1차 세계대전 중 가장 많은 사상자를 낸 전투 중 하나였다. 아라스 전투 기간에 루이스는 최전선 내지 그 근방에 있었다. 그는 "공포, 추위, 폭약 냄새, 참혹하게 뭉개졌으면서도 짜부라진 딱정벌레처럼 움찔거리던 사람들, 앉아 있는 시체나 서 있는 시체, 풀 한 포기 없는 맨땅의 정경, 밤에도 벗지 못해 어느덧 발의 일부가 되어 버린 군화"[26]를 기억했다. 루이스는 대대에 복귀한 지 얼마 후 항복해 온 독일군 60명을 포로로 잡았다. 아라스 전투 중이던 4월 15일, 루이스는 베르낭숑 산(프랑스의 릴레르 부근)에서 '아군의 포탄'에 부상을 당했다. 그때의 유산탄 조각들은 이후 그의 가슴에 오랫동안 남아 있었다. 그는 잉글랜드에서 건강을 회복하고 10월에 귀대해서 앤도버의 부대로 배속되었고, 전쟁이 끝난 직후인 1918년 12월에 제대했다. 그는 룸메이트이자 친구였던 패디 무어가 전사하여 프랑스의 페론 남부에 묻혔다는 사실을 알게 되었다. 루이스에게는 지켜야 할 약속이 있었다.

여러 질병이 자꾸만 도지면서 톨킨은 전선으로 돌아가지 못했고 죽게 될 것 같았다. 그는 건강을 회복하는 동안 〈실마릴리온〉의 초기 이야기들을 상당 부분 썼다. 실제로 〈실마릴리온〉의 전설 형식의 틀은 1930년대에 이미 짜여졌다. 《반지의 제왕》의 선구 작품에 해당하는 《호빗》의 저술과 출간 이전의 일이었다. 이 두 책에는 〈실마릴리온〉에서 다뤄진 사건들에 대한 언급이 많이 등장한다. 한때 위대했으나 폐허가 된 장소들, 오래 전 전투가 벌어졌던 장소들, 아주 옛날부터 전해오는 낯설고 아름다운 이름들, 곤돌린이 멸망하기 전 고블린 전쟁에 대비해 만들어진 요정의 검들.

과학 소설가들이 흔히 그럴듯한 기술적 발명들과 가능성들을 활용하듯, 톨킨은 언어에 대한 심오한 전문적 지식을 소설에 활용했다. 젊은 시절 배운 웨일스어와 핀란드어에서 영감을 얻어 두 형태의 요정어를 만든 것이 계기가 되어 결국 그 언어들(과 다른 언어들)

을 사용하는 사람들의 역사와 그들이 사는 곳의 지리를 만들어 내는 과정으로 이어졌다. 그는 요정어 공통조어(共通祖語)의 기본적인 음성학적 구조를 가정한 후 실제 언어에서 나타나는 변화 과정에 따라 그것을 변화시켜야 했다고 설명했다. 그 결과 탄생한 요정어들은 특징과 구조에서 일관성이 있되 서로 뚜렷이 구별되었다.

톨킨을 구성하는 복잡한 요소 중 언어 못지않게 중요한 것은 신화와 요정 이야기에 대한 열정이었다. 한 편지에 쓴 그의 표현을 빌자면, 특히 "요정 이야기와 역사의 접경에 있는 영웅적 전설"에 대한 열정이었다. 그는 언어학적 · 상상적 관심을 기울이며 끊임없이 "특정 어조와 분위기의 것들, 글감"을 찾고 있었다. 신화, 요정 이야기, 그리고 고대 단어들은 그의 지성과 상상력이 창작물을 계속 펼쳐 놓을 수 있도록 끊임없는 영감을 주었다. 요정어들과 〈실마릴리온〉의 초기 씨앗들 말이다. 그는 자신이 찾던 분위기와 특징을 북유럽과 서유럽, 특히 잉글랜드와 동일시했다. 그리고 이 특성을 그의 소설과 그가 만든 언어들 속에서 구현하려 시도했다.

톨킨이 전쟁 기간 동안에 만들어 낸 〈곤돌린의 멸망〉 같은 이야기들은 톨킨 자신에게는 의식적인 창작물이라기보다는 뜻밖의 선물처럼 느껴졌다. 자신에게 주어진 것을 발견했다는 그 생각은 그에게 평생 남아 있었다. 〈실마릴리온〉이 완전히 전개된 형태로 출간된 것은 톨킨이 죽고 난 후인 1977년의 일이었지만, 본질적으로 그 작품은 이 시기의 산물이다. 사실, 반세기에 걸쳐 쓰인 미완성 원고들을 보면 서사 구조에서 상당한 진전과 변화가 있긴 하지만 결국 제1차 세계대전 중에 구상된 가운데땅의 신화, 역사, 그리고 이야기들을 발전시킨 것임을 알 수 있다.

건강이 회복되고 전쟁도 끝나자 가족을 거느린 톨킨은 일자리를 찾아야 했다. 얼마 후 그는 새 《옥스퍼드 영어 사전》의 'W' 항목 집필을 맡아 1918년 11월 가족들과 함께 옥스퍼드의 세인트존스 로(路) 50번지로 이사했다. 그는 개인교습으로 박봉을 보충해야 한다는 것을 금세 깨달았다. 개인교습 장소는 그의 집이었다. 그로 인해 톨킨 가족은 다시 이사해야 했는데 이번에는 앨프레드 로(나중에 퓨지 로로 이름이 바뀌었다) 1번지였다. 1920년이 되자 학생들이 많아져 톨킨은 사전 편찬 작업을 그만둘 수 있게 되었다. 1920년 10월, 톨킨 가족은 마이클 힐러리 루얼 톨킨의 출생을 축하했다. 그해 성탄절부터 톨킨은 아이들을 위해 글을 쓰고 그림을 그려 매년 '아빠가 보낸 성탄절 편지'를 썼다. 생활의 틀이 채 잡히지도 않았던 1921년, 톨킨은 리즈 대학의 영문 강독 강사 자리를 잡았다. 그곳에 도착한 후 몇 달 동안 톨킨 가족은 뉴먼 추기경의 질녀 미스 모즐리 소유의 집 홀리뱅크에 세를 들었다. 이어서 그들은 리즈 대학 근처, 세인트마크 테라스 11번지로 이주했다.

톨킨은 1959년 옥스퍼드 고별 연설에서 자신의 학생 시절과 젊은 학자 시절을 이렇게 회상했다. "공부하고 연구하던 지난 시절의 몇몇 특별한 순간들이 머리에 떠오릅니다. 조 라이트 교수님의 식탁은 정말 컸습니다(그때 나는 식탁 맞은편에 앉아서 그리스 문헌학의 요소들을 배우고 있었습니다. 주위는 다소 어두웠고 교수님의 안경이 빛나던 기억이 나는군요). 윌리엄 크레이기 씨[《옥스퍼드 영어 사전》의 편집자 중 한 명]는 1918년 직업도 없는 군인이던 내게 친절을 베풀었습니다. ……그때 사전실에서 (WAG과 WALRUS와 WAMPUM 부분 쪽지를 만지작거리던) 햇병아리 집필자인 나를 무섭게 훑어보던 찰스

T. 어니언스의 위압적 첫인상은 잊혀지지 않습니다. 리즈 대학의 관대한 조지 고든 (영문과) 학과장님과 함께 일한 것은 행운이었습니다. 헨리 세실 와일드(톨킨 이전의 영어영문과 머튼 석좌교수) 교수님이 핀란드 음유시인처럼 《칼레발라》를 힘차게 읊조리다가 카데나 커피숍의 테이블을 하나 부수는 것도 보았습니다."[27]

리즈 대학에서 톨킨은 얼마 후 1922년에 대학에 합류한 캐나다 출신의 에릭 밸런타인 고든과 공동으로 《거웨인 경과 녹색 기사》를 새로 펴내는 작업을 했다. 영국의 모든 중세 로망스 중에서도 가장 뛰어난 운문의 출간은 톨킨이 무척 아끼던 이 작품에 대한 연구가 활성화하는 데 일조했다. 이 책에는 상당한 분량의 용어집이 포함되어 있었다. 이에 대해 낸시 마취는 이렇게 추측한다. "톨킨이 고든과 함께 리즈 대학에 남았더라면 아마 문헌학 책을 더 썼을 것이다. 그러나 그는 루이스와 친구가 되었고 신화를 썼다."[28] 고든과 톨킨은 바이킹 클럽을 결성했고 동요들을 앵글로색슨어로 번역하기도 했다. 이 기간 동안 톨킨은 위대한 고대 영시 〈베어울프〉를 아름답게 번역했다.[29] 여기에는 그가 두운법에 정통했음이 드러나 있다. 그는 〈실마릴리온〉에 나오는 투린 투람바르 이야기에 대한 미완성 시에서도 두운법을 사용했다.

1924년 10월 톨킨은 서른둘에 리즈 대학의 영어학 교수로 임명되었고, 한 달 뒤 톨킨의 셋째 아들 크리스토퍼 톨킨이 태어났다. 이 기간 내내 톨킨은 어린 존이 잠 못 이룰 때 이야기를 들려줬는데, 그 습관이 결국 《호빗》의 창작으로 이어졌다.

톨킨이 리즈 대학과 이후 옥스퍼드에서 가르친 분야는 본질적으로 문헌학이었다. 톰 쉬피가 쓴 《가운데땅으로 가는 길》에 따르면,

톨킨의 소설은 상상력과 문헌학자로서의 연구 활동 사이의 상호작용에서 나왔다고 한다. 오언 바필드(1898-1997)는 친구 루이스가 상상력과 사랑에 빠졌다고 말한 바 있다. 톨킨에 대해서는 언어와 사랑에 빠진 사람이라고 말할 수 있을 것이다.

톨킨이 옥스퍼드에서 앵글로색슨어를 가르치는 롤린슨 앤드 보즈워스 석좌교수로 임명된 것은 1925년 10월이었다. 관례에 따라 그는 옥스퍼드의 칼리지 중 한 곳인 펨브로크의 특별연구원으로도 임명되었다. 옥스퍼드 영문과의 초창기에 해당하던 이 시기에 교수직은 셋뿐이었는데 톨킨이 1925년부터 1945년까지 맡은 앵글로색슨어 교수직과, 문학(이전에 리즈 대학에 있던 조지 고든이 맡고 있었다)과 언어를 담당하는 머튼 석좌교수직이 둘 있었다. 톨킨은 1945년부터 1959년 은퇴할 때까지 언어학 교수직을 맡았다. 그의 학문 활동은 가운데땅 세 시대의 언어 · 민족 · 역사를 구성하는 작업과 계속해서 긴밀하게 연결되어 있었다. 그는 노년에 자신은 잉글랜드를 위한 신화뿐 아니라 영어를 위한 신화도 창조하려 했다고 말했다.

교수직은 칼리지에 임명된 것이 아니라 대학 전체를 아우르는 것이었으므로 맡은 일이 매우 다양했다. 톨킨은 학부생들에게 공개강좌를 해야 했고(보통 1년에 35회 정도였지만 톨킨은 이보다 훨씬 많이 했다) 상대적으로 인원이 적은 대학원생들을 가르치는 동시에, 주로 출판을 통해 자신의 연구 분야를 발전시켜야 했다. 톨킨은 자신의 분야에서 많은 책을 출간하지 않았고 수많은 학부생과 대학원생들에게 자신의 지식을 쏟는 쪽을 택했다. 그는 언제나 학생들을 정중하고 성실하게 대했다.

〈레벌리〉 1919년 2월호에는 〈전사〉가 실렸는데, 교지(校誌) 이외의 지면에 출간된 루이스의 첫 작품이었다. 그 호에는 로버트 브리지스, 시그프리드 서순, 로버트 그레이브즈, 그리고 힐레어 벨록의 시들도 실렸다. 다음 달 루이스의 《구속(拘束)된 영혼》이 클라이브 해밀턴(어머니의 결혼 전 성)이라는 필명으로 하이네만 출판사에서 출간되었다. 1919년 1월부터 1924년 6월까지 그는 다시 옥스퍼드의 유니버시티 칼리지에서 공부를 계속했고, 1920년에는 고전학 학사 자격 1차 시험(그리스와 라틴 문학)을 1등으로, 1922년에는 고전학 학자 자격 최종시험(철학과 고대사) 역시 1등으로 통과했으며, 1923년에는 영문과를 1등으로 졸업했다. 그리고 같은 해 영어 에세이로 총장상을 받았다. 이 시기 그를 가르친 교수로는 철학 분야의 에드거 프레드릭 캐릿, 영문과의 프랭크 퍼시 윌슨과 조지 고든, 그리고 고(古) 영어(Old English=Anglo-Saxon : 700-1150년까지의 영어를 가리킨다. 참고로 1150-1500년까지의 영어를 중기 영어 Middle English, 1500년 이후의 영어를 근대 영어 Modern English라 한다—옮긴이)의 에디스 엘리자벳 워데일 등이 있었다.

학부생 시절 루이스는 패디 무어의 어머니와 여동생 모린이 옥스퍼드로 완전히 이주하도록 헤딩턴 쿼리의 집에 세를 얻는 일을 도왔다. 그는 1921년부터 줄곧 무어 가족과 함께 살았고 무어 부인을 어머니처럼 모시면서 그녀에 대한 특별한 감정을 품었다. 그 관계가 성적인 단계로까지 발전했는지는 아무도 모른다. 이 무렵 무어 부인은 '민토'라는 별명으로 알려졌는데, 그건 그녀가 당시 유행하던 민트향 캔디 '너틀 민토스'를 좋아했기 때문에 생긴 별명인 듯하다. 모린은 루이스의 놀라운 집중력을 기억했다. 그녀는 하루에 다섯 시간 정도 음악을 연습해야 했는데 때로는 그 장소가 루이스가 일하는 방이기도 했다. 그러나 그는 개의치 않고 자신의 일에 집중할 수 있었다. 모린에 따르면 그녀의 어머니는 패디가 전사한 후 거의 바깥으로 나가지 않았다. 그녀는 이전에 하던 일에 흥미를 잃어 "가사 일과 일손과 정원에 점점 더 집착"하게 되었다.[30]

1924년 10월부터 1925년 5월까지 E. F. 캐릿이 미국으로 연구 휴가를 떠나고 자리를 비운 동안 루이스는 철학 강사로 재직했다. 그러다 1925년 5월 20일, 옥스퍼드 모들린 칼리지의 영어영문학 개별지도 교수로 선출되었다. 루이스의 교수 임명에 대한 아버지의 반응은 《루이스 가족 문서》(그날의 일기장)에 기록되어 있다. 알버트는 저녁 식사를 기다리고 있었다. 가정부 메리 컬린이 그의 서재로 들어와 우체국에서 전화가 왔다고 알렸다. 전화를 받은 알버트는 전보가 왔다는 소식을 들었다. 알버트가 말했다. "읽어 주세요." 메시지는 간단했다. "모들린 교수 선출, 잭." 알버트는 익명의 목소리를 향해 고맙다고 말한 후 계단을 올라가 아들 방으로 갔다. 그곳에서 그는 눈물을 쏟았다. 마음에 기쁨이 넘친 그는 침대 옆에 무릎을 꿇고 하나님께 감사했다. 그의 일기는 이렇게 끝나고 있다. "하나님이 내 기도를 들으시고 응답하셨다."[31]

루이스가 (모들린 칼리지에 임명되면서) 옥스퍼드 영문과에 합류한 그해는, 톨킨이 옥스퍼드의 앵글로색슨어 담당 롤린슨 앤드 보즈워스 석좌교수직을 맡은 시기였다.

루이스와 톨킨을 비롯한 잉클링즈 친구들이
즐겨 지나다닌 세인트자일즈 로(路).
'독수리와 아이' 카페가 이 거리에 있어서
모임을 갖는 날이면 어김없이 그들을 볼 수 있었다.

2. 상상력 풍부한 두 지성인의 만남

"톨킨과 나는 용을 이야기했다" 1926-1929

1926년 5월 11일 화요일, 일주일 전부터 시작된 역사상 최초의 총파업이 영국을 뒤덮고 있었다. 전국적인 파업은 대규모 임금 삭감과 노동 시간 연장을 놓고 탄부들과 고용주들 사이에 벌어진 협상이 결렬되면서 격화되었다. 파업은 모든 가정의 화제였다. 옥스퍼드 대학생들, 증권 중개인, 변호사와 사무직 노동자들이 버려진 기차와 버스를 운전할 인원을 채워 파업을 무력화하려고 전국에서 모였다. 많은 시민들이 치안 부재를 예상해 특별 경관으로 자원했다. 계급간의 갈등으로 나라가 양분될 위험이 분명히 있었다. 그 전날, 노동조합 총회는 파업을 끝내기 위한 협의를 시작했다. 공식적으로 승인된 뉴스를 보도하기 위해 설립된 〈브리티시 가제트〉의 비상시 편집장인 윈스턴 처칠 재무장관은, 렌들 데이빗슨 캔터베리 대주교의 영향력 있는 평화 호소문 게재를 거부하고 파업참여자들을 '적'이라고 감정적인 낙인을 찍음으로써 긴장을 고조시켰다.

루이스라고 국가적 분위기에서 예외일 수는 없었다. 무어 부인은 모린, 루이스와 함께 3년 동안 살아온 옥스퍼드의 홀리오크 로에서 점심 식사를 하면서 현 상황에 대한 강한 의견을 토로했다. 루이스는 자기 생각을 말하지 않지만 파업이 시작된 이후 그 문제는 계속 그의 생각을 사로잡고 있었다. 루이스는 국가적 또는 세계적 사건들에 대한 '민토'의 반응으로 분위기가 아주 어색해진다는 걸 알지만, 무어 부인의 생각에 너무 반대하고 나서지만 않으면 머지않아 분위기가 나아진다는 것 또한 알았다.

　　루이스가 집을 나서 런던 로로 가는 지름길로 접어들 무렵 그림자는 상당히 길어졌다. 헤딩턴에서 오는 버스들은 런던 로를 통해 시내로 들어간다. 평소에 루이스는 이층버스인 2번 버스를 타서 모들린 칼리지 맞은편에서 내린다. 이제 그곳의 개별지도 교수가 된 지 1년이 되었다. 그러나 이날 오후는 달랐다. 대중교통이 파업의 영향을 받고 있으므로 그는 헤딩턴힐을 힘차게 걸어내려 시내로 향했다. 칼리지에서 제시간에 나오지 못해 점심시간에 맞춰 집에 일찍 도착하려던 계획에 차질이 생긴 터였다. 그날 아침 희한하게도 두 학생이 연달아 찾아왔기 때문이다. 대화는 금세 파업 문제로 넘어갔는데 한 학생이 대주교의 호소문을 적극 지지하고 있었다.

　　루이스는 중요한 현안들을 토론하게 될 모임에 참석하러 가는 중이었는데, 그 모임은 머튼 칼리지에서 4시 정각에 열리는 '영문과 교수 다과회'였다. 옥스퍼드 영문과는 상대적으로 새로운 기관이고, 과목에 대한 접근 방식, 특히 교수들의 견해에 따라 학과의 향후 방향이 크게 좌우될 수 있었다. 1926년 영문과에는 교수직이 세 개뿐이었고, 그중 하나는 한 해 전부터 톨킨이 맡고 있었다. 루이스는 이번 기회에 그에게 말을 걸어 볼 생각이었다.

4시가 가까워지자 루이스는 모들린 다리를 건너 식물원을 지나 왼쪽으로 나 있는 머튼 로로 접어들었다. 그는 머튼 칼리지의 회의실로 들어가 이미 모여 있는 여러 사람들을 눈여겨보았다. 개별지도 교수인 로널드 플레처 목사, 영문학 교수 조지 고든, 마가렛 리, 또 다른 개별지도 교수, 그리고 톨킨. 톨킨 교수는 홀쭉한 사람으로 말쑥한 옷차림에 루이스보다 키가 작고 나이는 그리 많지 않아 보였고, 말이 어찌나 빠른지 그의 말을 다 알아들으려면 주의 깊게 경청해야 했다. "키가 작고 사근사근하고 창백하고 언변이 좋다"는 것이 톨킨에 대해 루이스가 받은 인상이었다.

모임은 외부 세계와 격리된 듯했는데, 파업에 대한 얘기는 거의 없었다. 톨킨은 마침내 영문과 교수요목(敎授要目)을 화제로 만들지만 말을 그리 많이 하지는 못했다. 루이스는 관심을 갖고 그의 입장에 귀를 기울였는데, 그는 어학과 문학을 영문과에서 더 많이 통합시키고 싶어 하는 것 같았다.

그 후 루이스는 톨킨과 대화하면서 그에게 간접적인 질문들을 던졌다. 스펜서(루이스가 좋아하는 작가)에 대해 어떻게 생각하는가? 톨킨은 "그 형식 때문에" 스펜서의 작품을 읽을 수 없다고 말했다. 옥스퍼드 영문과 교수로서 어학과 문학에 대한 견해는 무엇인가(일종의 유도 질문)? 그는 "영문과의 알맹이는 어학"이라고 대답했다. 설상가상으로 톨킨은 "모든 문학은 서른 살에서 마흔 살 사이의 남자들을 즐겁게 해 주기 위한 것"이라는 견해를 밝혔다.

루이스는 그날 밤 일기장에 이렇게 적었다. 톨킨의 결론은 "우리(영문과 교수들)가 정직하다면 우리가 없어지는 쪽으로 투표해야 한다는 것이었다. 개별지도 교수들에게 음운 변화와 문학 작품은 여전히 아주 재미있지만 말이다." 루이스의 결론은 이렇다. "나쁜 사람은 아니다. 그저 한두 대만 날려 주면 될 뿐."[1]

당시 옥스퍼드 영문과는 분리된 지 얼마 안 되는 걸음마 단계였다. 라이벌이자 역시 얼마 전에 분리된 케임브리지 영문과와는 두드러진 차이가 있었는데 그 차이는 향후 몇 년 사이 더욱 깊어지게 되고 루이스는 그 부분에 점점 더 마음을 쓰게 되었다. 톨킨은 어학과 문학 교육을 통합하길 바랐는데 그 논리적 근거는 그와 루이스가 사랑하던, 이전 시대에 뿌리를 둔 옛날 학문관이었다. 그는 개별지도 교수나 정교수가 상상 문학을 쓰는 일이 자연스러운 풍토로 옥스퍼드에 정착되길 바랐고, 잃어버린 통합적 의식을 회복시키려 했다.

두 사람의 첫 만남 이후 3년 정도 지난 1929년 말 무렵 루이스는 옥스퍼드 영문과의 변화를 위한 톨킨의 제안을 지지하게 된다. 변화의 핵심은 어학과 문학을 통합하고 1830년 무렵의 낭만주의 강의를 중단하는 것이었다. 루이스와 톨킨의 견해에 따르면, 1830년 이후의 작품들에 대해서는 작가들의 주된 세계관에 현대 독자들이 친숙하므로 영문과 교수들의 전문적인 도움이 필요 없다는 것이다. 전문적인 도움이란, 모호한 원문을 해석하고 단어의 의미 변화를 알고 이전 시대, 특히 중세의 화려한 상상의 세계를 맛보는 데 필요한 도움을 뜻한다. 루이스가 말년에 한 말은 톨킨과 루이스가 공유했던 입장을 요약해 준다. "당신이 '유행하는' 견해 편에 선다면, 그것이 얼마나 오랫동안 유행할 거라고 생각하는가……? 내 취향에 대해 당신이 할 수 있는 말은 내가 구식이라는 것뿐이다. 그러나 당신의 견해도 머지않아 같은 처지가 될 것이다."[2]

⊙ा⊙

20세기 초 잉글랜드는 철학에서 관념론이 우세했는데 루이스가 철학 강사로 학자 생활을 시작한 옥스퍼드는 특히 그런 경향이 강했다. 당시 루이스의 동료였던 철학자 존 매벗은 《옥스퍼드의 기억》에서 이 시기 옥스퍼드의 지적 고립을 지적했다.

> 옥스퍼드 철학은 철저히 그 안에 갇혀 있었다. 케임브리지나 대륙 또는 미국과 실제로 아무런 접촉이 없었다. 전통 교리는 에드워드 케어드, 앤드루 세스 프링글패티슨 …… 데이빗 조지 리치와 윌리엄 월리스, 그리고 T. H. 그린, 버나드 보즌켓과 F. H. 브래들리 등과 같은 위대한 스코틀랜드 선지자들을 통해 걸러진 헤겔의 관념론이었다. 근본적인 쟁점은, 현실은 영적이고 따라서 우리 주위의 세계는 정신과 유사하거나 정신에 의해 결정된다고 생각하는 관념론자들과, 지식과 지각의 대상들은 정신과 독립적이라고 주장하는 존 쿡 윌슨, W. 데이빗 로스 경, 헤럴드 아서 프리처드 같은 실재론자들 사이에 있었다.

많은 사람들의 머릿속에 관념론은 당시 급속히 퍼져 가던 '자연주의'(루이스는 나중에 《기적》에서 이 입장을 공격한다)에 반대되는 정신적 견해 또는 기독교와 연결되어 있었다. 대개 관념론자들은 물리적 대상들이 그것을 인식할 수 있는 정신과 별개로 존재할 수 없다고 주장했다. 그들에게 신의 정신과 인간의 정신은 근본적으로 유사했다. 옥스퍼드의 젊은 유물론자였던 루이스는 처음에는 관념론에 철저히 반대했다. 당시 그는 "모든 유한한 사물이나 사건이 (원칙적으로) 전체 체계 안에서 설명될 수 있어야 한다"는 견해로 자신의 자연주의를 정의했다.[3] 그의 다른 표현을 빌자면, 자연은 "전부"였다. 자연주의는 그의 초기 시 《구속된 영혼》과, 정도는 덜하지만 《다이머》에도 드러나 있다. 따라서 루이스가 톨킨을 처음 만났을 때 두 사람의 세계관은 완전히 상반되는 것이었다. 톨킨은 어린 시절부터 기독교의 정통 교리들을 믿은 구식 초자연주의자였다.

1920년대의 옥스퍼드가 19세기의 연속선상에 있던 부분은 철학만이 아니었다. 옥스퍼드는 언어와 문학의 연구에서도 여전히 문헌학 모델, 즉 역사적 비교언어 연구에 사로잡혀 있었다. 그런 의미에서 톨킨은 이상적인 문헌학자였다. 루이스는 진지하게 판타지와 요정 이야기를 쓰는 일 같은 톨킨의 관심사들에 서서히 관심을 갖게 되었고, 기독교로 회심한 후에는 톨킨처럼 언어를 열정적으로 사랑하게 되었다.[4] 어느 날 두 사람은 언어에 대한 책을 공동집필할 계획까지 세웠지만 그 계획은 끝내 실현되지 못했다.

톨킨에게 "문헌학은 인문학의 토대이다." 그의 에세이 〈옥스퍼드 영문과〉(1930)에서 톨킨은 예술 작품에 대한 온전한 반응을 얻어 내기에는 문학적·언어학적 접근 방식 모두가 너무 폭이 좁다는 자신의 입장을 분명히 밝혔다. 그는 현대 문화로부터 멀리 떨어진 고대 문학 작품의 경우에는 더욱 그렇다고 생각했다. 두 접근법 모두 문헌학적 차원의 개입이 필요했다. 문헌학은 적절한 깊이의 반응을 줄 수 있었다. 톰 쉬피는 톨킨이 예술 작품을 문헌학적으로 보았고 그의 소설도 문헌학적 비전에서 나왔음을 지적한다. 이점에서 그는 19세기 독일의 문헌학자 야콥과 빌헬름 그림 형제와 비슷했다. 그들이 학문적인 저술 활동 외에 동화를 모았던 것처럼 톨킨의 상상의 작품 역시 그의 문헌학적 연구에서 생겨났다.

특히 지그문트 프로이트(루이스는 《순례자의 귀향》에서 그를 계몽주의자 지기스문트라고 풍자했다)의 통찰을 토대로 1920년대에 유행한 사조 중 가장 과격한 흐름이 생겨났는데, 루이스와 그의 친구들은 그것을 '신(新)심리학'이라고 명명했다. 루이스의 장시 《다이머》는 1926년 출간되었다. 그는 1950년판 서문에서 그 글을 쓸 당시의 상황을 설명하며 이렇게 말했다. "당시 신심리학은 내가 옥스퍼드에서 가장 많이 만나는 사람들을 통해 그 영향력을 나타내기 시작하는 참이었다. 우리가 (젊은이들이 언제나 그렇듯) 사춘기의 망상으로부터 달아나고 있다는 느낌과 환상(fantasy)이나 소망적 사고의 문제로 많이 번민했었다는 사실이 거기에 힘을 보탰다."

환상은 점점 더 비현실적이고 현실도피적인 것으로 여겨졌다. 케임브리지의 영향력 있는 평론가 I. A. 리처즈(1893-1979)에 의해 생겨난 새로운 문학평론이 이 신심리학적 접근 방식에서 힘을 얻었다. 그는 《문학비평의 원리》(1924), 《실천 비평》, 《문학적 판단에 대한 연구》(1920) 등에서 문학을 평가하는 기준과 기법을 근본적으로 다시 썼다. 리처즈 역시 프로이트처럼 궁극적으로 자연주의자였다. 그는 철학의 실증주의 방법론을 문학평론에 도입했다. 그는 (아름다움 같은) 가치들을 독자가 측정할 수 있는 그 무엇으로 축소시켰다. 그는 문학의 가치가 독자의 감정과 욕구를 충족시키는 능력일 뿐이라고 믿었다. 문학의 언어는 실세계의 객관적 사태를 묘사하기보다는 주관적이고 감정적이라는 것이다. I. A. 리처즈는 문학 작품이 어떻게 의미를 창조하는지에 대해 관념론이 지배하던 시절보다 훨씬 더 정교한 논쟁을 촉발시켰다.

1922년, 루이스와 당시 옥스퍼드 워덤 칼리지에서 공부하던 절친한 친구 오언 바필드 사이에 '대전'(大戰)이 시작되었다. 바필드에게 그 '전쟁'은 "철학적 견해의 격렬한 교환"이었고, 루이스에게는 "때로는 편지로 때로는 얼굴을 맞대고 몇 년 동안이나 벌인 거의 끊임없는 논쟁"이었다. 그 대화는 동양 사상과 기독교 사상을 종합해 루돌프 슈타이너(1861-1925)가 발전시킨 '정신과학', 즉 인지학(人智學)을 바필드가 받아들인 후 시작되었다가 1931년 루이스가 기독교로 회심할 무렵에 사그라졌다. 논쟁의 핵심은 상상의 본질과 시적 통찰의 지위였다. 논쟁의 결과 루이스는 '연대(年代)에 대한 속물적 태도'를 버림과 동시에 현대에 대해 적대적이 되었고 바필드는 생각을 다듬어 그의 중요한 연구서 《시어》(1928)를 쓰는 데 도움을 받았다. 루이스는 진보의 신화가 당대의 가장 강한 신화 중 하나라고 믿었다. 당대는 변화 그 자체를 가치로 여겼던 것이다. 바필드를 만나기 전까지 그는, 최소한 지적으로는 이 신화의 꾐에 넘어가 있었다. 그러나 그는 우리가 과거(와 따라서 우리 시대의 강점과 약점을 제대로 볼 수 있는 통찰력)와 점점 더 떨어져 나가고 있음을 보게 되었다. 《예기치 못한 기쁨》에서 그는 이렇게 설명했다.

바필드는…… 내가 '연대에 대한 속물적 태도'라고 부르는 바 우리
시대에 통용되는 지적 풍토를 무비판적으로 수용하는 태도와, '시대
에 뒤떨어진 모든 것은 믿을 수 없다'는 가정을 간단히 무너뜨렸다.
중요한 것은 그것이 시대에 뒤떨어진 이유를 찾는 것이다. 누군가의
반박으로 사라졌는가(그렇다면 누가 어디서 어떻게 결정적으로 반
박했는가), 유행이 사라지듯 단순히 사라졌는가? 만약 그렇다면, 사
라졌다는 그 사실만으로 참 거짓을 판단할 수는 없다. 이런 점에서
볼 때 우리 세대 역시 '하나의 시대'로서 다른 모든 시대처럼 특유의
미망(迷妄)을 갖고 있음을 깨닫게 된다. 그 미망은 그 세대에 깊고도
넓게 퍼져 있는 가정들 속에 숨어 있기 쉬우므로 아무도 감히 그것
을 공격하지 못하며 변호할 필요도 느끼지 못한다.[5]

바필드와의 '전쟁'은 연대에 루이스의 대한 속물적 태도를 무너
뜨렸을 뿐 아니라 유물론이 사실이라면 지식이라는 게 불가능해진
다는 확신도 심어 주었다! 유물론은 자멸적이라는 그의 견해는
1924년 아서 밸푸어의 책 《유신론과 휴머니즘》을 읽고 더욱 강화되
었다. 그러나 당시 그는 밸푸어가 내린 기독교적 결론은 거부했다.
바필드는 그들의 '전쟁'이 끝난 후 한 친구에게, 루이스는 자신에게
생각하는 **법**을 가르쳤고 자신은 루이스에게 생각할 **거리**를 가르쳤
다고 농담조로 말했다. 루이스는 바필드가 체계적이고 정확하게 생
각하도록 만들어 자신이 W. T. 커크패트릭에게 개인교습을 받으며
힘들게 배운 바를 전해 주었음이 분명하다. 반대로 바필드는 루이
스가 더욱 상상력을 발휘해서 생각하도록 이끌어 상상력과 탁월한
지력이 그 안에서 결합하도록 도와주었다. 바필드에 따르면 그것은

'더딘 거래'였다.

바필드는 1921년 학사학위를 받고 영문과를 졸업한 후 석사과정을 시작했는데 석사학위 논문이 그의 책 《시어》가 되었다. 1925년 그는 동화 《은나팔》을 출간했고 그 책은 나중에 톨킨 가족에게 큰 인기를 얻었다. 1926년 그의 연구서 《영어 단어사》가 출간되었다. 《시어》는 루이스와 톨킨에게 깊은 영향을 끼쳤다.

바필드는 인간의 의식이 진화하고 상상이 그 핵심적인 역할을 담당한다고 믿었다. 그는 이러한 의식의 발전이 언어와 지각력의 변화에 정확히 반영되어 있다고 말했다. 본디 있던 의식의 통일성이 이제 조각조각 깨졌다는 것이다. 바필드는 미래에 인간이 더 크고 풍부한 의식에 도달할 것이고 그때에는 영혼과 본성이 조화를 이룰 거라고 믿었다. 바필드의 개념은 특히 시어(詩語)의 본질에 대한 대단히 독창적인 통찰들로 표현되면서 루이스에게 영감을 주었다.

이러한 통찰들이 구현된 《시어》는 시어의 본질과 원래 단어들이 고대의 통합된 지각을 어떻게 구현했는지에 대한 이론을 다루고 있다. 바필드는 《시어》를 통해 시가 중심이 되어 지식을 습득하는 과정에 대한 자신의 견해를 제시했다. 그는 "개인의 상상력은 지각 이상의 모든 지식을 얻는 매개체"라고 믿었다. 시적 충동은 개인의 자유와 연결되어 있다. "상상 행위는 개별 정신이 그 주권적 통일성을 발휘하는 것이다."[6] 이와 반대되는 것은 지식을 권력으로 보고 "효율성을 의미로 잘못 보는" 것이다. 그것은 결국 통제를 향한 욕구로 이어진다. 바필드는 이렇게 지식을 권력으로 오용하는 것과 참여 (participation, 바필드의 키워드)에 의한 지식을 대조했다. 한 가지는 "현상을 바라보며 그것에 익숙해지는 것이고" 다른 한 가지는 "존재에 대한 의식적인 참여"가 관건이다. 적절한 상상 활동은 "구체적 사고"라고 말할 수 있다. 그것은 "유사성에 대한 지각이며 통일성을 향한 요구"(새뮤얼 테일러 콜리지의 영향이 분명히 드러나는 대목이다)이다.[7] 따라서 의미 있는 모든 언어에는 시적 요소가 있다. 바필드는 이 말로 과학적 담화가 진정한 지식의 유일한 수단이라는, 점차 세력을 얻어가는 견해를 반박하고 있었다.[8]

⊚⏍⊚

톨킨이 옥스퍼드의 앵글로색슨어 교수직을 맡았던 1925년, 유명한 시인 W. H. 오든이 학부생으로 들어와 고대 영문학에 특별한 관심을 보였다. 오든도 톨킨처럼 북유럽 신화에 깊은 관심이 있었고 학과목에 대한 톨킨의 열정에 영향을 받았다. 나중에 톨킨은 《반지의 제왕》에 흥분하는 오든을 보고 큰 격려를 받았다. 오든은 《반지의 제왕》에 대한 영향력 있는 평론을 썼고 작품의 의미에 대해 톨킨과 서신 교환을 하며 의견을 나누었다. 또한 《반지의 제왕》 삼부작에 대한 부정적인 비판을 반박하기도 했다. 험프리 카펜터가 쓴 오든의 전기(1981)에는 몰두해서 《호빗》을 읽고 있는 오든의 40년대 사진이 실려 있다.

톨킨에겐 배우 같은 면이 있었다. 그는 1911년 남학교였던 킹에드워드에서 공연한 셰리던의 〈경쟁자〉에서 멜러프롭 부인 역을 재미있게 연기했었다. 나중에 톨킨은 친구의 초기형 녹음기에 녹음된 목소리를 듣고 자신이 자신의 시와 《반지의 제왕》을 얼마나 극적으로 잘 읽는지 놀랐을 정도다. 그는 《베어울프》를 큰 소리로 읽는 것으로 강의를 시작하는 게 얼마나 효과적인지 금세 발견했다. 이 고대 영시는 당시의 스타일에 따라 "화이엇!"(*Hwaet*, 들으라)으로 시작했다. 초보 학부생들에게 그 말은 "콰이엇!"(Quiet, 조용히)"과 아주 비슷하게 들렸다. 오든은 톨킨이 끼친 영향에 대해 이렇게 말했다.

내가 들었던 톨킨 교수의 강연이 기억납니다. 그가 했던 말은 한마디도 기억나지 않지만 언젠가 그가 《베어울프》의 긴 구절을 훌륭하게 낭송한 것은 잊혀지지 않습니다. 나는 넋을 잃었습니다. 그리고 그 시에 빠져들게 될 거란 직감이 들었습니다. 그 후 나는 앵글로색슨어 공부에 기꺼이 매진하게 되었습니다. 그렇지 않으면 그 시를 읽을 수 없기 때문이었죠. 나는 서툴게나마 그 시를 읽을 수 있게 되었고 앵글로색슨어와 중세 영시는 그 무엇 못지않게 내게 오랫동안 큰 영향을 끼쳤습니다.[9]

캐나다 출신의 한 대학원생도 그 시절 톨킨의 강연을 들었다.

그는 언제나 가운을 휘날리고 금발머리를 빛내며 가볍고 우아하게 들어와 《베어울프》를 큰 소리로 읽었다. ……그가 이야기하는 두려움과 위험을 듣고 있자면 머리털이 곤두섰다. 나는 그렇게 시를 읽는 사람을 본 적이 없었다. 강의실 이그재미네이션 홀은 붐볐고 《호빗》과 《반지의 제왕》으로 유명해지기 훨씬 전이었던 그때, 그는 교수치고는 젊었다. 나는 그에게서 고트어에 대한 세미나도 들었다. 그는 탁월한 스승이었고 유쾌하고 정중하고 언제나 친절한 분이었다.[10]

강사이자 유명한 추리작가(마이클 이니스라는 가명을 쓰는) 존 이니스 매킨토시 스튜어트도 톨킨의 학생이었는데 그는 이렇게 말했다. "그는 강의실을 들판으로 바꿔 놓는 듯했다. 그는 음유시인이었고, 우리는 기꺼이 귀를 기울이는 청중이었다."

⬤

루이스는 1925년 5월, 모들린 칼리지의 영어영문학 특별연구원 겸 개별지도 교수로 선출되었다. 처음에는 5년 임기로 선출되었는데 결국 1954년 말까지 그 자리에 있었다. 그는 모들린 칼리지에서 개별지도를 했지만, 옥스퍼드 대학 내 모든 칼리지의 문학도들에게 강의를 했다. 1926년 1월 23일, 루이스는 열심히 준비해서 '18세기에 나타난 낭만주의 운동의 전조들'이라는 제목으로 옥스퍼드 영문과에서 첫 번째 강의를 했다. 그는 선별된 시에 대해 강연할 계획이었으나 얼마 후 유명한 동료가 시를 다룰 생각임을 알게 되었다. 따라서 그는 시보다는 익숙하지 않은 그 시기의 관련 산문들을 다뤄야 했다. 1926년 가을 학기(혹은 마이클마스 학기)에 루이스는 '르네상스 시대의 몇몇 영국 사상가(엘리엇, 애스컴, 후커, 베이컨)'라는 주제로 주 2회 강좌를 열었다. 1년 후 그는 '장미 이야기와 그 계승작들'에 대한 특색 있는 강좌를 시작했다. 그 내용은 《사랑의 알레고리》(1936)에 실리게 된다. 그리고 이제는 관계가 훨씬 좋아진 아버지에게 강의를 할 때의 접근법을 설명했다(그는 철학 강좌를 말했지만 문학적 주제에 대한 접근법도 같았다). 그는 열네 번의 강의를 열심히 준비하고 있다고 말했다. 그는 강의 내용을 모두 쓰지 않고 메모 형식으로 정리하고 있었다. 이런 즉흥적인 요소는 초보 교수에게 위험하긴 했지만 강의안을 죽 읽어 내려가는 강의는 학생들을 잠재울 뿐이었다. 그는 강의를 하는 교수로서 처음부터 모험을 하기로 결심한 것이었다. 써 놓은 것을 죽 읽기보다는 이야기하는 쪽으로 자신을 몰아갈 계획이었다.[11]

철학자로서 루이스의 역량은 그가 문학계에서 얻은 명성 때문에 간과되기 쉽다. 루이스는 그 전 해에 철학을 가르쳤다. 실제로 오언 바필드와의 '대전'은 종종 대단히 복잡한 철학적 수준에서 진행되었고, 그의 철학적 관심사는 다른 사람들에게 잘 알려져 있었다. 실제로 그는 영어 강의를 맡은 후에도 계속 철학을 가르쳤다. 예를 들면 1926년 5월 12일(톨킨을 처음으로 만난 다음날), 그는 몇몇 여학생들과 함께 레이디 마가렛 홀에서 철학 수업을 했다고 기록하고 있다. 그는 버클리 주교(1685-1753)에 대한 학생들의 지속적인 관심을 흐뭇한 마음으로 기록했다. 버클리는 모든 존재가 신의 지각(知覺)에 의존하고 있다("*esse est percipi*" : 존재함은 지각됨이다)고 보았다. 이어서 그는 동시대 철학자 새뮤얼 알렉산더가 구분한 '관조'(contemplation)와 '향유'(enjoyment)의 차이에 대해 설명했다.[12] 그것은 자신의 지각과 감각을 바라보는 일과, 지각과 감각을 사용해 다른 것을 바라보는 일의 차이다. 그것은 의식을 어디에 놓는가, 즉 자신(자신의 감정, 의식이나 경험)을 의식하는가 아니면 자신 외의 다른 대상이나 존재에게 주의하는가의 문제이다. 이 구분은 루이스에게 점점 더 중요해졌는데, 이미 그로 인해 그의 유물론이 조금씩 훼손되고 있었다. 루이스는 조운 콜번이라는 학생이 그 차이를 이해한다는 사실을 특히 흐뭇해했다. 그녀는 자아를 '알고' 싶다는 다른 학생의 말에 이렇게 대답했다. "그건 눈으로 보는 것으로 만족하지 않고 눈을 **빼서** 들여다보고 싶다는 말이나 같아요. 그건 더 이상 눈이 아닐 거 같은데요."

존 매벗은 루이스가 적극적으로 참여했던 철학 토론 클럽의 결성에 대해 묘사한다. 20대 중반의 젊은 강사들이 모인 그 모임은 '작은 다과회'(Wee Teas : 국교회에서 분리되어 '작은 자유교회Wee Free'로 불렸던 스코틀랜드 자유교회를 본뜬 이름)였다. 그것은 루이스에게 늘 필요했던 토론 모임이었고, 그는 그 안에서 (톨킨처럼) 빛을 발했다.

> 선배 교수들은 '철학자 다과회'라는 모임을 운영하고 있었다. 그들은 매주 목요일 4시에 모였고 참석자 누구나 토의거리를 내놓을 수 있었다. 우리 젊은 교수들도 초대를 받았는데 모임은 편안했고 분위기도 좋았다(교수회의 진정한 민주성을 다시 한 번 분명히 느낄 수 있었다). 그러나 토론을 위한 모임으로 보자면 성공적이라 할 수 없었다. ……차 마시는 시간은 철학적인 시간이 아니다. 케이크가 죽 돌아가고 나면 4시 15분이나 30분이 된다. 젊은 교수들은 개별지도 시간의 부담이 커서 매일 5시부터 7시까지 학생들을 가르쳐야 했기에 4시 50분에는 자리를 떠서 각자 칼리지로 돌아가야 했다. ……젊은 교수들은 '다과회'에 대한 경험에 비추어 따로 모임을 만들었다. 시간은 저녁으로 합의했다. ……회원수는 토론에 적합하게 제한할 필요가 있었다. 우리는 여섯 명이 이상적이라는 데 동의했다. 적당한 가격 선을 지키기 위해 저녁은 세 가지 코스로, 주류는 포도주 대신 맥주로 하기로 했다(이 규정은 엄격하게 지켜지지는 않았다). 이 모임의 창립 회원은 길버트 라일, 헨리 프라이스, 프랭크 하디, C. S.

루이스, T. D. 웰돈과 나였다. C. S. 루이스는 얼마 후 철학을 떠나 영문학, 대중신학, 과학소설로 갔지만 우리 모임의 진행이 그의 적절한 도움을 충분히 받고 난 이후였다…….

모임을 시작하는 말은 형식에 얽매이지 않았고 연날리기처럼 자유로웠다. 우리는 서로를 매우 잘 알기 때문에 각자의 기본적 방법론과 관심사를 익히 파악하고 있었고, 각자가 펼치는 주장과 논리들은 즉시 활기 있고 솔직하고 우호적인 검사를 받았다. ……이런 비평이 없었다면 우리가 출간한 글의 설득력이 상당히 떨어졌을 것이다…….[13]

저명한 문학평론가 윌리엄 엠프슨에 따르면, 루이스는 "당대에 책을 가장 많이 읽은 사람이었다. 그는 모든 것을 읽었고 읽은 것을 죄다 기억했다." 철저한 책의 사람이었던 루이스는 영문과의 강의와 개별지도를 맡기에 적임자였다. 이러한 기본 배경 안에서 풍부한 사고력과 상상력, 글쓰기 능력 등이 생겨났고, 이러한 소양이 나중에는 문학평론, 과학소설, 아동문학, 문학적으로 성경에 접근한 글들, 그리고 기독교 변증서들을 낳았다. 루이스는 자신이 광범위한 독서에 큰 빚을 지고 있음을 늘 쉽게 인정했다.

어린 시절부터 루이스는 지칠 줄 모르고 폭넓게 책을 읽었다. 나중에 평론가로서 그는 문학적 엘리트주의에 맞서 라이더 해거드와 존 버컨의 책 같은 "교양이 낮은" 독서의 가치를 옹호했다. 이러한 책 중심성과 잡식성 독서는 루이스의 생애 전반에 걸친 중요한 특징이었고 이는 그의 일기와 편지에도 잘 드러나 있다. 《예기치 못한 기쁨》에서 루이스는 자신이 덕을 본 "책이 가득한 집"은 "내 이야기의 주요 등장인물"이라고 쓰고 있다.

끝없이 책을 읽는 능력 덕분에 루이스는 자연스레 학부생 시절부터 줄곧 도서관에서 살다시피 했다. 옥스퍼드 대학의 보들리 도서관은, 루이스의 삶과 일, 그리고 (아버지에게 보낸 편지로 추측해 볼때) 애정에서까지도 중심 위치를 차지했다. 그는 보들리 도서관에서 오전을 보내는 일에 대해 말하기를, 담배를 필 수 있고 편안한의자에서 쉴 수만 있다면 그곳이 세상에서 가장 유쾌한 장소 중 하나일 거라고 했다.

문학평론가 헬렌 가드너는 보들리 도서관에서 독서하는 그의 모습에 경이를 느꼈다

> 때로는 '읽을 수 없는'이라는 단어가 그에게는 의미가 없다는 생각이 든다. 듀크 험프리에서 옥스퍼드의 역사를 찾아 거대한 2절판 책을 읽어 나가는 그의 맞은편에 앉아 있노라면, 집중력이 무엇인지에 대해 실물 교육을 받을 수 있었다. 그의 주위에는 마치 고요의 벽이 생기는 듯했다.[14]

처음부터 그랬지만 루이스의 관심은 옛 시대, 그의 이상적인 옥스퍼드 대학 교수요목처럼 1830년대 이전에 쓰인 텍스트에 있었다. 그런 경향은 점점 더해 갔다. 루이스가 볼 때, 모더니즘 시기 이전, 적어도 고대 그리스까지 거슬러 올라가 그때로부터 천 년에 걸쳐 쓰인 모든 책들은 중요한 가치관을 공유하기 때문에 변함없는 자극을 주며 서로 연결되어 있었다. 그의 지성과 상상력에 양분을 공급하고 그를 정신적으로 활기차게 만든 것은 지적 토론과 우정(그

가 이것을 갈망하긴 했지만)보다도 독서였다. 그는 실재를 인식하는 상징적 도구의 일종인 '기록된 글'을 통해 세계를 보았다. 그런 그였기에 참호전의 공포를 경험하면서도 이렇게 생각했다. "이것이 전쟁이다. 이것이 호메로스가 말했던 그 전쟁이다."

옥스퍼드 교수직을 맡은 이듬해인 1926년 초, 톨킨은 가족을 데리고 리즈를 떠나 옥스퍼드 도심에서 북쪽으로 조금 벗어난 노스무어 로 22번지로 이주했다. 나무가 많은 그곳에서는 14세기에 세워진 세인트마틴 교회의 탑 이름을 본떠 이름 붙여진, 혼잡한 카팩스 사거리를 조금 지나면 근처의 펨브로크 칼리지로 통근하기가 쉬웠다. 톨킨의 자녀인 존과 프리실라에 따르면, "이따금씩 사각모와 대학 가운을 걸친 채 유난히 안장이 높은 자전거를 타고 밴베리 로를 천천히 내려가는 아버지의 모습은 아주 유명했다!"

제1차 세계대전이 끝난 후, 대학 교수의 아내와 어린아이들의 어머니로 익숙해진 에디스는 좀더 가정적인 관심사들을 추구했다. 톨킨의 생활은 상당 부분 에디스의 세계와 분리되어 있었다. 그는 집에서도 서재에 있을 때가 많았으며, 남성 주도의 대학 사회에 몸담고 있었고, 얼마 후엔 루이스와의 만남도 잦아졌다. 1933년부터는 루이스와 톨킨을 중심으로 하는 비공식 문학 클럽인 '잉클링즈'가 만들어졌다. 이러한 그의 일상은 매년 가족 휴가로 깨어졌다. 1927년과 1928년, 톨킨 가족은 도싯(Dorset)의 라임 리지스로 휴가를 떠났다. 즐겨 가던 또 다른 휴양지는 데번의 시드머스였다. 가족사진에는 모래사장에서 아이들과 함께 행복하게 모래성을 쌓고 있는 톨킨의 모습이 있다.

톨킨의 동생 힐러리는 옥스퍼드 서쪽, 외가인 서필드 가문의 고향 이브셤 근처에서 조그만 과수원을 샀다. 그는 학교 졸업 후 제인 니브 이모를 도와 농장을 꾸려 가다가 1914년 육군에 입대해 워릭셔 연대 소속으로 전투에 참가했다. 농장의 진입로가 그의 집에서 끝났기 때문에 때로 동네 사람들은 그 집을 '자루끝'(Bag End)이라고 불렀다. 톨킨 형제는 별 어려움 없이 연락을 유지할 수 있었다.

로널드와 에디스의 네 번째 아이 프리실라 메리 루얼 톨킨은 1929년에 태어났다. 다음 해 톨킨 가족은 옆집인 노스무어 로 20번지로 이사했다. 톨킨은 서재를 만들었는데 자녀들은 이 서재를 "가장 신나는 방"으로 회상했다. "바닥부터 천장까지 사방 벽에 책들이 늘어서 있었고 안에는 커다란 검은색 난로가 있었는데 그놈 때문에 매일 웃지 못할 사건이 벌어졌다. 매일 아침 아버지는 난로에 불을 붙이고 연기가 잘 빠지게 한 다음 다른 일에 몰두하곤 하셨다. 그러다 굴뚝에서 검은 연기가 뿜어져 나오는 것을 본 이웃사람들이나 우체부가 불이야 하고 외치면 그제야 다시 난로를 살피곤 하셨다."[15] 톨킨의 대학원생들 중 일부는 그의 집으로 찾아와 개별지도를 받기도 했다.

⎯⎯◎⎯⎯

루이스가 1922년에 쓰기 시작한 일기장에는 당시 그가 어떤 생각을 했는지 담겨 있다. 그 일기의 일부가 《내 앞에 펼쳐진 모든 길》(1991)로 출간되었다. 월터 후퍼가 간추리고 편집한 이 일기에는 1922년부터 1927년까지 루이스가 보낸 나날들이 담겨 있다. 책 제목은 루이스가 그 시기에 쓰고 있던 시 《다이머》에서 인용한 것이다. 사건과 내용은 무어 부인과 관련된 것으로 선정되었다.

　루이스는 일기를 쓸 때마다 그녀에게 대부분 읽어 주었다. 그러므로 오언 바필드와 루이스 사이에 벌어진 사상의 '대전'에 대한 기록은 없었다. 바필드는 책을 펼치자마자 그 사실을 알았다. 일기에는 산책, 날씨, 책, 글쓰기와 취업에 대한 불안 등 루이스의 일상적인 가정생활이 생생하게 담겨 있다. 홀리오크 로의 집 '힐스버러'에 사는 루이스, 모린, 무어 부인, 그리고 간간이 그 집에 묵는 사람들이 사건의 중심이었다. 핍스 부인이라는 이름을 따라 '피피'라고 불린 가정부가 있고 모들린 칼리지에 있는 루이스의 친구들과 동료들에 대한 기록들도 보인다. 패트라고 불렸던 개(그리고 나중에는 팹워스 씨라는 다른 개)가 루이스의 산책에 자주 동행했다.

　그 일기는 루이스가 무어 부인을 위해 썼을 가능성이 가장 높다. 일기에서 그녀는 평소의 별명 '민토'가 아니라 'D'라고 불리고 있다. 워렌 루이스가 타이프로 친(《루이스 가족 문서》[16]에서) 'D'는 그리스어 글자 델타를 옮겨 쓴 것이고, 플라톤의 《향연》에 등장해 소크라테스에게 사랑(물론 정신적인)의 의미를 소개하는 무녀(巫女) 디오티마를 뜻한다는 추측도 있다.[17] 무어 부인은 디오티마처럼 젊은 루이스에게 (육체적인) 사랑을 소개했을 가능성이 있다. 1920년대에 오언 바필드는 무어 부인과 아는 사이였다. "사람들은 잭이 무어 부인과 관계를 가졌다고 주장했다. 그럴 가능성은 있지만 확률은 희박하다. 그녀는 그보다 훨씬 나이가 많았고 왜 지금에야 생각이 나는지 모르겠지만 육체적으로 그리 매력적인 여성도 아니었다."[18]

1926년 성탄절 휴가는 루이스와 그의 아버지와 형이 함께한 마지막 시간이었다. 알버트 루이스와 두 아들 사이의 관계는 전에는 자주 긴장을 겪었지만 차츰 나아지고 있었다. 아들들에게 그는 언제나 'P. B.' 또는 '퓨다이타버드'(Pudaita-bird)였다. 그가 가끔 '포테이토'(potato)의 발음을 그렇게 했기 때문이다. (알버트의 아일랜드 사투리는 아들들에게 끊임없는 웃음거리를 주었다.) 《예기치 못한 기쁨》에서 루이스는 아버지를 묘사하며 행복을 찾아 얻는 데는 별 재주가 없고 안전한 일상의 단조로움으로 움츠러드는 분이라 말했다. 그러나 전기 작가 A. N. 윌슨은 루이스가 아버지를 "우스꽝스러운 인물"로 묘사한 것은 편파적이라고 믿고 있다. 알버트는 아내와 사별하고 상처받은 복잡한 사람이다. 그가 재능 있는 소년 루이스에게 남겨 준 가장 풍부한 유산은 말 그대로 제약 없이 탐구할 수 있는 옛날 책들로 가득한 집이었다. 루이스는 《사랑의 알레고리》 서문과 《예기치 못한 기쁨》에서 책에 진 빚을 인정한다. 알버트 루이스는 아들과 마찬가지로 글쓰기와 '재담'(재미있는 사건에 대한 간결한 소개)을 포함한 언어 구사력에 관심을 갖고 있었다.

그로부터 거의 18개월 후인 1928년 5월 2일, 알버트는 연금을 받고 벨파스트 시의회 변호사 직책에서 은퇴했다. 은퇴한 지 1년도 더 지난 1929년 7월 25일, 그는 자꾸만 불편해지는 몸을 검사하기 위해 첫 번째 엑스레이를 찍었다. 병세가 아주 심각해서 루이스는 8월 13일에 서둘러 벨파스트로 갔다. 9월 25일, 루이스가 몇몇 긴급한 문제들을 처리하기 위해 옥스퍼드로 돌아가고 난 얼마 후 그의 아버지는 숨을 거두었다. 이틀 후 워렌은 상하이에서 전보를 한 통 받았다. "9월 25일 아버지가 고통 없이 돌아가심. 잭." 형이 딴 곳에 있었기 때문에 장례식을 준비하고 유산을 정리하는 일은 루이스의 몫이었다.

'와니' 루이스는 제1차 세계대전 발발 직전 샌드허스트의 육군 사관학교에 입학해 군 생활을 시작했다. 그는 전쟁이 끝나고 시에라리온과 상하이에서 복무한 후 1932년 연금을 받고 소령으로 제대했다. 그의 군 생활은 일기에 생생하게 그려져 있다. 제대 후 그는 동생과 무어 부인이 꾸려 가는 별난 가정에 합류했다. 그가 루이스의 집에 이사해 들어와(처음에는 군대에서 휴가 나왔을 때 묵었다가 나중에는 영구적으로) 루이스 가족의 문서들(편지, 일기, 사진과 다양한 문건들)을 정리하는 엄청난 작업을 시작해서 타이프하고 정리한 자료가 열한 권에 이르렀다. 그것들은 "루이스 가족의 기록 : 1850-1930"이라는 제목이 붙었다. 정리 작업은 1935년에 완성되었고 동생이 죽은 후 워렌 루이스는 그 자료를 미국 일리노이 주 휘튼의 웨이드센터에 기증했다.

1930년 10월, 무어 부인과 루이스와 워렌은 합자하여 시 경계 바깥, 헤딩턴 근처에 있는 '킬른스'를 구입했다. 집의 소유권은 무어 부인의 단독 명의로 하되 루이스 형제는 평생 거주할 권리를 가졌다. 워렌은 일기장에 그 집의 첫인상을 기록해 놓았다.

잭과 나는 밖으로 나가 그 장소를 보았다. ······8에이커의 정원은 꿈 같은 곳이다. ······집은······ 좁은 오솔길 끝에 있는 숏오버 언덕 북 쪽 기슭 입구에 서 있다. ······집의 왼쪽에는 벽돌 굽는 가마(kiln)가 둘 있는데, 킬른스(Kilns)는 이 가마들에서 나온 것이다. 집 앞에는 잔디와 단단한 테니스 코트, 아름다운 나무들이 우거진 커다란 수영 장이 있고 그 둘레를 벽돌로 된 좌석들이 아늑하게 싸고 있다. 곳곳 에 골짜기가 패어 있는 황무지가 오르막을 이루며 넓게 펼쳐져 있고 그 끝에는 낮은 절벽이 있다. 절벽 위에는 엉겅퀴가 무성한 풀밭이 펼쳐져 있고, 풀밭에서 이어진 거의 숲에 가까운 두꺼운 전나무 지 대가 킬른스의 가장자리에 해당한다. 절벽에서 멀리 어스레한 푸른 빛 너머로 보이는 경치는 한마디로 장관이다.

워렌에 따르면 그곳의 완벽함은 루이스가 제일 좋아하는 시를 연 상시키는 연못이 있다는 점이었다. 그 연못은 동네에서 '셸리의 못'으로 알려져 있었다. 전승에 따르면 시인 셸리가 "그곳에서 명상 에 잠기곤 했다"고 한다.

워렌은 킬른스로 이주한 이후 무어 부인에 대한 불안이 있었지만 곧 편안해졌다. 그러나 관심사의 폭이 너무 좁은 무어 부인이 동생 에게 어울리지 않는다는 생각이 점점 더 강해졌다. 모린에 따르면, 그녀의 어머니는 킬른스를 자신을 중심으로 하는 "매우 아일랜드 적인 가정"으로 만들었다고 한다. 결국 킬른스에 있는 사람들은 모 두 무어 부인이 부리는 일꾼이나 다름없었다. 거기에다 개 두세 마 리와 고양이 두세 마리가 더해졌다. 나중에 그곳을 방문했다가 모 린과 결혼하게 되는 레너드 블레이크는 루이스와 워렌이 "아주 큰 소리로" 대화를 이어갔다고 회상했다.[19] 루이스의 일기에는 무어 부인의 "마멀레이드 만들기"가 자주 등장하는데, 그 일은 집안의 대사(大事)였다. 루이스는 자주 집안일에 불려 들어갔다. 워렌은 데이빗 웨슬리 소퍼에게 "잭은 개를 산책시키고 감자껍질을 깎는 틈틈이 글을 써야 했어요"[20]라고 말했다.

모린은 차를 한 대 구입한 이후 루이스의 일과에 말려들었다. 루이스는 옥스퍼드의 학기가 진행되는 8주 동안 오전 9시부터 오후 1시까지와, 오후 5시부터 7시까지 칼리지에서 학생들을 개별로 지도했다. 모린은 차를 몰고 나가 오후 1시 10분에 루이스를 태우고 점심시간에 맞춰 킬른스로 돌아왔다. 그 다음 루이스는 개를 데리고 산책을 나가곤 했다. 모린은 4시 30분에 그를 모들린 칼리지로 데려다주었다. 그녀의 기억에 따르면, 그의 사교 생활은 학교에서 이루어졌다. 워렌이 킬른스에서 함께 살게 된 이후로 모린은 루이스보다는 워렌과 더 잘 지냈다.

⊙⊺⊙

톨킨의 평생에 걸친 언어 연구와 교육은 그의 창작 활동과 긴밀하게 연결되어 있다. 오랜 세월이 지난 후 W. H. 오든에게 보낸 한 편지에서 그는 "색깔이나 음악처럼 내게 감정적인 영향을 끼치는 언어학적 패턴을 언제나 느낄 수 있었다"고 털어 놓았다. 아주 어린 나이부터 그를 구성해 온 복잡한 요소들 중 신화와 요정 이야기를 향한 열정, 특히 요정 이야기와 역사 양쪽에 걸쳐 있는 영웅 전설(아서왕 이야기나 용과 싸우는 베어울프 이야기처럼)을 향한 열정은 언어에 대한 열정 못지않게 근본적인 요소였다. 학부생 시절, 톨킨은 이야기와 언어는 "불가결하게 연결되어" 있다는 생각을 했다. 그는 〈요정 이야기에 대하여〉(1947)라는 에세이에서 이렇게 썼다. "육체를 입은 정신, 즉 언어와 이야기는 우리 세계에서 동갑이다." 그에게 상상 속의 관심사와 학문적 관심사는 서로 대치되는 것이 아니었다. 그는 신화와 요정 이야기가 도덕과 종교적 진리를 담아야 하되 노골적이 아니라 넌지시 그리해야 한다고 믿었다.

그러나 이 시기의 톨킨은 여전히 사고와 상상을 통합하려 애쓰고 있었다. 그의 이야기의 주된 청중은 그의 아이들이었다. 그의 책을 읽어 줄 성인 독자가 없었다. 1920년대에는 판타지 혹은 이야기 요소가 두드러지는 문학 작품을 읽는 성인 독자층이 없었다. 적어도 톨킨이 생각하듯 '가장 위대한 이야기'를 성례전적 방식으로 예시하는 작품도 없었다. 그가 생각하는 가장 위대한 이야기란, 하나님이신 왕이 초라한 옷에 몸을 숨기고 지상에 내려와 어리석기 그지 없어 보이는 행동으로 자신을 희생하고 그로 인해 상상도 못할 기쁨을 가져와 우주의 형세를 역전시키는 이야기다. 문학은 서른 살과 마흔 살 사이의 남자들을 위한 거라고 루이스에게 아무렇지도 않게 한 말에는 일말의 진리가 담겨 있다. 톨킨은 안전한 놀이방을 벗어나지 못하고 있는 요정 이야기를 성인들의 읽을거리로 복권하려 시도했다. 그가 사랑하던 《베어울프》 같은 이야기들은 한때 어른들에게 표준적인 작품이었다. 참으로 그런 이야기들은 강인한 전사들을 당혹스럽게 만들지 않았다.

오랫동안 미국의 출판사 휴턴 미플린에서 톨킨의 담당 편집자로 일한 오스틴 올니는 이렇게 말했다. "1920년대와 1930년대에 톨킨의 상상은 평행선을 달리고 있었다. 한쪽에는 어린이들을 즐겁게 해 주기 위해 쓴 이야기들이 있는가 하면, 다른 한쪽에는 아서 왕 이야기나 켈트족 전설같이 좀더 큰 테마를 그 나름의 전설로 다루는 작품이 있었다. ……뭔가 빠져 있었다. 상상의 두 측면을 통합하고 영웅적이고 신화적이면서 동시에 대중의 상상에 부합하는 이야기를 만들 수 있는 뭔가가 부족했다."[20]

톨킨이 판타지와 요정 이야기, 웅장한 규모의 신화를 읽는 전 세계적 독자층을 만들어 내는 데 일조할 수 있다는 생각은 톨킨 자신에게조차 상상 밖의 일이었다. 그러나 그에게는 비전이 있었다. 아마 버밍엄에서의 학창 시절 T.C.B.S. 모임에서 교제하며 탄생했을 그 비전이 천천히 그를 앞으로 밀어댔다. 얼마 후 그는 루이스에게서 자신과 놀랍도록 비슷한 비전을 발견하게 된다.

톨킨은 1925년 여름, 옥스퍼드에서 새로 맡은 교수직을 시작하기 직전에 운문 형태의 베렌과 루시엔 이야기를 쓰기 시작했다. 이것은 〈실마릴리온〉의 주된 이야기 중 하나가 되는데, 《반지의 제왕》에서 아라고른이 간략하게 노래로 들려준다. 스케일은 좀 작지만 《반지의 제왕》과 마찬가지로 영웅 로망스이다. 톨킨은 작품을 운문과 산문 형태로 각각 써 나갔다. 그러나 운문 형태의 작품들은 하나도 완성되지 못했다. 이에 대해 A. N. 윌슨은 이렇게 생각한다. "운문 형태의 베렌과 루시엔 이야기는 기술적으로 불완전한 부분들이 있기는 하지만 놀랍도록 아름다운 구절들로 가득하다. 완성되지는 못했지만 전체적 구상으로 볼 때 그것은 20세기 들어 영어로 쓰인 매우 빼어난 시로 손꼽힐 만하다."[22]

베렌과 루시엔 이야기는 가운데땅의 제1시대 동안 벨레리안드에서 진행된다. 루시엔은 도리아스의 통치자인 요정의 왕 싱골과 멜리안 여왕의 딸이었고 따라서 불멸의 존재였다. 베렌은 죽을 수밖에 없는 사람이다. 치유와 희생, 악, 죽음과 불멸, 그리고 낭만적 사랑 등 톨킨의 많은 특징적 테마들이 이 이야기에 등장한다. 결국 베렌과 루시엔이 결혼함으로써 장래 세대, 심지어 인간이 우세해지고 요정들은 쇠퇴하는 제4시대까지도 요정의 특성이 보존되었다. 이 테마는 아르웬과 아라고른의 결혼으로 《반지의 제왕》에서도 되풀이된다. 베렌과 루시엔 이야기는 가운데땅의 모든 시대에 걸쳐 암흑의 세력들에 끝까지 맞선 요정과 인간들 모두에게 소망과 위로를 주었다. 《반지의 제왕》에서 아라고른 및 여러 사람들이 동일한 희망을 노래하는 것을 자주 보게 된다.

⊙⊙⊙

오언 바필드와 '대전'을 벌이는 동안까지만 해도 루이스는 유물론자였다. 당시 루이스는 장시 《다이머》를 쓰고 있었는데 그 시는 1926년 9월 18일 클라이브 해밀턴이라는 필명으로 출간되었다(《구속된 영혼》에서 그랬던 것처럼 어머니의 처녀 시절 성을 사용했다). 그 이야기는 루이스가 열일곱 살이던 무렵 완전한 형태로 머리에 떠올랐다. 그는 1917년에 그것을 쓰기 시작했다가 1922년에 다시 썼다. 《다이머》는 《구속된 영혼》과 어느 정도 유사성이 있는 반(反)권위주의 시이다. 주인공 다이머는 완벽하지만 비인간적인 도시를 탈출해 아늑한 시골로 들어간다. 거기서 여러 가지 모험이 그에게 닥친다. 다이머의 이상주의와는 반대로, 한 혁명 집단이 다이머의 이름을 내걸고 무정부 상태의 완벽한 도시에 맞서 일어선다.

그 시를 쓸 당시 루이스의 머릿속에는 러시아 혁명과 그의 고향 얼스터에서의 유혈 사태들이 생생하게 남아 있었다. 그는 대중적, 정치적 대의명분을 '악마적인' 것으로 보았다. 《다이머》에서 젊은 루이스는 기독교를 인간이 극복하고 파괴해야 할 유혹의 환각이라 보고 신랄하게 공격한다. 그는 기독교를 심령술을 포함한 온갖 형태의 초자연주의와 똑같이 취급했다. 그러나 루이스가 《다이머》를 다 썼을 무렵, 그는 무신론과 자연주의를 거부하고 어설프게 이어 붙인 관념론을 받아들이고 있었다.

루이스는 그토록 오랫동안 견지했던 견해의 대안을 찾고 있었다. 그렇게 해서 그의 지성은 신화, 그리고 신화와 현실간의 관계에 몰두하게 되었다. 지금까지 그의 상상 속의 삶은 그의 지적 발달과 동떨어져 있었다.

1926년 4월 26일, 그는 모들린 칼리지의 고집 센 철학과 개별지도 교수 토마스 듀어 웰든과 뜻밖의 놀라운 토론을 벌이게 되는데 이를 통해 또 다른 나라로 가는 다리를 얼핏 보게 된다. 두 사람은 신약성경 복음서의 역사성에 대해 토론했다. 루이스가 《예기치 못한 기쁨》에서 기록한 만남은 아마 이것이었을 것이다. "1926년 초, 무신론자 중에서도 가장 과격한 무신론자였던 친구가 내 방 벽난로 맞은편에 앉아 복음서가 정말 놀라울 정도로 역사적인 신빙성을 갖추고 있다고 말했다. '범상치가 않아.' 그는 말을 이었다. '죽는 신에 대한 프레이저의 자료 말이야. 범상치가 않아. 정말로 일어났던 일 같다는 생각이 들어.'"[23]

그날 밤 일기에 루이스는 이렇게 적었다. "우리는 복음서의 역사적 진실성에 대해 토의했고 그냥 무시해 버릴 수 없는 부분이 많다는 데 동의했다." 그 일기는 이렇게 결론을 맺고 있다. "흥미롭긴 했지만 시간 낭비한 저녁."[24]

⊚ℿ⊙

톨킨이 언어학적 취미와 글쓰기 취미를 넌지시 내비치자 루이스는 흥미를 느꼈다. 얼마 후 톨킨의 초청을 받은 루이스는 톨킨이 1926년 봄 옥스퍼드에서 시작했던 비공식 독서 클럽 '코울바이터즈'(Coalbiters)에 참석했다. 그의 목적은 〈운문 에다〉 같은 아이슬란드 문학 작품을 읽는 것이었다. 모임의 이름은 겨울철에 난로 앞에 너무 바짝 다가가 마치 '석탄을 물어뜯는' 듯이 보이는 사람들을 뜻했다.

얼마 후 루이스는 모임에 정식으로 참석했고 그의 오랜 친구이자 엑서터 칼리지의 영문학 연구원인 네빌 코그힐(1899-1980)도 참석했다. 루이스는 아서 그리브즈에게 자신의 옛날 꿈들 중 상당수가 이루어지고 있다고 말했다. 그중에는 《거웨인 경과 녹색 기사》를 원래의 중세 영어로 읽는 일과 고대 아이슬란드어를 배우는 일도 있었다. 그는 코울바이터즈 참석자들이 이미 〈신(新)에다〉와 〈뵐숭가(家) 전승〉을 읽었다고 기록했다. 다음 학기에는 〈락스다엘라 전승〉을 읽을 계획이었다. 코울바이터즈 모임의 결과 톨킨과 루이스는 정기적으로 만나 밤늦게까지 이야기를 나누게 되었다. (에디스는 남편이 밤늦게 귀가하고 새벽 늦게까지 글 쓰는 데 익숙해져 있었다. 그는 아내의 잠을 방해하지 않기 위해 침실을 따로 썼다.)

1929년 12월 그리브즈에게 보낸 또 다른 편지에서 루이스는 한 모임이 끝나고 톨킨과 함께 자신의 칼리지 연구실로 돌아와 "자리에 앉아 세 시간 동안 아스가르드(북유럽 신화의 여러 신들이 머무는 천상의 거처—옮긴이)의 신들과 거인들에 대한 이야기를 나누었다"고 썼다. 그때의 대화는 두 사람 모두의 글쓰기뿐 아니라, 루이스가 결국 기독교 신앙으로 회심하는 데 결정적인 역할을 했다. 북아일랜드 출신인 루이스는 《예기치 못한 기쁨》에서 이렇게 썼다. "나는 톨킨과 나눈 우정을 통해 해묵은 편견 두 가지를 깨뜨릴 수 있었다. 나는 태어날 때부터 '천주쟁이'를 믿지 말라는 경고(암묵적인 경고)를 받았고, 영문과에 재직하게 되면서부터 문헌학자를 믿지 말라는 경고(노골적인 경고)를 받았다. 그런데 톨킨은 천주쟁이에 문헌학자였다."

톨킨과 루이스의 점점 돈독해지는 우정은 두 사람 모두에게 대단히 중요했다. 루이스는 톨킨이 발전시키는 가운데땅 이야기와 시를 주의 깊게 경청해 주었다. 그중 상당 부분은 톨킨이 죽은 후에도 출간되지 못했다. 톨킨은 오랜 세월에 걸친 루이스의 격려가 없었다면 《반지의 제왕》이 출간되지 못했을 거라고 인정했다. 루이스 역시 톨킨에게 감사해야 할 이유가 있다. 루이스는 신화와 이야기와 상상에 대한 톨킨의 견해에 도움을 입어 결국 하나님의 존재를 믿을 수 있었기 때문이다.

상상과 기독교 진리에 근거해 서로 마음을 터놓은 일이 그들의 놀라운 우정의 바탕이 되었다. 루이스 주위에 있던 문학 친구들의 사교 모임인 잉클링즈는 루이스와 톨킨 사이의 이러한 신뢰감 속에서 자라나게 되었다. 처음부터 루이스는 톨킨의 놀라운 문학적 재능을 분명히 알아보았다. 톨킨 편에서도 고마워할 부분이 많았다. 그는 1929년에 이렇게 썼다. "루이스와의 우정은 많은 것을 보상해 준다."

루이스와 톨킨이 중심이 된 문학 친구 모임인 '잉클링즈'가
매주 화요일 오전 모였던 카페 '독수리와 아이.'
카페 안에는 지금도 그들이 즐겨 모인 '래빗룸'이 남아 있으며,
여러 자료 사진들이 걸려 있다.

3. 이야기가 만든 세계 '신화 창조' 1929-1931

1929년 여름 학기, 초여름의 어느 날 점심 무렵을 상상해 보기 바란다. 장소는 옥스퍼드 도심의 동쪽 언덕을 막 올라서고 있는 헤딩턴 버스의 2층이다. 버스 안에는 트위드 재킷과 헐렁한 플란넬 바지 차림의 30대 남자가 해진 모자를 쓰고 앉아 있다. 붉은 혈색과 다부진 체형으로 보아 젊은 농부인 것도 같다.

그는 버스 창밖을 내다보며 담배를 입에 물고 깊숙이 한 모금 들이켠다. 헤딩턴힐 공원을 바라보는 듯하다. 그의 이름은 C. S. 루이스. 인간의 자유라는 문제를 죄다 꺼내 놓고 중요한 결정을 위해 씨름하는 참이다. 버스를 타고 가는 내내 별다른 사건이 없었고 누가 무슨 말을 한 것도 아니었고 떠오르는 이미지도 없었는데 루이스는 문득 자신에 대한 한 가지 사실을 깨닫게 된다. 그는 그동안 무언가 자신에게 다가오지 못하도록 막고 있었다. 나중에 그는 그것을 불편한 옷—성가신 갑옷이나 귀양살이 같은 학교에서 입어야 했던 깃

높은 교복처럼—을 입고 있는 것으로 묘사한다. 그때 갑자기 마치 확 열어 버릴 수도 있고 계속 닫아 둘 수도 있는 문이 나타난 듯했다. 그는 즉시 문을 열고 나가기로, 거북한 옷을 벗어 버리기로 선택했고, 동시에 반드시 그렇게 해야 할 것 같은 느낌을 받는다. 그 선택은 지금껏 그가 했던 어떤 행위보다 더 자유로웠지만, 또한 가장 깊은 본성의 요구에 따른 것이었다. 버스는 베리노울 공원 정류장에서 끽 소리를 내며 멈추었고 루이스는 황급히 버스에서 내린다.[1]

⟆⟆

옥스퍼드 버스에서 이 경험을 하고 얼마 후 루이스는 인격적인 신으로 보이지 않던 미지의 하나님께 무릎을 꿇고 기도했다. 그는 자신을 "온 영국을 통틀어 가장 마지못해 끌려온 회심자"라고 묘사했다. 그것은 루이스가 나중에 꿈 이야기 《천국과 지옥의 이혼》(1945)에서 묘사한 것처럼, 천상의 버스를 타고 어둡고 축축한 지옥을 떠나 밝지만 먼 천국의 변두리로 옮겨간 것과 같았다. 옥스퍼드로 가는 버스에서의 사건과 그가 나누고 접했던 많은 대화와 책들 덕분에 루이스는 마침내 유신론자가 되었다. 눈에 보이는 현실 배후에 있는 어떤 인격적인 신을 인정했던 것이다. "1929년 여름학기에 나는 드디어 항복했고 하나님이 하나님이시라는 사실을 인정했으며 무릎을 꿇고 기도했다……."

이 시기 루이스의 생각이 어떻게 움직였는지는 그의 책 《기적》(1947)에 생생하게 그려지게 된다. 그는 나중에 이렇게 고백했다.

"나는 하나님을 찾아 나서지 않았다. 그 반대였다. 그분이 사냥꾼이었고(내게는 그렇게 보였다) 나는 사슴이었다. 그분은 인디언처럼 몰래 나를 추적해 정확히 겨냥해 쏘셨다. 그리고 나는 (내가 의식하는) 첫 번째 만남이 그런 식으로 이루어진 데 대해서 무척 감사한다. 그것은 모든 게 결국 소망 충족(wish fulfillment) 심리에서 나온 게 아닐까 하는, 이후에 생겨나는 두려움을 막아 준다. 바라지도 않았던 일이 소망 충족일 수가 없는 까닭이다."[2]

루이스는 인격적 하나님을 믿게 된 회심의 과정을 신비의 세계로 다가가는 것으로 묘사한다. "경외의 땅…… 절대 고독 속에는 자아로부터 벗어나는 길, 즉 그 무언가와의 교류가 있다. 그 무언가는 감각의 대상이나 생물학적·사회적으로 우리가 필요를 느끼는 대상, 상상의 산물, 우리의 마음 상태 등과 동일시되기를 거부하면서, 자신이 순전히 객관적인 존재…… 이미지도 없는(우리는 상상력을 동원해 오만 가지 이미지를 만들어 내어 받들어 모시지만) 적나라한 **타자**(他者)라고 주장하고 있다."

☞☜

루이스는 자신이 참석하는 몇몇 모임 중 하나였던 코울바이터즈를 즐기고 있었다. 톨킨은 가장 뛰어난 회원이었다. 그는 회원들이 연구하던 아이슬란드 전승 문헌들을 원문을 보며 완벽하게 번역할 수 있었다. 루이스와 대부분의 다른 회원들은 발전 속도가 훨씬 느려서 한 번에 반 페이지 정도를 읽는 게 고작이었다. 아이슬란드 전승 강독은 루이스의 어린 시절, 북유럽 신화들을 발견하고 뭔가에 찔리

기라도 한 듯 '북방성'(北方性)을 온몸으로 느꼈던 그 시절을 다시 겪게 해 주었다. 그는 톨킨도 자기처럼 넓고 창백한 하늘, 용, 암흑에 맞서는 용기, 약점이 있는 신들, 그중에서도 특히 눈부시게 아름다운 발데르가 등장하는 광대한 북방 세계를 사랑한다는 걸 알았다.

결국 톨킨은 월요일(루이스의 수업이 없는 날)마다 오전 중간쯤 루이스의 칼리지에 들르는 것이 습관이 되었다. 두 친구는 대개 번화가를 지나 이스트게이트 호텔로 가거나 한 잔 하기 위해 근처 카페로 갔다. 물론 루이스의 칼리지에 남아 있을 때도 있었다. 그 외 다른 때는 노스무어 로에 있는 톨킨의 집이나 코울바이터즈 모임 후에 만났다. 루이스는 형에게 보낸 편지에 이제는 매주 정규 모임으로 정착된 톨킨과의 만남에 대해 썼다. 그는 친구와 만나는 시간이 주중 제일 즐거운 순간이라고 말했다. 때로 그들은 대학 영문과의 정치에 대해서 얘기했다. 서로의 시에 대해 의견을 나누기도 했다. 화제가 신학이나 '국가 정세'로 옮겨가기도 했다. 몇 번 안 되지만 야한 농담이나 말장난을 할 때도 있었다. 무엇보다도 그들은 옥스퍼드 영문과에 일관성 있는 학부 교수요목을 만들고자 노력했다.[3]

헬렌 가드너는 루이스 사후에 이렇게 썼다. "옥스퍼드 영문과에 (루이스가) 기여한 가장 중요한 것들 중 하나는 친구였던 J. R. R. 톨킨 교수와 함께 학부 고학년 대상 교수요목에 중세 문학(특히 고대 영어로 쓰인)의 가치에 대한 믿음과, 현대 문학을 제대로 연구하기 위해서는 고전 문학 연구에서 얻는 언어학적 훈련이 필요하다는 확신과, 영문학의 연속성에 대한 신념을 반영했다는 사실이다. 20년이 넘도록 시행된 그 교수요목은 여러 면에서 감탄할 만한 것이었다."[4] 톨킨의 교수요목 개정안은 1931년에 받아들여져 마침내 '어학'과 '문학'이 통합되었다.

이때 두 사람은 흔히 서로를 성이나 별명(톨킨은 '톨러스', 루이스는 그냥 '루이스')으로 불렀다. 1957년까지 루이스는 톨킨에게 '로널드' 외의 다른 이름이 있는지도 몰랐다.[5]

여러 해가 지난 후 그는 톨킨의 대화 방식을 이렇게 묘사했다. "나는 (대화에서) 그렇게 감당이 안 되는 사람을 만나보지 못했다. 그는 대수롭지 않게 말을 거는데 어떤 말이 튀어나올지 알 수 없었다. 중기(中期) 영어 단어부터 옥스퍼드 (영문과의) 정치에 이르기까지 매순간 그의 관심사가 불쑥불쑥 튀어나왔다."[6]

톨킨도 오랜 시간이 지난 후 당시 루이스와의 대화를 이렇게 회상했다. "루이스는 그때까지 내 '신화'의 첫 번째와 두 번째 시대를 전부 혹은 상당 부분 읽은 세 사람 중 한 명이었다. 우리가 만나기 전에 내 신화의 줄기는 이미 다 잡혀 있었다. 그는 특이하게도 내가 직접 읽어 주는 걸 좋아했다. 그가 내 '신화'에 대해 아는 내용은 모두 내가 그를 1인 청중 삼아 읽어 준 글이, 뛰어나지만 오류가 없지 않은 그의 기억에 남은 것이었다." 톨킨은 이런 사실도 떠올렸다. "우리가 처음 사귀었을 때, 잭이 우리 집에 오면 나는 그에게 그때까지 써 놓은 〈실마릴리온〉을 큰 소리로 읽어 주곤 했다. 그중에는 아주 긴 시 베렌과 루시엔도 포함되어 있었다."[7]

톨킨이 〈레이시엔의 노래〉(운문 형태의 베렌과 루시엔 이야기)를 루이스에게 읽어 보라고 준 것은 1929년 말엽이었다. 루이스는 12월 6일 저녁에 그것을 읽었다. 그의 반응은 열광적이었다. 바로 다음 날 그는 톨킨에게 이렇게 썼다. "솔직히 말하지만 그렇게 즐거운 저녁 시간을 보낸 것은 정말 오랜만이었네. 사적으로 한 친구의 작품

을 읽는다는 즐거움을 말하는 게 아니네. ……현실감이 물씬 배어
나는 배경과 신화적 가치, 이 두 가지가 특히 두드러지는군. 신화
작가는 작품 안에 알레고리의 흔적이 남지 않도록 해야 하되 독자
는 작가의 의도를 알아채게 해야 하지 않겠나."[8] 다음 해 초 루이스
는 그 미완성 시에다 학문적 비평을 흉내 낸 14쪽에 달하는 창의적
논평을 덧붙여 보내 주었다. 그 논평은 자료 비평을 비롯해 다양한
비평 입장을 대변하는 가상의 문학평론가 '쉬크' '슈퍼' '펌퍼니
클' '벤틀리' '피바디' 등을 등장시키는 방식으로 쓰였다. 톨킨이
작품에 대한 비평을 받으면 아예 무시하거나 처음부터 완전히 고쳐
쓰기 시작한다는 것을 루이스가 알았기 때문이었다. 그는 톨킨의
시가 상당히 훌륭한 작품이지만 조금 바꾼다면 훨씬 좋아질 것이라
고 느꼈다. 완전히 고쳐 쓸 필요는 물론 없었다.

톨킨이 자신의 신화를 루이스에게 보여 준 것은 '요정 이야기'를
읽는 성인 독자층(당시 거의 없었던)을 찾는 중요한 발걸음이었다. 톨
킨에게 요정(fairies)은 아름다운 루시엔과 그녀의 부모 싱골 왕과
멜리안 여왕 같은 가운데땅의 고상한 존재(elves)였다. 그는 옥스퍼
드 대학 내 어떤 학회에 〈은밀한 악덕〉이라는 논문을 발표함으로써
또 다른 시험적 발걸음을 내디딘다. 이 논문은 그가 자신의 삶에 대
해 많이 언급하고 있기 때문에 특히 흥미롭다. 톨킨은 언어를 만드
는 즐거움에 대해 말했고 어린 시절에는 이러한 전문 언어학적 '취
미'가 자연스럽게 이루어짐을 믿었다. 또, 그것은 어른이 될 때까지
살아남을 수 있다. 그는 요정어들을 포함해 자기가 만든 언어의 예
를 제시했다.

톨킨과 루이스가 토의한 많은 문제 중에는 언어의 본질, 시간에

따른 언어의 변화, 신화가 언어를 전해 주고 형성하는 방식 등이 있다. 톨킨은 오언 바필드의 《시어》를 읽었다. 루이스의 책을 빌려 본 것일 수도 있다. 날짜는 적혀 있지 않지만 1929년에 쓴 것으로 추정되는 바필드에게 보낸 편지에서 루이스는 이렇게 말했다. "자네가 알면 좋아할 만한 얘기가 있네. 며칠 전 저녁 식사를 같이 하는 자리에서 톨킨이 말하길, 고대의 의미론적 통일성에 대한 자네의 개념이 그의 관점 전체를 바꿔 놓았고 그것이 그를 때맞춰 멈추게 했다고 하더군. 또 그 얘기를 강의 시간에 할 것 같다고 말이야. 톨킨이 이렇게 말했네. '그건 한번 보기만 하면 많은 얘기들을 다시는 할 수 없게 만드는 그런 것이야.'"[9]

그들은 고대와 중세 영문학에 대한 열렬한 관심도 공유했다. 루이스의 문학적 관심은 톨킨보다 훨씬 폭넓었으며 이 시기의 책도 충분히 읽은 터였다. 《진주》, 《오르페오 경》, 《베어울프》 같은 시들이 두 사람의 대화에 자주 등장했음이 분명하다. 톨킨은 리즈 대학에 있을 때 직접 운문으로 번역한 《베어울프》를 루이스에게 보여 주거나 읽어 주었을 가능성이 높다. 그는 1920년대 말이나 1930년대 초에 두 번 산문으로 번역한 《베어울프》의 첫 번째 번역본을 루이스에게 보여 준 것 같다. 타자기로 친 원고에는 루이스의 필적임이 분명해 보이는 교정의 흔적이 담겨 있기 때문이다. 이것은 루이스가 읽어 보고 번역에 논평을 했다는 뜻이다. 톨킨은 루이스가 교정한 부분을 마지막 번역본에 반영했다.[10]

1920년대 말 루이스는 살이 찌고 있었고 톨킨은 여전히 호리호리했다. 십대 시절 루이스는 마르고 홀쭉했지만 이제는 상당히 몸이 불어 있었다. 그의 큰 덩치, 크게 울리는 음성과 외모는 인상적이었다. A. G. 디킨스 교수의 말을 들어 보자.

> 그의 모습에서 가장 눈에 띄는 부분은 아마 특별히 붉은 안색일 것
> 이다. 그는 금방이라도 뇌졸중으로 쓰러질 사람 같았다. ······그는
> 이목구비가 뚜렷하고 눈빛이 깊었고 체격이 아주 좋았으며 목소리
> 가 맑고 분명했다. 그의 말은 그 자체로 훌륭한 산문이었다. 그 말을
> 녹음했다가 구두점만 보충하면 에세이가 하나 나올 것 같았다. 그는
> 아주 편안하게 옷을 입었다. 언제나 트위드 재킷에다 플란넬 바지를
> 입었는데, 당시에는 그것이 학부생들의 교복이었다.[11]

디킨스 교수는 대학의 교직원들도 이런 복장을 많이 했지만 다들
루이스보다는 훨씬 단정하게 입었다고 덧붙였다. 루이스는 당시 옥
스퍼드 곳곳에서 볼 수 있었던 심미주의자들의 멋 부림에 맞서 일
부러 '남자다운' 옷을 입었다. 톨킨은 좀더 세련되긴 했지만 학자
들이 입는 트위드 재킷과 플란넬 바지를 입기는 마찬가지였다. (톨
킨은 말쑥하게 차려입음으로써 가난했던 어린 시절을 보상받고 싶어 했는
지도 모른다.) 톨킨은 훨씬 나중에 쓴 편지에서 친구에 대한 인상을
털어놓았다. "물론 C.S.L.은 약간 기이한 면이 있고 때로는 짜증스
러울 때도 있었네. 결국 그는 끝까지 얼스터 출신의 아일랜드 인이
었지. 하지만 그는 남을 의식해서 어떤 일을 하지는 않았다네. 그에
게 어릿광대 같은 면이 있다면 그건 꾸며낸 것이 아니라 자연스럽
게 드러난 것일 뿐이라네. 그는 마음이 편협한 사람이 아니었고 일
체의 편견에 빠지지 않으려 주의했지. 하지만 그가 가진 어떤 편견
은 너무 깊어서 자신도 미처 알아채지도 못했다네."[12] 여러 해 후에

한 미국인 학자에게 쓴 편지에서 루이스는 톨킨에 대한 사실을 알려 준다. “그는 대단히 뛰어난 사람입니다. 그가 출간한 저작(창작물과 학술서 모두)은 소장하고 있어야 마땅합니다. 그러나 그는 [원고에] 만족할 줄 모르는 사람입니다.”[13] 루이스는 또 다른 편지에서 톨킨을 “뛰어나지만 굼뜨고 어수선한 사람”[14]이라고 말했다.

1929년 유신론으로 회심한 직후, 루이스는 《예기치 못한 기쁨》의 초벌 작품에 해당하는 영적 자서전을 쓰기 시작했다. 글의 목적은 자신이 경험한 기쁨의 중요성과 그에 따른 채울 길 없는 갈망을 설명하는 것이었다. 그 초기 원고는 72쪽 분량이었다. 서두에 글의 목적이 밝혀져 있는데 유신론 자체에 대한 지적 변론이 아니라 그를 하나님에 대한 신앙으로 이끌어 준 지속적인 어떤 경험을 이야기하는 방식으로 써 나가고 있다.

> 이 책에서 나는 내가 그간 어떤 과정을 거쳐 우리 세대의 그토록 많은 사람들처럼 유물론에서 하나님에 대한 신앙으로 되돌아왔는지 설명하려 한다. ……나는 막연한 숙고가 아니라 되풀이되는 특정한 경험에 대한 숙고 끝에 내가 선 자리에 이르렀다. 나는 경험적 유신론자이다. 나는 귀납 추리를 통해 하나님께 도달했다.[15]

이 미완성 자서전은 유신론을 받아들인 이후 루이스의 자기 분석을 보여 준다. 그의 지적 삶과 상상의 삶 사이의 대전쟁에 휴전의 징조가 보이기 시작했다. 루이스는 존 버니언의 고백록 《죄인에게 넘치는 하나님의 은혜》(1666)에 담긴 내적 고뇌와 회심의 기록에 공감했다. 그는 자주 편지를 보내던 얼스터 친구 아서 그리브즈에게 소식을 전하며 버니언의 고백록에 대해 이렇게 썼다.

> 옛날 책들에서 볼 수 있는 종교의 온갖 어두운 측면들을 자네가 대체로…… 어떻게 생각하는지 알고 싶네. 이전에 나는 그것을 그저 끔찍한 미신에 기초한 악마 숭배로 치부했었네. 그러나 나는 옛날 신앙들 속에서 진리의 요소를 발견했고 지금도 계속 발견하고 있으니, 그것들의 끔찍한 면들조차 무작정 내칠 수가 없다는 생각이 들어. 거기에 뭔가 있는 게 분명해. 그게 뭘까?[16]

1930년 10월 11일 킬른스로 이주할 무렵, 루이스는 헬라어로 요한복음을 읽기 시작했다. 이내 성경을 매일 일정 정도 읽는 것이 그의 습관이 되었다. 주중에는 모들린 칼리지 채플에, 일요일에는 교구 교회에 출석하기 시작했다. 요한복음을 읽고서 그리스도의 생애와 인격에 대한 그의 생각은 달라지기 시작했다.

1930년 초부터는 조지 맥도널드가 두 자녀를 잃은 후에 쓴 일일기도문 《한 노인의 일기》(1880)를 읽었다. 옥스퍼드의 봄(혹은 힐러리) 학기가 시작되자 개인적으로 읽을 수 있는 거라곤 《한 노인의 일기》에 실린 짤막한 일일기도문이 전부였다. 루이스는 그리브즈에게 쓴 한 편지에서 그 책을 다 읽고 나자 그런 유형의 다른 책들이 많이 있다는 사실을 알았다며 만족감을 표시했다. 그는 그것을 이렇게 보았다. "이런 독서가 종교에 다가서는 좋은 방법이라고 말하고 싶지는 않아. 다만 종교의 모색일 뿐이야. 모든 사람이 따라가는 큰길에 들어선다면 끝없이 이어지는 과거의 여행자들과 정보를 교환할 수 있을 테니까. 그야말로 고향을 찾아가는 길일 테니까……."[17]

1930년 3월 21일, 또 다른 친구 앨프레드 케네스 해밀턴 젠킨에게 쓴 편지에도 비슷한 생각이 드러나 있다. 그는 젠킨에게 자신의 사고방식이 어떻게 변하고 있는지 말했다. 그는 자신이 결국 기독교인이 될지도 모르지만 지금 정확히 기독교 쪽으로 가고 있다고 생각하진 않는다고 말했다. 그는 자신의 변화를 설명할 가장 좋은 방법을 찾아냈다. "한때 '내가 기독교를 받아들여야 하나'라고 물었던 내가 이제는 기독교가 나를 받아 줄지 보려고 기다리고 있다네. 다른 상대가 개입했지. 그건 마치 게임의 종류가 혼자 하는 카드놀이인 페이션스인 줄 알았는데 알고 보니 포커인 것과 같은 상황이었네."[18]

이 시기에 루이스는 바필드에게 자신에게 끔찍한 일이 벌어지고 있다고 짐짓 경고조의 편지를 쓰기도 했다. 그는 자신의 철학적 관심사를 반영하는 언어를 사용해 '영'(Spirit) 또는 '절대자'(Real I)가 점점 더 인격적인 존재가 되어 가고 있고 놀랍게도 공세를 취하고 있다고 말했다. 실제로 그것은 하나님처럼 행동하고 있었다. 그의 편지는 이런 말로 끝나고 있다. "늦어도 월요일에는 와 보는 게 좋겠어. 그 이후에는 내가 수도원에 들어가고 없을지도 모르거든."[19]

⊙⌘⊙

1929년 여름, 루이스가 버스 안에서 전혀 뜻밖의 경험을 한 후 2

년이 조금 넘게 지났다. 그는 모양은 없지만 명백히 인격적인 존재, 틀림없이 유신론에서 말하는 하나님에게 마지못해 무릎을 꿇기로 결정했다. 그 하나님은 그분을 제외한 모든 것, 별과 은하수, 물질과 공간, 바위와 물, 식물, 동물과 인간의 창조자시다.

1931년 9월 28일 월요일, 이번에는 전혀 다른 교통수단을 이용한 루이스는 영적 여정에서 또 다른 발걸음을 갑작스레 내딛는다. 그는 워렌의 다우들 오토바이의 사이드카에 몸을 실었다. 워렌이 오토바이에 오르고 보안경을 쓴다. 얼마 후 그들은 햇살이 밝게 비치는 옥스퍼드셔의 시골길을 달리면서 스쳐가는 숲과 관목들, 옅은 아침 안개 사이로 힐끔힐끔 보이는 시내를 쳐다본다. 그들은 윕스네이드 동물원이 있는 동쪽으로 향하고 있다.

어찌 보면 어울리지 않는 장면으로 보일 수도 있다. 총명한 옥스퍼드 교수와 베테랑 육군 소령이 하루 휴가를 내어 곰 벌티튜드 씨와 왈라비 숲을 보러 동물원엘 가다니. 그러나 루이스 형제에게 보랏빛 초롱꽃이 만발해 있고 왈라비(캥거루 과의 동물—옮긴이)가 여기저기 사방에서 뛰어다니는 그곳은 회복된 에덴동산의 모습이었다. 물론 두 사람과 합류할 일행이 있다. 무어 부인, 모린, 그리고 한 아일랜드인 친구가 애완견 팹워스 씨와 함께 훨씬 느린 차를 타고 한참 뒤에서 오고 있다. 그러나 동물원 방문은 형제가 기꺼이 선택한 즐거움이다. 루이스는 글을 쓰고 가르치는 노동이, 형제이자 친구인 와니와 행복하고 여유 있는 외출을 하고 옛날 얘기를 할 수 있는 이런 시간을 내기 위한 수단이라고 느낄 때가 많았다. 루이스는 아름다움의 흔적 앞에서는 그 흔적을 정직하게 따라가지만 심미주의자는 아니다(이것은 그의 옷차림에서 분명히 드러난다). 그는 형과 마찬가지로 물리적인 세계를 그냥 즐긴다.

그런데 오토바이가 웝스네이드를 향해 달려가는 동안 루이스의 세계 전체가 갑자기 뒤바뀐다. 그에게 선택의 기회가 주어졌고 그는 또 다른 문을 밀어 젖혀 기독교 저술가와 사상가로 탈바꿈한다. 그는 명성을 추구하지 않지만 기독교 저술가와 사상가로서 결국 전세계 수백만의 사람들에게 그 이름을 알리게 될 것이었다. 이 순간 바로 전까지 그는 명예욕에 불타는 30대의 무명 시인이었고, 몇 년 전까지만 해도 무신론자였던 그리 유명하지 않은 교수였다. 오토바이가 사거리에서 속도를 줄이자 좌석에 있던 루이스는 몸이 앞으로 쏠리는 것을 느낀다. 표지판은 웝스네이드에 거의 다 왔다는 걸 보여 주고 있었다.[20]

루이스가 기독교로 회심하는 과정은 대략 2년 전, 헤딩턴힐을 올라가던 그 중요한 버스 여행에 이어 유신론을 받아들이면서 시작되었다. 웝스네이드 동물원 나들이 며칠 전, 그의 영적 순례는 막바지에 이르렀다.

루이스는 9월 19일 밤부터 20일까지 모들린 칼리지 옆의 애디슨 산책로를 거닐면서 이제 절친한 친구가 된 톨킨과 그들 둘 다 아는 친구 헨리 '휴고' 빅터 다이슨(1896-1975)과 오랫동안 대화를 나누었던 터였다. 그 대화는 그를 근본적으로 뒤흔들어 놓았다. 다이슨도 톨킨처럼 독실한 그리스도인이었다. 톨킨의 신앙은 그의 유년 시절, 어머니가 로마가톨릭으로 개종한 일과 그가 버밍엄에서 처음으로 영성체를 받던 시절로 거슬러 올라간다.

톨킨은 애디슨 산책로에서 밤늦게까지 나눈 대화와 그 이전에 루이스와 주고받은 많은 말들을 자신의 시 〈미소포에이아〉(신화 창조) 속에 기록했다. 그는 일기장에도 이렇게 적었다. "루이스와의 우정은 많은 것을 보상해 준다. 그는 끊임없는 즐거움과 위안의 원천일 뿐 아니라 정직하고 용감하고 지적인 학자요 시인이요 철학자다. 오랜 순례를 거쳐 우리 주님을 사랑하게 된 그와의 교제를 통해 나는 많은 유익을 얻었다."[21]

다이슨은 톨킨의 주장을 보강해 준다. 루이스가 다이슨을 알게 된 것은 1년 전 리딩 대학에서 가르치던 다이슨이 옥스퍼드를 방문했을 때였다. 1930년 7월 28일, 루이스는 그 만남을 묘사하며 이렇게 썼다. "그는 정말 진리를 사랑하는 철학자이자 신앙인이다. 그는 철학자로서 평론과 문학 활동을 한다. 절대 변변찮은 아마추어가 아니다." 루이스는 쾌활함, 민첩한 말솜씨, 명랑한 웃음을 갖춘 그를 무척 좋아했다.

그 중요한 밤, 톨킨의 더욱 신중한 논증 위에 다이슨이 정서적으로 힘을 실어 준 것이 분명하다. 톨킨은 이야기가 시대와 장소를 초월해 사랑받는다는 사실을 근거로 기독교의 복음서들이 특별함을 주장했다. 톨킨에게 이야기는 하나님을 만날 수 있는 통로였다. 그의 시 〈미소포에이아〉를 보면 그날의 대화가 어떻게 진행되었는지 잘 알 수 있다. 톨킨은 인간의 마음이 거짓으로 이루어지지 않았고 지혜로운 분이 주신 지식의 자양분을 갖고 있으며 여전히 그분을 기억하고 있다고 썼다. 하나님과 오래 전에 멀어졌지만, 인간은 하나님께 완전히 버림받은 것이 아니고 완전히 부패한 것도 아

니다. 우리는 불명예를 당했지만 다스릴 권리를 위임받은 흔적이
여전히 남아 있다. 우리는 "우리가 지음 받은 법칙"에 따라 창조를
계속한다.

루이스는 톨킨, 다이슨과 나눈 획기적인 대화를 기억하고 나중에
복음서에 담긴 이야기와 사실의 조화를 주제로 강력한 에세이를 한
편 썼다. "이것은 하늘과 땅, 완벽한 신화와 완벽한 사실의 결혼이
다. 이것은 우리의 사랑과 순종을 요구할 뿐 아니라 우리 안에 있는
도덕가 · 학자 · 철학자 면모와 야만인 · 어린아이 · 시인의 면모에
다가와 경이와 기쁨을 요구한다." 그는 그리스도의 주장과 이야기
가 우리의 지성뿐 아니라 상상력에도 반응을 요구한다는 것을 깨달
았다. 그는 이 테마를 《기적》에서 좀더 자세히 다루었다.

톨킨 역시 자신의 견해를 에세이 〈요정 이야기에 대하여〉에서 충
분히 설명했다. 그는 복음서에 등장하는 역사적 사건들은 최고의
이야기꾼인 하나님이 만드신 것으로 파국에서 가장 만족스러운 해
피엔딩으로 갑자기 넘어가는 구조를 갖고 있는데, 그것과 인간들이
만든 최고의 이야기들 사이엔 공통점이 있다고 주장했다. 그러므로
하나님에게서 나온 복음서들은 이음매 없이 "뒤얽힌" 인간의 이야
기들을 관통하여 은혜로우신 하나님이 인간의 상상력에 허락하신
통찰력을 명쾌하게 만들고 마침내는 완성시킨다. 톨킨은 복음서에
서 "예술의 정당성이 입증되었다"고 결론 내렸다. 복음서의 탁월한
이야기를 드러내는 이 예술 중에는 톨킨이 어린 시절부터 사랑했던
북유럽 신화가 있었다. 루이스도 톨킨처럼 북유럽 신화를 사랑했고
그에 매료되었다.

두루미의 애처로운 울음 같은 목소리가 안개 낀 하늘 위를 흐른다. 그 목소리는 이렇게 애도한다.

아름다운 발데르가
죽었도다, 죽었도다!

죽은 태양의 창백한 시체가 북쪽 하늘로 실려 간다. 니펠하임(죽은 자의 세계—옮긴이)에서 돌풍이 불어와 그를 둘러싼 안개를 걷어낸다. 발데르가 죽었다. 아름다운 발데르, 여름 태양의 신, 모든 신 가운데 가장 아름다운 자가 죽었다! 그의 이마에서는 빛이 나왔고 전사의 검 같은 그의 혀에는 룬 문자가 있다. 땅과 공중의 모든 것이 그를 해치지 못하는 마법에 걸려 있다. 식물과 돌들도 예외가 아니었으나 겨우살이만은 예외였다! 조용하고 늙은 눈먼 신 회드는 속임수에 넘어가 저주받은 겨우살이로 만들어진 날카로운 창을 별 뜻 없이 던졌다가 발데르의 부드러운 가슴을 꿰뚫어 버렸다!

19세기 스웨덴 작가 텡네르의 시 〈드라파〉를 풀어 쓰면 이런 내용이다. 젊은 루이스는 학자 헨리 롱펠로가 운문 형태로 번역한 〈드라파〉를 읽었다.[22] 그것은 루이스를 황홀하게 만들고 그의 상상의 여정에서 중요한 표지판이 되었던 많은 북유럽의 신화 중 하나였다. 그 여정은 루이스가 기쁨으로 경험한, 그러나 채워지지 않는 갈망의 원천을 찾는 과정이었다.

서른두 살에 회심하기 전까지 루이스의 삶은 《예기치 못한 기쁨》

과 그의 다소 긴 알레고리 《순례자의 귀향》에 기록되어 있다. 이 두 책에 따르면, 길고 다채롭고 마지못해 이어간 그의 순례는 특정한 분위기의 느낌에 큰 영향을 받는다. 그 느낌은 루이스가 유아 시절에 처음 발견했고 청소년기를 거쳐 성인이 될 때까지 이따금씩 경험한 것이었다. 그는 아름다움이나 기쁨에 대한 이 갈망을 접하게 된 계기를 소개한다. 그것은 놀이방 창문 바깥으로 먼 언덕을 내다봤을 때와, 비스킷 통 뚜껑에 만든 형의 장난감 정원을 봤을 때였다. 나중에 북유럽 신화와 전승을 읽고 난 뒤엔 이 욕구 불만이 더 강해졌다. 1922년 루이스는 이 테마로 〈기쁨〉이라는 시를 썼고, 생애 말년에는 상상의 갈망을 의인화하여 고전 신화를 토대로 《우리가 얼굴을 가질 때까지》의 등장인물 프시케 공주를 창조했다. 루이스는 신화나 공상 세계 속 이야기들의 특징이 아름다움에 대한 이러한 갈망인 경우가 많음을 알게 되었다.

루이스는 《예기치 못한 기쁨》에서 자신이 감지했던 기쁨에 대해 기록했는데, 그중 일부는 자연의 아름다움에 대한 반응이었고 나머지는 문학과 예술 작품을 통해 맛본 기쁨이었다. 그는 다른 사람들이 자신의 글을 읽으면서 그들 나름의 유사한 경험들을 인지하게 되길 바랐다. 루이스는 어린 시절에 맛본 아름다움 덕분에 갈망을 알게 되었고 좋든 나쁘든 채 여섯 살이 되기도 전에 푸른 꽃(Blue Flower)—독일 낭만주의 문학과 스칸디나비아 민요에 나타나는 동경, 즉 충족할 수 없는 갈망의 상징—의 숭배자가 되었다.

삶에 대한 열정과 아름다움에 대한 갈망 사이의 관계는 끊임없이 루이스를 매료시켰다. 루이스의 상상력을 자극한 조지 맥도널드의 이야기들 속에는 삶에서 나타나는 거룩이나 선(善)의 즐거운 특성들이 깔려 있었다. 하지만 그것은 관념적인 영성이 아니었다. 맥도널드의 이야기들(소설을 포함해)은 새로운 빛으로 변화된, 수수하고 평범한 것들을 비추고 있었다. 루이스는 이를 정확하게 포착하고 이렇게 썼다. "그의 소설 작품에서 나를 매혹시킨 특성이 알고 보니 우리 모두의 삶의 공간인 진짜 우주, 신성하고 마술적이고 무시무시하고 황홀한 현실의 특성이었다."[23]

루이스가 창조한 《나니아 나라 이야기》 같은 작품은, 아름다움을 향한 그의 갈망이 기독교의 틀을 갖추고 태어난 것이었다. 《고통의 문제》(1940)의 마지막 장은 이 갈망에 대해 말하고 있으며, 〈영광의 무게〉(1941)라는 제목의 설교에서 그는 그 갈망을 정의하려 든다. 《새벽출정호의 항해》(1952)는 세계의 끝에 있는 아슬란의 나라를 찾아 나서는 나니아의 말하는 쥐 리피치프의 여행을 다루고 있다. 《예기치 못한 기쁨》은 루이스의 회심 전까지의 생각과 아름다움에 대한 갈망, 이 두 줄기 실마리를 타고 거슬러 올라간다. 그리고 《우리가 얼굴을 가질 때까지》에서 프시케 공주가 아름다움을 사랑하는 마음은 죽음보다 강하다. 루이스는 이렇게 썼다. "우리는 단지 아름다움을 보기만을 원하지 않는다. ……말로 표현하기 어렵지만 우리가 원하는 것은 우리 앞의 그 무엇—우리가 보는 아름다움과 하나가 되고, 그 안으로 들어가고, 그것을 우리 안에 받아들이고, 그 안에 잠기고, 그 일부가 되는 것이다. 우리가 하늘과 땅과 바다에 신들과 여신들과 님프와 난쟁이들을 가득 채워 놓은 것도 그 때문이다."[24]

루이스는 이 꺼지지 않는 갈망을 피조 세계의 어떤 부분도, 따라서 우리 경험의 어떤 측면도 만족시킬 수 없다는 확실한 신호로 보았다. 우리의 처지는 집이 없으면서도 '집'이 무엇인지 분명히 인식하고 있는 것과 같다. 새뮤얼 알렉산더(1895-1938)는 향유와 관조를 철학적으로 구분했는데, 그 구분은 이 시기 루이스의 생각, 특히 '갈망의 변증법'에 몰두한 그의 생각에서 중심을 차지했다. 《예기치 못한 기쁨》에서 루이스는 이렇게 고백하게 된다. "그토록 '기쁨'을 기다리며 지켜보았는데도 기쁨을 얻지 못한 이유, 또 직접 손을 대며 '바로 이거야'라고 말할 수 있는 것에서 정신적인 만족을 얻고자 했던 희망이 모두 수포로 돌아간 이유는 '향유해야 하는 것'을 관조하려 했기 때문이라는 사실을 나는 알게 되었다."[25] 그것은 중요한 발견이었다. 기쁨의 신비는 그의 안이 아닌 바깥 세계 어딘가에 있었다. 그러나 복잡하기 그지없고 광대한 외부 세계조차 기쁨의 대상으로 적합하진 않았다. 그의 정신 능력과 상상력처럼, 외부 세계 역시 관찰의 도구를 제공할 따름이었다. 세상의 이야기들도 마찬가지였다. 죽어 가는 신들의 이야기와 죽지 않는 땅으로 가는 원정 이야기들은 다른 어딘가에 있는 실체를 가리켰다. 기쁨의 원천과 대상은 "세계의 벽 너머"에 있었다.

　회심과 함께 루이스는 유물론과 관념론이 낳은 거대한 비인격적 체계들을 거부했다. 그는 개별적인 장소와 사람들, 계절과 시간, 분위기와 기분을 더 선호하게 되었다. 그는 하나님이 모든 존재보다도 가장 구체적이고 명확한 분이라는 결론을 내렸다. 그리스도의 성육신은 더할 나위 없는 논리를 갖고 있었다. 복음서의 기록들은 (그가 톨킨을 통해 배운 바와 같이) 인간 이야기와 신화 창조의 전형이자 놀라울 만큼 역사적으로 정확했고, 모든 내용이 사실이면서도 기쁨을 낳는 신화의 특성을 잃지 않았다. 따라서 복음서 이야기는 상상과 이성적 차원 모두에서 반응을 요구했다. 처음으로 루이스의 두 측면—철학하는 루이스와 상상하는 루이스—이 결합했다.

루이스는 온전한 인간이신 하나님이 매우 흥미로운 존재이기도 하다는 사실을 발견했다. 하나님은 세상 일, 그중에서도 역사에 개입하신다. 하나님은 변하지 않는 추상적 실체가 아니라는(물론 그분의 성품은 변함이 없지만) 점을 루이스는 《기적》에서 강력하게 주장한다. 복음서가 이야기라는 사실은 우리 자신에 대해, 우리가 누구인지에 대해 많은 것을 알려 준다. 복음서 이야기는 본질적으로 이야기로서 흥미롭다. 좋은 이야기는 인간의 관심과 반응을 담아내기 마련이다. 복음서의 이야기, 에반젤리움(좋은 소식)은 하나님이 우리와 우리 관심사를 아신다는 사실을 보여 준다. 톨킨과 다이슨의 논증에 영감을 얻은 루이스의 논리에 따르면 하나님은 스스로 만든 이야기 속으로 들어가신, 후대의 소설가들을 무색하게 만드는 이야기꾼이시다. 그러나 복음서 이야기들은 우리 자신에 대한 열쇠를 제공할 뿐 아니라 그 주제인 하나님에 대해서도 많은 것을 들려준다. 그분은 본질적으로 흥미로운 분으로 우리의 지성과 상상력 모두를 쏟는 관심을 요구하신다. 그분과 관계된 모든 것은 이야기 형태로 표현될 수 있다. 그분에 대한 모든 것은 가장 풍성한 신화와 가장 깊은 철학적·과학적 추론의 자료가 된다.

루이스는 사실이 되는 신화에 대한 그의 이해를 간결하게 설명했다. 그것은 차후 그의 글의 토대가 될 것이었다.

기독교의 핵심은 사실이기도 한 신화다. 죽는 신에 대한 오래된 신화는 **여전히 신화로 남은 채** 전설과 상상의 하늘에서 역사의 땅으로 내려온다. 그 일은 구체적인 장소, 구체적인 시간에 **벌어지고** 정의할 수 있는 역사적 결과들이 뒤따른다. 우리는 언제 어디서 죽었는지 아무도 모르는 발데르나 오시리스를 지나 본디오 **빌라도 치하에서** (모두 정해진 대로) 십자가에 못 박힌 역사적 인물에게로 간다. 그것은 사실이 되고서도 변함없이 신화로 존재하는데, 그것이 바로 기적이다. 진정한 그리스도인이 되기 위해 우리는 역사적 사실에 동의할 뿐 아니라 우리가 모든 신화에 부여하는 상상력을 발휘하여 그 신화(이미 사실이 되어 버린) 또한 받아들여야 한다.[26]

루이스는 이런 견해를 취하면서 톨킨과 마찬가지로 오래된 대립들을 외면하지 않았다. 그중 하나인 리얼리즘과 판타지 사이의 대립은 판타지가 현실 도피에 불과하다는 매도에서 흔히 볼 수 있다. 그러나 전통적으로 볼 때 신화와 판타지의 활용이 자신감 부족을 뜻하지는 않았다. 그런 식의 발상은 현대에 들어와서 생긴 현상이다. 루이스와 톨킨의 신화와 판타지에는 자신감이 담겨 있다. 루이스가 신화와 이야기의 범주를 복음서에 적용했을 때, 그는 복음서의 역사성에 대해 반신반의하는 마음을 드러낸 것이 아니었다. 톨킨과 루이스는 신화와 리얼리즘 사이의 대립을 알고 있었고, 그러한 대립은 '신화'라는 용어가 현대에서 어떻게 쓰이는지를 보면 잘 알 수 있다.

그러나 두 사람은 그 대립이 기본적으로 풀린 것으로 보았다. 신화는 한 민족이나 문화의 세계관을 구현한 것으로 정의할 수 있고, 그렇게 정의된 신화 속에는 신뢰할 만한 중요한 요소가 담겨 있다. 신화는 사실이 아니고 허구적이며 상상의 산물이라는 뜻으로 정의

될 수도 있다.

신화의 존재는 시인이나 소설가, 과학적 모델을 만드는 이들의 '거짓말'이 오히려 다른 방식으로는 포착될 수 없는 심오한 현실들을 포착해 낸다는 역설을 좀더 거시적 차원에서 보여 준다. 허구, 시, 은유는 '거짓'이지만 그 안에는 세계를 표현하는 요소가 필연적으로 담겨 있다. 톨킨은 루이스에게 제시했던 논증을 반영하는 시 〈미소포에이아〉에서 이야기가 "은(silver)의 외양을 띤 거짓말"이라는 비난에 정면으로 맞섰다.

신화에 내재한 다른 형태의 대립을 찾기는 어렵지 않다. 신화와 이성, 신화와 역사, 신화와 지식 사이의 대립은 고대까지 거슬러 올라간다. 그러나 이 대립이 지식의 위기를 뜻하게 된 것은 현대에 나타난 현상이다. 옛날, 즉 (나중에 루이스가 사용한 표현을 빌자면) 옛 서구와 탈(脫)기독교화한 서구를 가르는 거대한 분수령이 나타나기 전까지는, 신화와 사실 사이의 대립이 창조적인 힘을 발휘했고 그로 인해 위대한 문학 작품들이 탄생했다.

두 친구는 이야기와 사실의 구별이 조화를 이루었음을 분명히 확신했고, 그 확신을 바탕으로 상징적 허구의 전통을 이어가 상상의 세계에 등장하는 용과 변장한 왕, 말하는 동물과 영웅적 모험이 등장하는 이야기들을 썼다. 그들이 볼 때, 시공간 상에서 꼭 집어낼 수 있는 특정한 순간에 하늘이 땅으로 내려왔고 그 결과 우리 인류는 하나님께 들어올려져 그분 안에 거하고 있다. 오래 전 인류의 타락으로 분리된, 우리에게 친숙한 이 세계와 더 큰 세계가 그리스도의 영웅적 희생 아래 만났고 영원히 융합했다. 신화와 사실이 이렇게 조화를 이루었다는 확신이 있었기 때문에 톨킨과 루이스는 가운데땅, 나니아, 글룸, 그리고 페렐란드라를 창조하기에 이르렀는데, 그것은 하늘과 땅, 영과 자연을 통합하는 실재에 대한 참된 그림을 보여 주기 위함이었다.

'잉클링즈' 모임 장소인 '독수리와 아이' 내부의 래빗룸. 루이스가 《네 가지 사랑》의 "우정" 장에서 말한 난롯불이 연상되는 벽난로가 있다.

4. 상상력과 전통 신앙이 만난 시대 ^{1930년대}

오랜 전쟁이 벌어지던 가운데땅 제1시대의 어느 시기, 좁고 깊은 협곡 언저리에 용 한 마리가 누워 있다. 협곡 아래에는 '비에 젖은 계단'으로 알려진 강이 흐른다. 해질 무렵, 용사 투린은 두 동행과 함께 그곳에 도착한다. 그는 가운데땅의 지배자가 되려는 사악한 모르고스에 맞서 여러 해 동안 싸웠고 숱한 악행을 저지른 용 글라우룽에게 복수를 시도한다. 투린은 기회를 틈타 글라우룽이 누워 있는 협곡 아래쪽에서 기어 올라가 기습 공격을 감행할 계획을 세운다. 그러자면 위험천만한 강을 건너야 한다. 어두운 밤에 급류를 본 동행 중 한 사람이 겁을 집어먹자 투린과 훈소르만 강을 건넌다. 요란한 강물 소리는 그들의 소리를 삼켜 버린다. 그들은 협곡을 오르기 시작한다. 자정 무렵 용이 몸을 꿈틀거리고 협곡 너머로 그 거대한 덩치를 움직이기 시작하자 놈의 부드러운 하복부가 드러난다. 훈소르는 용이 지나가면서 떨군 돌덩이에 맞아 목숨을 잃지만 투린은 서둘러 올라가 자신의 검은 검을 용의 배에 손잡이까지 푹 찔러 넣는다. 글라우룽은 치명상을 입고 거대한 비명을 지르며 협곡 저편으로 넘어간다. 마침내 놈의 불길은 꺼지고 움직임이 멈춘다.

투린은 소중한 검을 되찾기 위해 사나운 강을 다시 건너 용이 뻗어 있는 협곡으로 올라간다. 투린이 승리의 함성을 지르며 큰 검을 뽑자 글라우룽이 마지막으로 눈을 뜨고 독기 어린 눈으로 그를 쳐다본다. 투린은 죽은 사람처럼 의식을 잃는다.[1]

⌘

남매지간임을 모른 채 오래 전에 잃은 여동생과 결혼하는 비극의 주인공 투린 투람바르 이야기는 톨킨의 《실마릴리온》의 핵심 이야기 중 하나이다. 이것은 악의 실재와 씨름하는 개성 있는 작품이다. 톨킨은 투린의 이야기에서 "모르고스가 행한 가장 악한 일들이 드러나는데" 그것은 "고대에 모르고스가 한 일 중에서 최악"이라고 말했다. 톨킨은 1930년대의 상당한 기간 동안 가운데땅 초기 시대의 기록들을 만들어 가다가 여러 해 동안 그것을 접어 놓고 《호빗》의 후속편을 썼다. 실제로 톨킨은 1930년에 〈실마릴리온〉을 한 편 썼다. 그것은 톨킨이 유일하게 완성한 제1시대 신화이다.

1930년대에 쓴 〈실마릴리온〉은 가운데땅의 고대사를 연대순으로 기록했다. 그것은 세계를 비춘 두 등잔의 창조로 시작해서 사악한 권력자 모르고스가 타도되는 대전으로 끝을 맺었다. 〈실마릴리온〉의 연대기와 이야기를 묶어 주는 요소는 그 제목에서 알 수 있듯이 태초의 빛으로 빛나는 소중한 보석 실마릴의 운명이다.

1977년에 출간된 《실마릴리온》은 몇 부분으로 나뉘어 있다. 첫 부분은 세계의 창조에 대한 기록, 〈아이눌린달레〉이다. 그것은 톨킨의 글 중에서도 단연 빼어난 부분으로, 철학적이고 신학적인 내용이 예술적 형태 안에 완벽하게 녹아들었다. 두 번째 부분은 창조 배후에 있는 천사 같은 존재인 발라들의 역사, 발라퀜타이다. 그 다음 가장 분량이 많은 주요 부분은 실마릴의 역사, 퀜타 실마릴리온이다. 그 다음 부분이 가운데땅의 서쪽에 있는 섬 왕국, 가운데땅의 아틀란티스에 해당하는 누메노르의 멸망에 대한 기록, 〈아칼라베스〉이다. 마지막 부분은 절대반지와 제3시대를 다루어 《반지의 제왕》의 사건들에 대한 배경을 제공한다. 가운데땅의 신화와 역사, 이야기는 톨킨이 거의 평생에 걸쳐 쓴 미완성 원고에 담겨 있는데, 놀라운 사건 전개와 함께 서술 형식의 변화가 잦다. 그중에서도 훌륭한 이야기 몇 편은 운문과 산문 형태로 모두 존재한다.

〈실마릴리온〉은 일관된 지리와 역사 속에 다양한 인물이 등장하는 많은 이야기들로 이루어져 있다. 톨킨이 만들어 낸 몇 개의 언어로 지어진 인명과 지명은 문체의 통일성을 준다. 이러한 창작물의 범위는 어마어마하다. 더욱이 그것들은 단순히 작품의 요소로만 존재하지 않는다. 톨킨은 그것들에 생명을 불어 넣어 그 모두가 서로 끊임없이 연관되게 만들었다. 그는 이야기와 언어와 등장인물들 모두가 점점 더 나름의 생명력을 갖게 되는 걸 느꼈고 그것을 제대로 포착하려 애썼다. 처음에는 《호빗》, 그리고 이어서 《반지의 제왕》을 쓰면서 톨킨은 마침내 일반 독자들에게 다가갈 수 있는 작품의 통일성을 이뤄낼 수 있었다. 그 과정에서 그는 거의 혼자 힘으로 판타지와 신화적 소설이 성인 독자층을 얻을 수 있는 조건을 만들어 내야 했다. 루이스는 톨킨의 이러한 작업을 성심성의껏 지원하여 자신의 과학 소설 3부작 《침묵의 행성에서》, 《페렐란드라》, 《그 가공할 힘》(1938-1945)과 《천국과 지옥의 이혼》, 그리고 나중에 《우리가 얼굴을 가질 때까지》(1956)를 썼다.

⊙Ⓟ⊙

1932년 톨킨은 첫 번째 자가용으로 모리스 카울리를 샀는데 번호판을 따라 '올드 조'라고 불렀다. (나중에 그는 차량 소유 증가와 대량 생산이 환경에 미치는 악영향에 일조할 수 없다는 원칙에 따라 차를 처분했다.) 차가 생긴 덕분에 가족들 모두 이브셤에 사는 힐러리 톨킨에게 갔는데, 타이어 두 개가 바람이 빠졌고 톨킨의 산만한 운전으로 치핑 노튼 근처의 돌담 일부를 무너뜨리고 말았다. 차량을 소유한 경험에서 착상을 얻어 또 다른 어린이 이야기 《미스터 블리스》(톨킨이 직접 컬러 삽화를 그려 넣었다)가 생겨났는데, 1982년에야 출간되었다. 이 책은 챙이 높은 모자를 쓰기로 유명하고 높은 집에 사는 미스터 블리스가 5실링에 밝은 노란색 차를 구입한 후 겪는 모험 이야기이다.

"숲과 물과 언덕의 주인" 톰 봄바딜이라는 특이한 인물도 이 시기에 탄생한다. 그는 누구의 지배도 받지 않고 일체의 소유를 거부하는 자연인이다. 성경의 아담처럼 그도 사물의 이름을 지어 준다.

톰 봄바딜의 캐릭터는 어린 마이클 톨킨이 갖고 있던, 모자에 화려한 깃털이 달린 네덜란드 인형에서 출발했다. 톨킨의 창작력이 만들어 낸 인물 톰은 1934년 출간된 시집에 실린 〈톰 봄바딜의 모험〉의 영웅이 되었다. 톰 봄바딜은 결국 《반지의 제왕》에 재등장하게 된다. 그는 호빗들의 조랑말들에게 "평생토록 간직할" 이름을 지어 주었다. 그는 마법사들처럼 인간의 외모를 하고 있지만, 그들과 달리 가운데땅의 초창기 때부터 살아 왔다. 톰 봄바딜의 입을 빌어 노래와 민요, 재치 있는 수수께끼를 만들어 내는 톨킨의 재능은 호빗의 분위기에 잘 들어맞았다. 1937년 출판사에 보낸 편지에서 톨킨은 톰 봄바딜이 버크셔나 옥스퍼드셔처럼 사라져 가는 시골의 정신이라고 썼다. 자연에 대한 지배를 거부하는 톰 봄바딜은 매우 시의적절한 인물로, 좋은 과학자의 수호성인으로 적임일 것이다.

1938년 초 톨킨은 우스터셔 칼리지의 한 학부생 학회에서 예고했던 것과는 달리 새로운 이야기 《햄의 농부 자일즈》를 읽었다. 원래 예고했던 요정 이야기에 대한 학술 논문이 채 마무리되지 않았기 때문이었다. 어린이들에게 어울리는 이야기였지만 톨킨은 어른들을 위한 이야기로도 손색이 없다고 보고 학술 논문 대신 발표하는 것도 적절하다고 판단한 듯하다. 1950년까지 출간되지 못한 이 재미있는 짤막한 이야기에는 이런 부제가 붙어 있다. "테임(Tame)의 영주, 워밍홀의 백작, 리틀 왕국의 왕인 농부 자일즈의 등장과 멋진 모험." 그 책은 원작자 문제와, 라틴어 원전의 번역 문제와, 아서 왕 시절 이전 "영국 역사의 암흑기"에 템스 강 골짜기에 있던 "리틀 왕국"의 크기 문제를 학술적 어투로 다룬 서문으로 시작된다.

이 유머러스한 이야기는 표면적으로 가운데땅의 이야기들과 무척 다르지만 톨킨의 특징적인 테마를 모두 담고 있다. 이 이야기는 언어학적인 착상에서 나온 것으로, 옥스퍼드 동쪽 테임(Thame) 근처에 실제로 있는, 톨킨이 좋아하던 마을 워밍홀이 그 이름을 얻게 된 가상의 사연을 이야기한다. 리틀 왕국, 특히 농부 자일즈의 안전하고 소박한 생활은 샤이어와 비슷하다. 그는 부러운 게 없는 호빗과 비슷했는데, 뜻밖의 특성들이 더해진다. 이 이야기에 담긴 유머—학술서 어투를 흉내 낸 부분을 포함한—는 1962년에 가서야 출간된 책 《톰 봄바딜의 모험》에 나타나는 호빗의 시적 어투와 비슷한 맛이 있다.

◎◎◎

　루이스는 톨킨보다 훨씬 더 폭넓고 다양하게 책을 읽었고, 창작에서나 옥스퍼드에서의 언어학적 작업에서나 점점 더 중세의 잉글랜드 중서부에 집중했다. 이런 집중적 독서의 결과 여러 해에 걸쳐 많은 문학 에세이(대부분 사후에 수집됨)들과, 알레고리의 발달 과정과 낭만적 사랑의 발전을 다룬 《사랑의 알레고리》(1936), 《옥스퍼드 영문학사》의 일부로 집필한 《16세기 영문학》(1954) 같은 주요 연구서들이 나왔다. 《16세기 영문학》은 루이스가 《사랑의 알레고리》를 마친 후 옥스퍼드 영문학사 시리즈의 편집진에 속해 있던 F. P. 윌슨 교수의 제안으로 쓰기 시작했다. 프랭크 윌슨 교수는 루이스의 학부생 시절 개별지도 교수였다. 당대의 많은 사람들처럼 그도 제1차 세계대전에서 심한 부상을 당했고, 톨킨처럼 솜므 전투에 참전했다. 나중에 그는 케임브리지 대학에서 루이스를 석좌교수로 선출하는 데 참여하게 된다. 루이스는 그가 좋아하는 16세기의 작가 에드먼드 스펜서에 대한 연구를 계속했는데, 그 결과는 많은 책들과 학술 논문의 곳곳에 나타나 있다. 데이빗 L. 러셀은 특유의 통찰력으로 이렇게 말했다. "대개의 문학비평은 그 시대를 벗어나지 못한다. 그러나 루이스의 문학비평서는 대단히 잘 읽히고 도발적이며, 무엇보다 그의 사후 30년이 넘도록 출판되고 있다. 학자로서 그의 역량에 대한 강력한 증거가 아닐 수 없다."[2]

《사랑의 알레고리》는 많은 사람들이 20세기의 탁월한 문학비평서 중 하나로 꼽고 있다. 루이스의 후임자인 케임브리지의 J. A. W. 베닛 교수는 이렇게 말했다. "루이스의 논리적이고 철학적인 경향은 영국의 중세 연구에 전혀 새로운 차원을 제공했다."[3] 근본적 개념에 대한 그의 관심은 '자연'이라는 용어의 철학적 의미론적 발전에 대한 관심에서도 드러난다. 루이스는 문학적 알레고리의 시작부터 제프리 초서와 스펜서에 이르기까지 이 개념을 추적했고, 말년에 쓴 《단어 연구》(1960)에서 다시 다루었다.

루이스는 1928년에 《사랑의 알레고리》를 쓰기 시작해서 1935년에 마쳤다. 그러니까 그 책은 그가 유신론에 이어 기독교로 회심하는 시기에 걸쳐 있었다. 《사랑의 알레고리》가 마무리 단계에 접어들던 1934년, 루이스는 한 편지에서 중세 시대와 당시 유행한 알레고리와 기사도적 사랑을 이해하기 위해서는 단테의 《신곡》, 《장미 이야기》, 고전 작품, 성경, 신약 외경을 철저히 알아야 한다고 말했다.

톨킨의 경우가 그랬듯 루이스도 중세에서 자신의 사상과 소설의 열쇠와 배경을 얻었다. 루이스의 학술 서적 상당수가 중세에 집중되어 있고, 그는 16세기 작가들과 르네상스 전체가 동일한 지적 풍토와 상상력을 호흡하던 세계의 일부라고 여겼다. 그의 공상과학소설은 나니아 이야기와 마찬가지로 중세의 우주관을 찬양하고 있다. 그는 당대의 독자들에게 이 광대한 시기의 상상력과 지적 통찰을 회복시켜 주려 애썼다.

《사랑의 알레고리》를 출판할 곳을 찾던 루이스는 원고를 옥스퍼드 대학 출판부에 보냈고 곧 받아들여졌다. 그는 책의 전체 주제가 둘이라고 설명했다. 첫 번째는 알레고리의 탄생과 프루덴티우스의 시에서 시작해 스펜서의 시에서 절정을 이룬 알레고리의 성장이다. 두 번째 주제는 사랑에 대한 로맨틱한 개념의 탄생과 루이스가 간음의 로맨스라 불렀던 그 초기 형태와 결혼의 로맨스라 불렀던 후기 형태 사이의 오랜 갈등이다.

그 책이 주는 지적 흥분은 몇 부분만 짧게 인용해 봐도 느낄 수 있다.

> 우리가 역사적 상상력을 동원해 자연스러운 표현 방식으로 알레고리적 연애시를 사용하던 옛 사람들의 마음 상태를 재구성할 수 있다면, 우리의 현재와 어쩌면 미래까지 이해할 수 있을 것이다. ……지금 우리가 말하는 의미의 '사랑'은 오래된 고전 문학뿐 아니라 중세의 문학에도 없다. ……우리는 인간 언어에 언제나 잠재하는 요소[알레고리]가 어떻게 중세의 모든 시의 구조에 반영이 되었는지, 그리고 어떻게 그런 종류의 시가 중세에 대단한 인기를 끌게 되었는지 물어야 한다.

루이스는 알레고리의 본질을 이렇게 설명한다. "알레고리 작가는 주어진 것—자신의 열정—을 떠나 명백히 조금 덜 현실적이고 허구적인 것을 이야기한다. ……알레고리라는 표현 양식에서는…… 사람의 시선이 안으로 향한다. ……알레고리의 발전은 문학에 주관적 요소를 공급하고, 내면세계를 색칠한다."

《사랑의 알레고리》는 독자가 저자의 의도 속으로 가능한 한 깊이 들어가도록 도우려는 루이스의 의도를 잘 보여 준다. 그는 본문 비평에 집중했다. 그가 다른 유형의 비평 활동보다 본문 비평을 높이 평가했다는 사실은 이후에 한 다음 말에서 분명히 드러난다. "저자가 실제로 쓴 내용, 엄연한 글이 뜻하는 바, 그리고 거기에 암시된 내용을 찾아내라. 그러면 백 가지 새로운 해석이나 평가보다 훨씬 더 많은 일을 해낸 것이다."[4] 루이스는 저자의 권위(authorship)를 가장 중요하게 여겼다. 해리 블레마이어스는 루이스가 "《사랑의 알레고리》와 《16세기 영문학》에서 중세와 르네상스 문학을 대상으로 한 연구로 역사비평 장르를 부흥시켰다"고 지적한다. 블레마이어스의 견해에 따르면 루이스가 이 장르를 부활시킨 공헌은 어쩌면 그의 저작들 자체보다 훨씬 더 중요할지 모른다. 이 책들에서 루이스가 내린 결론이 언제나 받아들여지는 것은 아니지만, 역사적 연구로서의 가치는 거의 언제나 높이 평가된다.

《사랑의 알레고리》 서문에서 루이스는 세 명의 중요한 친구인 톨킨, 휴고 다이슨, 오언 바필드를 언급하고 있다. 루이스는 그 책을 바필드에게 헌정했고 아버지 다음으로 그에게 큰 빚을 졌음을 인정했다.

나는 내가 아는 거의 모든 사람들로부터 뭔가를 배운 것 같다. 그들에게 진 빚은 너무나 커서 이제는 도저히 갚을 수 없다. 우선 아버지는 책으로 가득한 집에서 대부분 혼자 어린 시절을 보낼 수 있는 더없이 소중한 혜택을 베푸셨다. 나머지 사람들 중에서는 추려서 고를 수밖에 없는데…… 내가 이 책을 헌정한 친구는 과거를 하찮게 여기지 않도록 나를 가르쳤고 현재를 하나의 '시기'로 볼 수 있도록 훈련시켜 주었다. 내가 그 문제에 대한 그의 이론과 실천이 좀더 폭넓게 전해지도록 돕는 도구로 쓰일 수 있다면 더 바랄 게 없겠다.

⊙↺⊙

루이스는 비평에 대한 새로운 접근법에 점점 더 반대의 입장을 취하게 되었다. 그 새로운 비평은 상당 부분 케임브리지 대학 영문과에서 나왔고 당시에는 그곳이 특히 I. A. 리처즈와 동일시되었다.[5] 톨킨은 좀더 직접적으로 응수해서 옥스퍼드 영문과 고학년 교수요목의 개정안을 제시했고 그것은 1931년에 받아들여져 시행되었다. 그러나 이것은 문학의 현대 운동을 강조하고 문학 이론에 점점 더 치중하는 케임브리지의 입장에 반대되는 것이었다. 케임브리지 대학 영문과는 안 그래도 옥스퍼드와 확연히 달랐는데 1928년 교수요목 개정 이후 그 차이는 더욱 커졌다. 앵글로색슨어는 선택과목이 되었고 '실천 비평' 과목도 도입되었다. 셰익스피어 이전의 문학은 경시되고 강의실엔 현대 작가들의 이름이 울려 퍼졌다. 새로운 접근법은 전통적인 문학의 고전들을 재평가했는데, 그 결과 밀턴과 셸리처럼 루이스가 아끼던 작가의 작품들도 일부 수난을 당했다. 루이스는 《갱생》(1938)에 재수록된 에세이에서 셸리를 과소평가하는 T. S. 엘리엇을 공격한 바 있다. 그는 점점 더 많은 사람들이 시를 시인의 개성 표현으로만 보는 경향도 거북해했다. 그는 이러한 경향을 '개인적 이설'로 불렀는데, 1930년에 옥스퍼드 학부생 학회인 '마틀릿츠'에서 그가 발표한 논문, "시학(詩學)에서의 개인적 이설"에서 이미 이러한 경향을 다룬 바 있다.

이러한 입장 때문에 루이스는 케임브리지의 E. M. W. 틸리야드(1889–1962) 학장과 점잖은 논쟁을 벌이게 되었다. 틸리야드는 케임브리지에 영문과를 설립하는 데 기여한 인물이었다. 루이스는 위의 논문을 시작하면서 시를 개인의 표현으로 다룬 사례로 틸리야드의 책 《밀턴》을 인용했다. 틸리야드의 반박과 루이스의 재반박이 이어지다가 결국 두 사람은 책 한 권을 공저하게 된다. 루이스는 시는 시인의 신상 정보를 표현하는 것이므로 시를 이해하기 위해서는 시인에 대해 알아야 한다는 견해에 반대하는 주장을 폈다. 그의 초점은 문학 작품의 본질적 특성에 맞춰져 있다. 시의 본질적 특성은 수공품이라는 데 있다. 그것이 '시'(poetry)라는 용어의 어원인 '포이에마'(poiema)의 원 의미이다. 루이스는 시인과 그가 처한 사회 · 문화적 상황과 창작 의도의 중요성을 부인하지 않았다. 그러나 루이스는 우리가 시를 읽을 때 시인의 정신 구조를 들여다보는 게 아니라 시인과 함께 보는 것이라고 주장했다. 우리는 시인의 눈으로 본다. 시인의 의식은 시의 필요조건이지만 시를 전부 설명하진 못한다. 루이스의 분석은 작품의 본질적 특성에 집중하는 이후의 문학비평 유파의 입장을 미리 보여 주는 놀라운 것이었다. 그러한 입장은 존 크로우 랜섬의 《신비평》(1942)에서 표현되었다.

루이스가 밀턴에 대한 오독(誤讀) 내지 (더욱 심각한) 격하(특히 케임브리지 평론가 프랭크 레이먼드 리버스[1895–1978]의 비평에서 두드러지는)로 본 입장은 그에게 한 가지 현대 조류를 보여 주는 징후였는데, 그는 그것을 점점 더 걱정스럽게 여겼다. 루이스는 비평에 대한 새로운 입장이 다소 엘리트주의적이라고 느꼈다. 폭넓은 독서 경험을 가진 그는 교양 있는 문학과 교양 없는 문학, 본격 문학과 대중문학, 소위 좋은 책과 나쁜 책의 구분조차 본능적으로 거부했다. 그보다 훨씬 더 중요하고 근본적인 구분은 좋은 독자와 나쁜 독자의 구분이었다. 그는 문학 작품은 독자를 즐겁게 하기 위해 존재하므로 책이 어떤 종류의 독서를 유도하는지에 따라 그 책을 판단해야 한다고 생각했고 이 생각은 점점 더 강해졌다. 책이 좋은지 나쁜지 판단하는 것보다는 그 과정을 뒤집어서 좋은 독자와 나쁜 독자를 검토하는 게 더 낫다. 루이스는 《비평 실험》(1961)에서 이렇게 주장했다. "좋은 독자는 책을 전심으로 읽고 가능한 한 수용적으로 대한다는 의미에서 모든 책을 진지하게 읽는다." 그것이 바로 루이스가 스펜서, 셰익스피어, 버니언, 초서와 밀턴뿐 아니라 라이더 해거드, 톨킨, 월터 스콧 경과 공상과학 소설까지 높이 평가한 이유이다. 그의 강조점은 문학 작품의 분석이 아니라 수용에 있었다.

그러나 케임브리지 대학이 루이스와 톨킨의 생각처럼 모더니즘을 한목소리로 옹호하기만 한 것은 아니었다. 1954년 역설적이게도 케임브리지 대학은, 옥스퍼드 대학에서 그토록 오랫동안 주지 않았던 영문과 석좌교수라는 영예를 루이스에게 부여했다. 1938년 봄 학기에 루이스는 케임브리지 영문과에서 '르네상스 문학의 서론'이라는 주제로 주 1회 강의를 했다. 그는 케임브리지 영문과에서 중요한 인물이던 헨리 스탠리 베닛(1889-1972)의 초청으로 16세기에 대한 강의를 맡았다. 베닛은 F. R. 리버스의 영향력이 커지는 것을 점점 더 불편하게 여기고 있었다. 리버스는 I. A. 리처즈의 이론에 깊은 영향을 받았고 당대 영국에서 가장 중요한 문학평론가 중

한 사람이었다. 케임브리지 강의를 준비하고 진행하는 가운데 루이스는 놀라운 발견을 했다. 그는 친구 A. K. 해밀턴 젠킨에게 쓴 편지에서 그 내용을 이렇게 설명했다. "이번 학기에 케임브리지에 주 1회 강의를 나간다네. 내가 르네상스는 일어나지 않았다는 사실을 발견했다는 얘기를 했던가? 그게 내가 강의하는 내용일세. 그 상황에서 그 강연을 '르네상스' 운운하는 것이 합리적일까?"[6] 모더니즘의 발생이 르네상스 시기에 일어난 어떤 변화보다 훨씬 더 중요한 역사적 변화라는 루이스의 생각은 1954년 케임브리지 취임 강연사의 주제가 되었다. 그의 책 《16세기 영문학》의 긴 서문, 〈새로운 지식과 새로운 무지〉의 주제는 급격한 변화가 아닌 연속성이었다. 그 내용은 1938년의 케임브리지 강의와 1944년 케임브리지에서 한 클러크 강연이 토대가 되었다. 거기서 그는 중세와 르네상스 사이에 심오한 연속성이 있다고 주장했다.

〜

루이스와 달리 톨킨은 학술적 저작을 많이 내지 않았다. 그는 강의와 개별지도에 많은 신경을 썼다. 그러나 1936년 11월 25일, 그는 런던에 있는 영국 학사원에서 강연을 했다. 아주 중요한 행사였기 때문에 에디스가 그 자리에 동행했다. 톨킨의 강연 제목은 〈베어울프 : 괴물들과 평론가들〉[7]이었다. 도널드 프라이에 따르면, 이 강연(다음 해에 출간됨)은 "베어울프 연구의 방향을 완전히 바꿔 놓았다." 이 강연의 내용은 고 영어로 쓰인 베어울프(현존하는 가장 오래된 사본은 기원후 1천 년경으로 거슬러 올라간다)의 예술적 통일성을 옹호하는 것이었다. 1939년의 강연 〈요정 이야기에 대하여〉처럼, 베어울프 강연은 학자와 작가로서 그의 활동을 이해하는 중요한 열쇠이다.

19세기에 번역된 베어울프의 다음 구절은, 용이 《호빗》에 나오는 스마우그처럼 쌓아 놓은 보물을 지키다가 그중 하나를 도둑맞고 분노하는 장면을 보여준다.

언덕 위 무덤에서　　놈은 보물을 지켰네.
가파른 돌 언덕에서.　그리로 가는, 아무도 모르는
좁은 길이 있었네.　　그러나 한 사람이
우연히 들어갔네.　　이교도의 보물이
쌓여 있는 동굴로.　　그는 손에
황금 술잔을 들더니　놈에게 돌려주지 않고
훔쳐가 버렸네,　　　지키던 용이 잠든 사이
슬쩍 훔쳐갔네.　　　감시자 용의 복수를
왕과 백성들이　　　곧 당해야 하리!

톨킨은 그 강연에서 당시 베어울프 평론에 대한 불만을 토로했다. 그는 이제까지의 평론은 베어울프를 시로, 하나의 통일된 예술 작품으로 이해하려 하지 않았기 때문에 제대로 된 평론이라 볼 수 없다고 불평했다. 베어울프가 그 시대 역사적 자료의 출처로만 간주되었다는 것이다. 특히 《베어울프》에서 두드러지는 두 괴물, 그렌델과 용은 작품의 중심이자 초점으로 충분한 관심을 받지 못했다. 톨킨은 그 시의 "구조와 진행"이 괴물들이라는 이 핵심 테마에서 생겨난다고 주장했다.

톨킨이 보기에 《베어울프》는 역사적 진실과 시각이 담겼다는 착각을 줄 만큼 탁월하게 구성된 시였다. 시인은 예술적·시적 목적을 위해 자신의 본능적인 역사 감각을 활용한 것이다. 톨킨은 그 가을 저녁의 강연장에 모인 청중에게 이렇게 말했다. "《베어울프》는 그저 우연한 역사적 관심 때문에 권하는 조악하기 그지없는 시가 아닙니다. 그것은 너무나 흥미로운 시이고 어떤 부분에서는 너무나 강력해서 거기에 비하면 역사적 내용이 하찮게 보이고, 연구 결과 밝혀진…… 매우 중요한 사실들도 시로서 베어울프가 갖는 흥미와 강력함은 거의 떨어뜨리지 못합니다." 톨킨은 《베어울프》에 대한 문학적 연구는 고대의 전통적 자료를 참신한 방식으로 활용한 영어 원시를 대상으로 해야 하고, 따라서 시인이 활용한 자료가 아니라 그 자료로 무엇을 했는지에 초점을 두고 연구해야 한다고 주장했다.

《베어울프》의 축이 되는 괴물들을 검토하면서 톨킨은 이러한 테마의 선정에서 그 시의 탁월함이 나온다고 설명했다. 그 힘은 '신화적 상상력'이다. 《베어울프》에 대한 톨킨의 접근법은 특히 본인의 이야기에 적용된다. "신화의 중요성은 분석적 추론으로 밝힐 수 있는 게 아니다. 최고의 신화는 시인이 그 테마로 예시하는 내용을 노골적으로 밝히기보다는 독자가 그것을 느끼게 하고, (《베어울프》의) 시인이 한 것처럼 나름의 역사와 지리를 가진 세계 안에 그것을 구체화한다." 톨킨은 《베어울프》 같은 작품의 신화적 상상력을 설명하는 위험과 어려움을 이렇게 지적했다.

그 옹호자들은 불리한 입장에 놓여 있다. 주의해서 비유로 말하지 않으면 자신의 연구 대상을 해부하여 죽이게 될 것이고, 그렇게 되면 형식적이거나 기계적인 데다 쓸모도 없는 알레고리만 남게 될 것이다. 신화는 통째로 온전하게 살아 있다가 해부되기 전에 죽기 때문이다. 신화의 힘은 감동을 주지만 자칫하면 그 감각을 오해해서 그것이 오로지 신화에 있는 다른 요소, 즉 운율이나 문체, 혹은 말솜씨에서 나온 것으로 여기게 된다.

베어울프는 용 사냥꾼이었다. 톨킨은 용을 강력한 상징으로 보았다. "통상의 영웅보다 더욱 중요한 존재, 어떤 혈통이나 왕국의 인간 원수보다 더욱 사악한 적을 직면한 사람이 우리 앞에 있다. 그는 구체적인 시간상에 나타나 영웅의 역사 속에서 살아가고 북쪽의 이름 있는 땅을 거닐었다." 톨킨에 따르면, 《베어울프》의 저자는 오랜 전설들을 새롭고 창의적으로 사용했을 뿐 아니라 "그 모두에 대한 평가와 해석"을 제공했다. 이 시에서 우리는 "적대적 세계와 맞서 싸우는 사람과 시간의 경과에 따른 그의 불가피한 죽음"을 본다. 악의 힘의 문제가 시의 중심을 이룬다. 베어울프는 "한 그리스도인이 상상한 북구(北歐)의 영웅시대에 활동했기 때문에 이교도로 그려지지만 그는 고상하고 부드러운 특성을 갖고 있다."

《베어울프》에는 기독교적인 요소와 고대 북구적인 요소, 옛것과 새것이 섞여 있다. 그러나 저자의 상상력은 알레고리적인 상상력으로 발전하지 않았다. 알레고리는 이후에 나타나는 현상이었다. 악의 상징인 용은 이교도 북구인들의 고대적 상상력을 간직하고 있다. 그것은 개인 영혼의 구원이나 파멸을 가리키는 악의 알레고리가 아니다. 시인은 천상의 도성으로 가는 여정보다 '지상의 인간'

에 더 관심이 있다. "각 사람과 모든 사람이 하는 모든 일은 사라지기 마련이다. ……그 절망의 그림자는 분위기와 강렬한 회한의 형태이긴 하지만 그대로 남아 있다. 이 세계에선 좌절된 용맹의 가치가 깊이 느껴진다." 시인은 이러한 테마를 상상 속에서 시적으로 느끼면서도 궁극적으로 어둠이 패할 것이라는 믿음도 놓지 않는다.

《베어울프》의 저자는 이교적 상상 속에서 볼 수 있는 통찰들을 탐구했고, 톨킨은 같은 테마를 《반지의 제왕》에서 설득력 있게 탐구하게 된다. 실제로 톨킨의 픽션들의 배경은 대부분 기독교 이전의 이교 세계이다. 톨킨은 이런 지적으로 강연을 끝맺었다. "우리는 《베어울프》에서 이교적 과거 또는 그런 과거를 모색하는 역사시를 보게 된다. ……이 시는 어떤 학식 있는 사람이 옛날에 대해 쓰면서 당시의 영웅적 행위와 슬픔을 되돌아보며 그 안에서 뭔가 영구적이고 상징적인 것을 느끼며 쓴 것이다. 그는 혼란에 빠진 반(半)이교도가 아니라—역사적으로 볼 때 당시 이런 유의 사람이 이교도일 것 같지는 않다—기독교 시에 대한 이해를 처음으로 자신의 임무로 삼은 사람이었다……."

톨킨이 이해하는 바에 따르면 《베어울프》의 저자와 톨킨 사이에는 많은 유사성이 있다. 톨킨은 그리스도인 이야기꾼으로 북유럽의 가상의 과거인 가운데땅을 되돌아보았다. 《베어울프》의 저자는 이교적 과거의 상상 속 자원을 되돌아본 그리스도인이었다. 둘 다 용과 강력한 상징들을 사용했고, 그런 상징들은 그들의 작품에 일관성을 부여했다. 둘 다 알레고리보다는 상징에 더 관심을 보였다. 《베어울프》의 경우처럼, 중요한 것은 자료의 출처가 아니라 그 자료가 어떻게 쓰이는지에 있다. 《베어울프》의 고대 저자처럼, 톨킨도 과거의 깊이가 담긴 실제 역사라는 느낌을 주는 이야기를 창조했다.

1939년 3월, 톨킨은 열차 편으로 스코틀랜드의 세인트앤드루스 대학에 가서 매년 열리는 앤드루 랭 강연을 맡았다. 강연 제목은 〈요정 이야기에 대하여〉였다. 거기서 그는 상상, 판타지, 그리고 그가 특이하게 '하위 창조'라 불렀던, 창작에 대한 자신의 기본 개념들을 설명했다.

이 강연은 가운데땅과 그 이야기들의 창조 배후에 놓인 톨킨의 생각과 신학을 이해하는 핵심 자료이다. 톨킨은 하나님과 인류가 두 가지 방식으로 연관되어 있다고 말한다. 첫째, 그리스도인인 그는 인류를 하나님의 형상으로 만들어진 존재로 본다. 바로 이 사실 때문에 인간과 우주에 존재하는 다른 모든 것 사이에는 질적인 차이가 있다. 말하고, 사랑하고, 판타지를 창조하는 우리의 능력은 우리에게 있는 하나님의 형상에서 나온다. 두 번째로 톨킨은 하나님이 만드신 우주와 인간의 창조 활동 사이에 필연적으로 존재하는 유사성이 있다고 본다. 즉, 인간의 창조 활동은 우리가 하나님의 형상으로 만들어진 존재이기 때문에 가능하다는 것이다.

톨킨은 실제 강연에서 하나님과 인류 사이의 이 연관성을 두드러지게 강조하지 않았지만 그것은 그의 강연과 작품의 분명한 기초가 되고 있다. 〈요정 이야기에 대하여〉의 목표는 그때까지 아동문학으로 치부되던 요정 이야기와 판타지의 개념을 성인들에게 새롭게 소개하는 것이었다. 그는 요정 이야기를 아이들에게나 적합한 하찮은 것으로 보는 시각은 요정 이야기와 어린이들 모두를 바르게 평가하지 못하는 것이라고 생각했다.

그 전까지 《실마릴리온》의 기본 내용을 상당 부분 썼고 《호빗》을 출간한 톨킨은 좋은 요정 이야기와 판타지의 근저에 있는 구조, 요정 이야기에 진지한 관심을 기울일 가치가 있음을 보여 줄 구조에 대해 설명하기 시작했다. 그는 요정 이야기란 요정에 대한 이야기, "요정들이 존재하는 영역이나 상태"에 대한 이야기라고 말했다. 그의 에세이 〈베어울프 : 괴물들과 평론가들〉을 읽은 청중이라면 요정 이야기에 대한 이러한 정의가 고 영어로 된 시 《베어울프》에 대한 톨킨의 묘사와 유사함을 간파했을지도 모른다. 톨킨은 《베어울프》의 저자가 자신의 주제를 "나름의 역사와 지리를 가진 세계 안에 구체화했다"고 말한 바 있다. 그는 세인트앤드루스 대학의 청중들에게 이렇게 말했다. "요정 이야기들은 판타지에 속하며, 독자들로 하여금 제한된 경험에서 벗어나 '시공간의 깊이를 전망하게' 해 줍니다." 성공한 요정 이야기는 인간 언어 자체에서 힘을 끌어내는 최고의 예술이자 판타지의 궁극적 성취인 '하위 창조'였다. 훌륭한 요정 이야기의 작가는 "마음이 들어갈 수 있는 2차 세계를 만든다. 그 안에서 그가 말하는 것들은 '맞다.' 그것이 그 세계의 법칙과 조화를 이루기 때문이다."

톨킨의 견해에 따르면, 잘 구성된 요정 이야기는 "내적으로 일관성 있는 현실"을 갖춘 2차 세계를 제시하는 것 외에도 세 가지 구조적 특성을 보인다. 첫째, 그것은 톨킨이 말하는 회복을 독자에게 가져다준다. 여기서의 회복이란 사랑, 생각, 나무, 언덕, 음식 등 인간 생활과 현실을 구성하는 평범하고 소박한 것들의 의미에 대한 올바른 관점의 회복을 말한다. 둘째, 좋은 요정 이야기는 현실과 의미에 대한 편협하고 왜곡된 견해에서 벗어나게 해 준다. 그것은 탈영병의 도주라기보다는 감옥에 갇힌 자의 탈출이다. 셋째, 좋은 요정 이야기는 위안을 주고 위안은 기쁨(루이스가 《예기치 못한 기쁨》에서 설명하는 경험과 유사한)으로 이어진다. 톨킨은 그런 위안이 의미 있는 이유를 이렇게 제시한다. "오직 좋은 이야기는 모든 이야기 중에서 가장 위대한 이야기, 예수님의 복음을 가리키기 때문이다." 1세기의 이 기록(복음서)은 요정 이야기, 신화, 또는 위대한 이야기의 구조적 특성을 모두 갖추었고 게다가 실제 인간 역사에서도 사실이었다. 가장 위대한 이야기꾼이 자신의 이야기 속으로 들어오신 것이다. 톨킨은 하나님이 친히 초라한 인간으로 이 세상에 오셨다는 사실을 믿었다. 어리석은 사람처럼 위장했던 왕 아라고른처럼, 절대반지를 파괴하기 위해 목숨을 걸었던 프로도처럼.

판타지와 요정 이야기에 대한 자신의 속 깊은 이야기를 공개적으로 발표할 수 있었던 세인트앤드루스 대학 강연은 톨킨에게 큰 격려가 되었다. 그 후 그는 '새로운 호빗 이야기'인 《반지의 제왕》 집필에 여러 해 동안 더 노고를 들이게 되는데, 1937년 12월에 시작된 그 일은 끊임없는 저술 작업과 수정을 요구했다.

⟨ᎧᏂᎧ⟩

1930년대는 문학사가 해리 블레마이어스(루이스의 학생이었던)가 영문학에서 기독교적 테마들의 소규모 '부흥'이라 불렀던 시기였다. 의식적인 운동은 아니었지만 그만큼 많은 작가들이 잉클링즈 같은 소모임을 이루고 있었기 때문이다. 이 부흥은 강한 신학적 자유주의에 아랑곳없이 일어났는데, 자유주의는 모더니즘 풍토의 영향으로 생긴 흐름이었다. 그러나 많은 작가들은 유물론에 불만을 느끼고 1931년에 루이스가 그랬듯 정통 기독교 신앙으로 되돌아갔다. 톨킨과 찰스 윌리엄스 같은 다른 작가들은 유년 시절의 신앙을 계속 유지했다. 루이스와 톨킨은 글쓰기의 이런 중요한 흐름에서 매우 큰 부분을 차지했다.

1928년, 무슨 일인가 벌어지고 있다는 징조가 보이기 시작했다. 당시 캔터베리 대성당의 수석 사제였던 조지 벨이 교회 안으로 극장을 집어넣기로 결정했고 그로 인해 그간 소홀했던 위대한 전통이 되살아났다. 그는 캔터베리 대축제를 개최했고 이내 다음과 같은 행사들이 이어졌다. 1935년 T. S. 엘리엇의 시극(詩劇) 《대성당의 살인》이 그곳에서 초연되었다. 그 다음 해에는 찰스 윌리엄스의 《캔터베리의 토마스 크랜머》가 공연되었다.

T. S. 엘리엇 외에도 그레이엄 그린, 이블린 워, 크리스토퍼 프라이 같은 기독교 작가들이 1930년대에 영향을 끼쳤다. 도로시 세이어즈는 1920년대에 시작한 피터 윔지 경 시리즈를 쓰고 있었다. 찰스 윌리엄스는 문학비평과 초자연적 스릴러물들을 내고 있었는데, 그중 하나인 《사자가 있는 곳》은 1936년 루이스와 톨킨과 여러 사람들을 매료시켰다. 윌리엄스의 제안으로 도로시 L. 세이어즈가 캔터베리 대축제를 위한 글을 써 달라는 요청을 받기도 했다. 톨킨은 1937년에 《호빗》을 출간했고, 1940년에는 오든이 그 전해에 출간된 찰스 윌리엄스의 비길 데 없는 교회사 책 《비둘기 같이 내린 성령》의 영향을 받아 〈신년 편지〉를 쓰기 시작했다.

루이스와 톨킨은 자신들이 생각했던 것만큼 동시대 문화에서 동떨어져 있지 않았다. 해리 블레마이어스는 그 점을 훌륭하게 요약해 냈다.

루이스가 글을 쓰기 시작한 때는 문학계에 소규모 부흥이 일어나는 시점이었다. 그의 책 《순례자의 귀향》은 1933년에 출간되었다. 그리고 이런 측면에서 볼 때 1930년대는 놀라운 10년이었다. 엘리엇의 《재의 수요일》이 1930년, 《바위》가 1934년, 《대성당의 살인》이 1935년, 《번트 노튼》이 1936년에 출간되었다. 찰스 윌리엄스의 《천국의 전쟁》은 1930년, 《사자가 있는 곳》은 1931년, 《무너지는 탑》은 1932년, 그리고 그의 희곡 《캔터베리의 토마스 크랜머》는 1936년에 출간되었다. 헬렌 와델의 《피터 아벨라드》는 1933년에 나왔다. 한편 무대에서는 제임스 브리디가 성경을 토대로 한 연극 〈토비트와 천사〉(1930)와 〈요나와 고래〉(1932)로 대단한 성공을 거두었다. 그후 1937년에는 크리스토퍼 프라이가 《수레를 가진 소년》을 출간했다. 같은 해에 도로시 세이어즈의 《주의 집을 위하는 열성》이 공연되었고 데이빗 존스의 《괄호 안에 넣어서》와 톨킨의 《호빗》이 출판되었다. 1938년에는 루이스의 《침묵의 행성에서》가, 다음 해인 1939년에는 윌리엄스의 《탈리에신》과 그린의 《브라이튼 바위》와 엘리엇의 《가족 모임》이 나왔고, 1940년에는 그린의 《권세와 영광》이 출간되었다. 1930년대에는 이블린 워의 이름이 서서히 알려졌고 로즈 머콜리의 책은 쏟아져 나왔다. 그리고 에드윈 뮤어, 앤드루 영, 프랜시스베리가 등단했다. 그러므로 문학사가가 1930년대와 1940년대의 영문학계를 되돌아본다면 C. S. 루이스와 찰스 윌리엄스가 유별난 복고주의자들이 아니라 내가 기독교 문예부흥이라 부를 현상의 초반부에 기여한 사람들로 보게 될 것이다.[8]

수십 년이 지난 지금 되돌아보면 그런 패턴을 훨씬 더 쉽게 볼 수 있다. 당시 톨킨과 루이스에게 중요했던 것은 그들이 1933년에 시작한 비공식 모임이었다. 그해 가을 학기에 루이스 친구들의 모임, '잉클링즈'가 시작되었다. 그로부터 1949년까지 16년 동안 그들은 모임을 계속했는데 목요일 저녁에는 주로 모들린 칼리지 루이스의 연구실에서, 월요일이나 화요일 점심시간 이전에는 세인트자일즈로에 있는 카페 '독수리와 아이'의 아늑한 안쪽 방에서 모였다. 동네 사람들은 그곳을 '새와 아기'라고 불렀다. 1949년 이후로는 모임이 드문드문 이어졌고 회원들이 집필 중인 원고를 읽는 일은 없었다. 초기 잉클링즈의 회원으로는 톨킨, 루이스, 루이스의 형 워렌, 휴고 다이슨, 로버트 엠린 '험프리' 하버드(1901-1985), 애덤 폭스(1883-1977), 찰스 레슬리 렌(1895-1969)이 있었고 간간이 오언 바필드도 참여했다. 네빌 코그힐은 가끔씩 예고 없이 들렀다.

잉클링즈의 화요일 모임은 지역에서 유명해져서 에드먼드 크리스핀의 1947년 범죄 소설 《백조의 노래》에까지 등장했다. 이 책은 사설탐정인 옥스퍼드 대학 영문과 교수 저버스 펜이 등장하는 시리즈물 중 하나이다.

"오, 시원한 한 잔이 아쉬웠는데."
펜이 그렇게 말하고 버튼 맥주를 들이켰다.
"살인도 때가 있는 법이죠. 지금은 아닙니다."
그들은 '새와 아기'의 입구에서 가까운 좁은 자리에서 환하고 기분 좋은 불 앞에 앉아 있었다. ……애덤, 엘리자벳, 리처드 프리먼 경, 그리고 펜이 따뜻한 불빛에 몸을 쬐고 있었다. 바깥에는 눈이 쏟아질 듯하면서 약간씩 흩날리고 있었다······. 갑자기 펜이 말했다.

"저기 C. S. 루이스가 지나가는군요. 오늘이 화요일인가 봅니다."

"화요일입니다."

리처드 경이 성냥을 긋고 열심히 담배를 빨아 댔다.

"정말 불에 안 붙는 담배를 피우시는군요."

펜이 한마디 했다.[9]

5. 잉클링즈의 시작 우정의 나눔 1933 -1939

　루이스가 카페 '독수리와 아이'의 앞문을 밀어젖히고 들어서자 왁자지껄한 대화 소리가 들려온다. 1937년 말의 차가운 아침이다. 그의 닳아빠진 오버코트에 눈송이가 붙어 있다. 세인트자일스 로를 달려오느라 숨이 가쁘다. 모임 시간에도 약간 늦었다. 두 번째 학생 개별지도가 예정 시간을 넘어간 탓이다. 벌써 11시 30분이 지났지만 루이스는 정확한 시간은 모른다. 그는 결코 시계를 갖고 다니지 않는다. 태엽 감아 주는 걸 잊어버리기 때문이다.

　루이스는 정문 쪽 자리에 앉은 흥겨운 손님들을 헤치고 좀더 사적인 뒷방으로 가다가 그곳에서 진행 중인 많은 대화 중에서 살인이라는 말과 자기 이름이 나오는 걸 듣는다. 깜짝 놀라 오른쪽을 쳐다본 그에게 얼핏 한 장면이 지나간다. 네 사람이 활활 타는 난롯불 가에서 몸을 녹이고 있다. 아주 젊은 여자 하나에 남자 셋이다. 남자 한 명은 옥스퍼드 교수들이 입는 트위드 재킷에 플란넬 바지 차림이고 군복 차림의 또 다른 한 명은 파이프에 불을 붙이고 있다. 루이스는 살인이란 말에 궁금증이 일면서 범죄 소설에 나올 법한 인물들이라고 생각한다. 그는 신문을 읽지 않는다. 루이스는 자기가 그 지역에서, 최소한 그 카페에서는 유명 인물이라 그러려니 하고 그 사람들에 대해서는 더 생각하지 않고 걸음을 재촉한다.

잉클링즈 회원들은 다 모여 있다. 루이스가 아늑한 래빗룸(Rabbit Room)에 이르기도 전에 그들의 커다란 음성과 웃음소리가 울려 나온다. 톨킨이 입에 파이프를 문 채로 호빗에 대한 대화를 시도하고 있다. '험프리' 하버드 박사가 와니 루이스에게 오토바이에 대해 물은 다음이다. 애덤 폭스는 꽉 조인 성직자 칼라를 당겨 느슨하게 푼다. 이번 주에는 다이슨이 안 왔나 보다. 아니면 훨씬 더 시끄러웠을 것이다. 그는 리딩 대학의 업무에 매여 있다. 네빌 코그힐은 최근에 출간된 《호빗》 한 권을 바삐 살펴보고 있다. 그건 톨킨이 여종업원을 위해 가져온 것이었다. (그녀는 지난 주 그들의 대화를 귓결에 듣다가 훌륭한 신사 톨킨 씨가 어린이를 위한 책을 썼다는 걸 알게 되었다.)

긴 테이블 위에서 맥주잔과 사이다잔이 서로 부딪친다. 오늘 톨킨의 파이프엔 불이 잘 붙어 있다. 코그힐은 담배를 물고 페이지를 넘기면서 뭔가를 봤는지 그 큰 머리를 가끔씩 끄덕인다. 그가 고개를 들고 빠른 말투로 묻는다. "내가 한잔 살까, 루이스?" 루이스가 자리를 잡고 인사를 마치자 톨킨이 이야기를 계속한다. "호빗들은 보편적 도덕이라 할 만한 걸 갖고 있지. 그들은 보통 사람들이야."

"옥스퍼드에서도 흔히 볼 수 있다는 말인가?" 코그힐이 이번엔 느린 말투로 묻는다. 입가에 머금은 미소 때문에 다소 상한 그의 치아가 드러난다.

톨킨은 말려들지 않는다. "그들은 자연 철학과 자연 종교의 본보기라고 말할 수 있네."

흥미롭다는 듯 루이스가 끼어든다. "그들이 그리스도의 빛이 없는 이교 사상에서 나타날 수 있는 최고의 모습을 보여 준다는 뜻이겠지."

톨킨이 대꾸한다. "물론이지. 난 지금도 강연에 필요한 몇 가지 개념을 정리하고 있네. 루이스도 알다시피, 그건 요정 이야기의 본질에 대한 걸세. 요정 이야기는 우선 아이들을 위한 거라는 생각, 그게 내가 《호빗》에서 실수한 부분이야. 최고의 이야기들은 가장 위대한 이야기, 에반젤리움(*Evangelium*, 복음)을 예고하는 거란 말이지."

루이스가 덧붙인다. "신화와 사실의 결혼이랄까."

그때까지 조용히 있던 신학자 폭스가 입을 연다. "복음서를 그런 식으로 보는 생각에서 많은 유익을 얻을 수 있다고 보네. 모더니스트들은 복음서가 이야기라는 사실을 제대로 이해하지 못했거든. 그들은 상상을 이해하지 못해. 그 문제에서는 플라톤을 모르는 거지."

하버드가 한 잔씩 더 하자고 제안하면서 대화가 중단된다.[1]

톨킨은 잉클링즈를 이렇게 묘사했다. "C.S.L.(C. S. 루이스)를 중심으로 하는 불명료하고 자연스러운 친구들의 모임으로, 모들린에 있는 그의 연구실에서 만났다. ……우리의 습관은 다양한 종류(와

길이!)의 작품들을 큰소리로 읽는 것이었다……."[2] 잉클링즈는 톨킨과 루이스, 특히 루이스의 이상적인 삶과 즐거움이 구체적으로 표현된 모임이다. 두 친구 모두 비공식적인 모임을 좋아했다. 톨킨은 루이스가 그런 자리를 얼마나 편안해했는지 회상하며 이렇게 말했다. "C.S.L.는 다른 사람이 큰소리로 읽는 것을 듣기 좋아했고 그런 식으로 접한 내용을 잘 기억했으며 즉흥 비평도 잘 했다. 그런 그의 특성은 친구들과의 모임에서 가장 잘 드러났다."

여러 해가 지난 후 톨킨은 도널드 스완에게 보낸 편지에서 '잉클링즈'라는 이름은 원래 한 학부생 클럽(당시 옥스퍼드에는 그런 모임이 흔했다)의 이름이었다고 설명했다. 그는 그 모임에서 자신의 시 〈무예수련〉의 습작을 읽었다고 말했다(나중에 스완이 여기에 곡을 붙인다). 클럽 안에서 회원들은 미출간 시나 짧은 이야기들을 낭독했고 다른 회원들은 그것을 들었다. 괜찮은 작품들은 기록에 남았다. 잉클링즈라는 이름을 생각해 낸 것은 대학 교직원이던 톨킨이나 루이스가 아니라 학생들이었다. 그 이름은 회원들이 글쓰기를 원한다는 사실을 익살스럽게 표현한 것이었다. 톨킨의 기억에 따르면, 그 클럽은 대개의 학부생 모임이 그렇듯 1~2년 정도 지속되었다. 그러다 1933년 여름 학기에 해체된 후 그 이름은 "C. S. 루이스의 모임으로 옮겨갔다."[3]

잉클링즈는 처음부터 톨킨의 삶에 중요한 역할을 했다. 그 모임은 《반지의 제왕》을 쓰는 기간(1937~1949) 동안 특히 중요한 역할을 하게 된다. 공식적인 모임이 아니었기 때문에 의사록은 적지 않았다. 평소에 자주 만나는 톨킨과 루이스는 서신 교환을 거의 하지 않았으므로 그들이 어떤 대화를 나누었는지에 대해서는 기록이 별로 없다. 톨킨은 제임스 보스웰의 탁월한 전기 《새뮤얼 존슨의 생애》 (1791)를 의식한 듯 "잉클링즈에는 녹음기가 없었고 C. S. 루이스에 겐 보스웰이 없었다"라고 말했다. 톨킨은 잉클링즈의 핵심 인물이 분명했지만 모임 자체를 가능케 하는 힘은 루이스의 의욕과 열정이 었다. 톨킨은 루이스보다 훨씬 더 내성적인 사람이었다. 톨킨은 모든 사람들에게 예의 바르고 친절했지만 절친한 친구는 루이스보다 훨씬 적었다.

1930년대에 접어들자 잉클링즈 모임에 두 가지 패턴이 생겨났다. 화요일 오전엔 카페에서, 목요일 저녁엔 대부분 모들린 칼리지의 루이스 연구실에서 모인 것이다. 저녁 모임이 더 문학적 경향이 짙었고 회원들은 서로에게 진행 중인 작품들을 읽어 주고 비판과 격려를 주고받았다. '새로운 호빗' 《반지의 제왕》은 1937년 이후 이런 식으로 읽히기 시작했다.

루이스와 톨킨의 관계에 초점을 맞추면 한 가지 떠오르는 질문이 있다. 잉클링즈의 친구들이 루이스에게만큼 톨킨에게도 중요한 의미가 있었을까? 그 모임이 톨킨과 루이스의 깊은 우정으로부터 생겨난 것은 분명하다. 루이스는 《네 가지 사랑》에서 우정이 커 나가는 과정을 설명한다. 그는 잉클링즈의 사례를 적절한 예로 활용하는데, 여기서 "로널드"는 물론 톨킨이고 "찰스"는 윌리엄스(나중에 들어온 잉클링즈 회원)이다.

내 친구 각 사람에게는 특정한 친구만이 끄집어낼 수 있는 그 무엇이 있다. 나 혼자는 누군가 온전히 활동하도록 독려할 만큼 크지 못하다. 나 외의 다른 빛이 그들의 모든 측면들을 비추었으면 좋겠다.

이제 찰스가 죽었으니 나는 그의 더없이 고풍스런 농담에 반응하는 로널드의 모습을 다시는 못 볼 것이다. 찰스가 떠난 지금, 나는 로널드를 '독차지' 하게 되었다. 그러나 그를 더 많이 갖게 되기는커녕, 로널드의 어떤 부분은 잃어버리고 말았다. 진정한 우정은 가장 질투심이 적은 사랑이다. 두 친구는 세 번째 친구가 합류하는 것을 기뻐하고, 세 친구는 네 번째 친구가 합류하는 것을 기뻐한다. 물론 새로운 사람이 진정한 친구로서의 자격이 있어야 한다. ……물론 마음이 통하는 영혼은 드물기 때문에—방의 크기에 제한이 있고, 서로의 목소리가 들려야 한다는 실제적 고려 사항도 생각해야 하고—교우 범위가 커지는 데도 한계가 있다. 그러나 그 한계 내에서 우리는 친구가 많아질수록 각 친구의 더욱 많은 부분을 소유하게 된다.[4]

루이스는 지혜롭게도 인간의 사랑 중에서 우정이 가장 질투심이 적다고 말했지만 사람들이 맺는 우정은 매우 복잡하다. 두 사람의 우정이 발전함에 따라 루이스는 톨킨에게 대단히 중요한 존재가 되었다. 톨킨은 T.C.B.S.의 회원들의 깊은 유대—사상적이고 감정적인—를 좋아했지만 전쟁이 그 모임을 깨뜨려 버렸다. 살아남은 두 사람, 톨킨과 크리스토퍼 와이즈먼은 서로 멀어졌다. 톨킨은 리즈 대학에서 친밀한 교제를 누릴 만큼 오래 있지 않았다. 이제 그는 옥스퍼드에서 자신의 소위 은밀한 악덕—언어 창조와 가운데땅 이야기—을 루이스와 나눌 수 있게 되었다. 사실 그는 루이스의 격려에 더욱 힘입어 포기하지 않고 창작을 계속해 나갈 수 있었다. 루이스는 그의 글을 듣고 때로는 감동의 눈물까지 흘렸다. 잉클링즈가 작고 친밀한 모임이던 30년대에는 모든 것이 톨킨의 기호에 맞았다.

그러나 모임이 커지고 특히 찰스 윌리엄스가 참여하면서부터 톨킨은 루이스의 관심이 자신에게서 다소 벗어났다는 느낌을 받기 시작했다. 루이스에게는 더 큰 모임의 활력이 도움이 되었지만 톨킨에게는 맞지 않았던 듯하다. 톨킨의 상실감을 표현하기에 질투심이라는 단어는 너무 강하다. 그것은 딱 집어 말하기 어려운 상처가 서서히 곪은 것에 가깝다. 그러나 톨킨은 따뜻하고 관대한 사람이었고 잉클링즈에 계속 참석하면서 모든 회원에게 애정과 관심을 보였다.

루이스가 죽은 지 몇 년 후인 1969년, 오언 바필드는 미국에서 열린 한 강연[5]에서 루이스가 잉클링즈 및 여러 모임에 어떤 영향을 끼쳤는지를 회고했다. 첫째, 루이스의 인품의 힘과 무게, 그리고 바필드의 표현을 빌자면 "그가 기분이 좋을 때 내는 상당히 큰 목소리"에 의한 무의식적이고 자연스러운 영향이었다. 루이스는 목소리의 톤을 먼저 고르고 나서 화제를 결정하곤 했다. 한번은 루이스에게 관심 없는 화제(정치나 경제였을 것이다)가 나오자 대화에서 빠져나와 책을 집어 들고 읽어 나갔다. 둘째, 어떤 주제가 거론되건 루이스는 언제나 그것을 도덕적 쟁점이나 문제로 바꿨다. 도덕적 쟁점과 상관없는 주제라고 생각하는 사람이 있으면 루이스는 그에게 그런 주제는 없다고 일러 주었다.

✺

1933년 가을, 잉클링즈의 결성은 소기의 목적을 달성한 코울바이터즈의 자연스러운 해체와 비슷한 시기에 이루어졌다. 코울바이터즈 회원인 톨킨, 루이스, 네빌 코그힐은 잉클링즈를 만들었다. 찰스 렌은 1930년 옥스퍼드 대학에 부임한 후 톨킨의 앵글로색슨어 강의를 도왔다. 잉클링즈가 결성되고 얼마 후 회원들은 그를 모임에 초청했다. 그리고 나중에 루이스와 같은 칼리지의 신학부 학장이자 신부인 애덤 폭스가 합류했다.

격식을 차리지 않는 모임이었고 회원 자격은 따로 없었다. '자격'은 루이스의 친구거나 초청을 받은 것으로 충분했다. 모임 구성원 전체가 자연스럽게 루이스를 리더로 인식했다. 그러나 루이스의 개성이 강하게 작용하기는 했어도 그가 모임의 성격과 내용을 강요하지는 않았다. 잉클링즈의 일원이 되는 것은 대등한 입장에서의 자유로운 선택이었다.

'새와 아기'에서의 대화 주제나 모임에서 어떤 글을 읽었는지는 초기 자료 기록이 남아 있지 않기 때문에 정확히 알 수 없다. 잉클링즈가 시작되기 전에 루이스는 《순례자의 귀향》 집필을 마쳤다. 1932년 말에는 톨킨의 《호빗》이 상당 부분 완성되었다. 이 사실이 알려진 이유는 톨킨이 루이스에게 그 원고를 읽어 보라고 빌려 주었기 때문이다. 《호빗》의 마지막 몇 장이 잉클링즈에서 낭독되었을 가능성도 있지만, 모를 일이다.

로버트 하버드 박사—한번은 휴고 다이슨이 그의 이름을 깜빡 잊고 '험프리'라고 부른 것이 그대로 별명이 되었다—가 초대를 받고 합류했을 때 비로소 우리는 모임의 구체적인 세부 내용을 엿볼 수 있게 된다. 많은 세월이 흐른 후 하버드는 그때 일을 떠올리면서 자신이 1935년에 회원이 된 것으로 기억했다. 그해 초반에 일반 개업의로 활동하던 하버드는 독감에 걸린 루이스를 진료했다. 거기서 두 사람은 몇 분 만에 아퀴나스를 논하게 되었다. 아마도 루이스가 독감이라는 용어의 유래에 대해 뭐라고 말한 것 같다. 그의 책 《폐기된 이미지》(1964)에서 지적한 것처럼 중세에 독감은 천체의 영향을 의미하는 말이었다. 그로부터 얼마 후 하버드는 잉클링즈에 들어오라는 초청을 받았다. 루이스가 하버드의 '종교적·철학적 토론'에 대한 분명한 관심을 눈여겨보았기 때문일 것이다. 하버드는 그 모임이 루이스의 친구들로 이루어졌음을 알게 되었다. 어느 날 아침 잉클링즈 친구들이 유명 인사가 되어 있음을 알게 된 것은 그로부터 몇 년 후의 일이었다.

'쓸모없는 돌팔이'라는 애정 어린 별명으로 불렸던 하버드는 국교회(성공회) 성직자의 아들이었다. 그는 1922년 옥스퍼드 화학과를 졸업한 후 다시 의학을 공부했다. 1934년, 그는 옥스퍼드의 세인트 자일즈 로의 카페 '새와 아기' 근처와 헤딩턴에 각각 진찰실을 갖춘 진료소를 열었다. 하버드는 로널드 녹스의 영향으로 1931년에 로마가톨릭으로 개종했고, 이내 자신과 톨킨 사이에 공통점이 많다는 것을 알게 되었다.

하버드에 따르면, 잉클링즈는 비판적인 그리스도인들로 이루어져 있었다. 그들 모두는 이런저런 식으로 당시 그곳의 기독교회에 불만을 품었지만 기독교 신앙 자체에 대해서는 불만이 없었다.

하버드는 참석자들이 루이스를 그다지 특별한 존재로 여기지 않았다고 회상했다. 그들은 그가 유명 인사가 될 줄 몰랐다. 잉클링즈 회원들에게 루이스는 그저 그들 중 한 명일 따름이었다. 그들은 루이스가 읽어 주는 내용을 좋아할 때도, 그렇지 않을 때도 있었다. 그러나 대개는 좋아했고 또 좋다고 말해 주었다. 하버드가 볼 때 모임 참석자 중에 스스로 자신이 특별하다고 여긴 사람은 아무도 없었다. 잉클링즈는 그저 친구들의 모임일 뿐이었다. 규칙은 없었고 "루이스의 환대를 제외하면 가입 조건도 없었다." 하버드에 따르면 잉클링즈 모임의 분위기는 자유롭고 편안했다. 그가 예전에 참석했던 여느 모임만큼이나 스스럼없었다. 회원들은 자신들의 생각을 "아무 거리낌 없이" 말했다.[6]

하버드는 자신이 직접 목격한 루이스와 톨킨의 우정을 이렇게 묘사했다.

> 그들은 서로 무척 달랐다. 루이스는 덩치가 큰 사람이었는데 성격이나 몸무게가 모두 거의 위압적인 수준이었다. 톨킨은 호리호리했고 루이스 몸무게의 4분의 3 정도 될 것 같았다. [톨킨의] 말은 언제나 완곡했고 직접 대놓고 양자택일을 요구하는 식이 아니었다. 그의 태도는 전반적으로 간접적이었던 반면 루이스는 거침없이 말했다. 표면적인 모습만이 아니라 그들의 정신 구조도 크게 달랐다. 톨킨 하면 '변덕스러운'이라는 단어가 떠오른다. 그러나 여기엔 오해의 소지가 있다. 일상적인 의미에서 변덕스럽다는 뜻이 아니기 때문이다. 그는 이 주제 저 주제를 마구 넘나들기 때문에 그의 말을 따라가기가 쉽지 않았다. 그의 마음은 마치 작업대에서 일하는 목수처럼 움직였다. 이런 특성들은 그들의 차이를 보여 주는 일부에 불과하지만, 그럼에도 그들은 아주 가까웠다. 그들 둘은 아주 다른 사람들이었다. 그들의 차이점 때문에 서로 멀어진 것이 아니라 오히려 너무나 절친한 친구가 되었다는 사실은 정말 놀랍다.

여러 해가 지난 후 오언 바필드는 "잉클링즈 회원들 사이의 공통점은…… 교리보다는 세계관에 있었을 것이다"라고 추측했다. 그리고 몇 세기 전이라면 그 세계관은 "잉클링즈의 본질"로 묘사되었을 것이라고 말했다. 바필드는 단순한 개념의 역사가 아니라 문화적 변화와 실재에 관심이 있었고, 그것은 루이스도 마찬가지였다.[7]

바필드가 분명 맞는 것 같다. 이 세계관은 잉클링즈의 성격 일부를 이루었을 뿐 아니라 모임 바깥에 있는 일부 비슷한 성향의 작가들도 그것을 공유했다. 그것은 1930년대에 정의되고 만들어져서 향후의 저술, 특히 루이스와 톨킨의 글쓰기 패턴을 마련했다. 같은 세계관을 공유했던 작가들이나 친구들이 때때로 모임에 초대를 받았다고 말하는 것이 공평할 것이다. (분명히 인원수에는 제한이 있었다.) 도로시 세이어즈도 같은 세계관을 공유한 동시대 작가였다(그러나 그녀는 잉클링즈의 회원이 될 수 없었다. 당시 옥스퍼드의 그런 모임이 다 그랬듯 회원은 모두 남자였기 때문이다).[8] 1916년 헐(Hull)에서 행한 강연 〈다른 세계로 가는 길〉에서 그녀는 일시적인 것에 담긴 영원함에 대해 이렇게 추측했다.

> 어떤 의미에서 '다른 세계'는 구체적인 장소입니다. 그러나 또 다른 의미에서 신들의 나라는 이 세계 안에 있다는 것을 기억해야 합니다. 지구와 요정 나라는 동일한 토대 위에 공존합니다. 그것은 모두 보는 눈의 문제였습니다. ……이 세계의 주민이 전혀 다른 차원의 존재를 인식하게 될 수 있습니다. 이 세상에서 요정 나라로 가는 것은 이 시간을 떠나 영원으로 가는 것과 같습니다. 그것은 공간 속의 여행이 아니라 사고방식의 변화입니다.[9]

루이스나 톨킨도 그녀와 비슷한 글을 쓸 수 있었을 것이다. 이 세계관은 19세기의 시인이자 소설가요 판타지 작가인 조지 맥도널드의 픽션들과 그의 에세이 〈상상의 기능과 그 문화〉(1867), 〈판타지적 상상력〉(1882) 등에서 찾아볼 수 있다(루이스도 그것을 알아보았다). 다른 세계를 봄으로써 생겨나는 시각과 의식의 변화는 맥도널드, 세이어즈, 그리고 잉클링즈의 중심 인물인 루이스, 톨킨, 윌리엄스와 바필드가 지닌 사상의 핵심이었다. 그들은 일시적인 것에 담긴 영원한 것의 존재에 관심을 가졌다. 그것이 바로 바필드가 말했던 세계관이었다.

1936년 루이스는 찰스 윌리엄스의 소설 《사자가 있는 곳》을 발견했다. 그해 2월, 엑서터 칼리지의 네빌 코그힐을 방문한 루이스는 코그힐이 생생한 용어로 설명해 주는 그 책의 기본 줄거리를 들었다. 그의 생생한 묘사에 감동한 루이스는 그 '영적 스릴러'를 한 부 빌렸다. 책에 매료된 루이스는 아서 그리브즈에게 보낸 편지에서 그것이 창조의 날들에 관심을 기울인, 창세기와 플라톤을 섞어 놓은 책이라고 말했다. 또 그 책이 다른 세계에 대한 플라톤의 이론을 근거로 쓰였다고도 말했다.[10] 그곳에 지상의 모든 특성들의 원형 내지 원본이 존재한다. 윌리엄스의 소설 《사자가 있는 곳》에는 이러한 태고의 원형들이 우리 세계를 다시 자기들 쪽으로 끌어당기는 상황이 벌어진다. 창조의 과정이 뒤집히고 세계가 위험에 처한다. 소설의 서두에는 런던 북쪽의 하트퍼드셔 로에서 버스를 기다리는 두 사람이 등장한다. 그들은 도망친 암사자를 찾는 수색대를 만난다. 수색에 말려든 그들은 큰 집의 마당에서 사자를 본다. 그들 중 한 명인 앤토니의 약혼녀는 플라톤 사상에 대한 논문을 쓰고 있지만 그 사상이 안고 있는 강한 위력은 거의 알지 못한다. 그들은 또 다른 사자를 보는데, 사자가 극적으로 변화하기 시작한다.

앤토니와 퀜튼은 그들 앞, 마당에 누워 있는 사람의 형체를 보았는데 그 위로 다 자란 엄청난 크기의 사자가 서 있었다. 사자는 고개를 뒤로 젖혔는데 입이 열려 있었고 몸을 부르르 떨었다. 곧 포효를 멈춘 사자는 진정하고 제 모습을 되찾았다. 어떤 동물원에서도 보지 못한 거대한 사자 앞에서 얼떨떨해 있는 두 젊은이의 눈에는 사자가 매 순간 더 커지는 것 같았다. ……사자는 무시무시하고도 외로운 모습으로 서 있었다. ……그러다 위엄 있게 몸을 움직였고…… 그들이 보는 가운데 숲의 어두운 그늘로 유유히 사라졌다.

희한한 일이지만 그때 찰스 윌리엄스는 마침 루이스의 《사랑의 알레고리》 교정지를 읽고 있었다. 추가 교정을 위해서가 아니라 빨리 읽고 책의 마케팅과 판매에 도움이 될 만한 광고 문안을 찾아내기 위해서였다. 윌리엄스는 여러 해 동안 옥스퍼드 대학 출판부의 직원으로 있었지만 거기서 나온 출판물에 그토록 흥분한 적은 거의 없었다. 그는 여느 때와 달리 저자에게 감사의 뜻을 전하는 편지를 쓰기로 결심했다. 그러나 편지를 쓰기도 전인 1936년 3월 11일, 오히려 그가 놀랄 만한 편지를 받았다. 루이스가 윌리엄스의 작품 《사자가 있는 곳》을 높이 평가하며 옥스퍼드에서 열리는 잉클링즈 모임에 초청하는 내용이었다.

때로는 이국땅에서 모국어를 듣는 것 같은…… 책을 우연히 만나게 되기도 합니다. ……그 책은 제 삶에서 중요한 문학적 경험 중 하나입니다. 조지 맥도널드, G. K. 체스터턴, 또는 윌리엄 모리스를 알게 되었을 때에 비할 만한 경험입니다. ……엑서터의 코그힐이 제게 그 책을 소개했고 저는 다시 톨킨(앵글로색슨어 교수이자 가톨릭교도)과 제 형에게 소개했습니다. 그러니까 교수 셋과 군인 한 명이 감탄과 흥분에 입을 다물지 못하고 있습니다. 우리는 잉클링즈라는 비공식 모임을 갖고 있습니다. 자격 조건(이것도 비공식적으로 생겨난 것입니다만)은 글을 쓰는 사람이고 기독교인이면 됩니다. 다음 학기 중 하루(토요일과 일요일만 아니면 좋겠습니다) 시간을 내셔서 제 손님으로 칼리지에서 하룻밤 묵으시고 스테이크 전문점에서 식사를 하며 밤늦도록 얘기를 나누실 수 있겠는지요?[11]

찰스 윌리엄스는 편지를 받고 곧장 답장을 썼다.

24시간만 늦게 편지를 쓰셨더라면 서로 편지를 주고받을 뻔 했습니다. 제가 흠모하는 저자가 저를 흠모할 거라는 생각은 꿈에도 못했습니다. 전능하신 분이 하시는 일은 날마다 감탄스러울 따름입니다. ……교수님의 책은 사랑과 종교라는 매우 독특한 주제에 대한 일말의 이해를 보여 주는, 단테 이후로 제가 만난 사실상 유일한 책입니다……[12]

윌리엄스는 얼마 후 정말 잉클링즈를 방문했고(정확한 날짜는 기록되어 있지 않다) 루이스도 그의 초청을 받아들여 런던으로 윌리엄스를 보러 갔다. 나중에 윌리엄스에게 바친 조사(弔詞)에서 루이스는 런던에서의 그 만남을 "불멸의 점심"이라 했고 이어서 두 시간 가까이 세인트폴 성당 경내를 거닐며 "거의 이상적인 토론"을 나누었다고 회상했다. 그 때 윌리엄스는 새 친구 루이스에게 윌리엄 하이네만 출판사에서 막 출간되어 나온 자신의 책 《하늘에서 내려온 사람》을 선물했다. 그 책의 면지에는 "1938년 7월 4일, 2시 10분. 쉬러프스에서"라고 적혀 있다. 쉬러프스는 이제는 사라진지 오래인, 윌리엄스가 좋아하던 식당이다. 그곳은 런던 시에 있는 그의 사무실에서 가까웠고 러드게이트힐 기슭, 철도교 아래 자리 잡고 있었다.

세인트폴 성당 근처, 아멘 코너에 있는 옥스퍼드 대학 출판부의 런던 사무실에서 멀지 않은 곳에 유명 사설 출판사들이 모여 있었는데, 현재 대부분은 하퍼콜린스나 랜덤하우스 같은 대형 출판사에 합병되었다. 그중에는 뮤지엄 로(인근에 있는 대영박물관에서 나온 길 이름)에 위치한 조지 앨런 앤드 언원 출판사도 있었다. 1938년 2월 18일, 톨킨은 스탠리 언원에게 친구 루이스가 쓴 공상과학 소설을 소개하는 편지를 썼다. 그는 그 소설이 "길고 짧은 글 읽기"를 즐기는 잉클링즈("우리의 동네 클럽")에서 읽혀진 작품이라고 말했다. 그는 그 소설이 연속물로 매우 흥미롭고 회원 모두에게 좋은 반응을 얻었다고 기록했다.

루이스의 이야기는 결국 《침묵의 행성에서》(1938)로 출간되었다. 그것은 잉클링즈 회원들의 정직한 상호 비평을 통해 다듬어진 많은 이야기 중 하나였다. 그들의 모임은 그 후로도 여러 해 동안 계속해서 톨킨과 루이스 모두의 삶에 중요한 역할을 하게 된다.

'독수리와 아이' 카페의 래빗룸 오른쪽 벽에 걸려 있는 J. R. R. 톨킨 사진.

6. 떠났다 돌아오는 여행

《순례자의 귀향》과 《호빗》 1930-1937

1920년대 말 어느 여름날, 열린 창가에 있는 책상 앞에 마른 체구의 사람—바깥이 환하다 보니 형체가 분명히 드러나지 않는다—이 한 손에 펜을 쥐고 앉아 있다. 책상에는 담배 파이프들이 꽂혀 있는 토비 맥주컵과 나무로 된 담배 상자가 놓여 있다. 한 줄기 빛이 그에게 비쳐든다. 햇빛이 비치자 가느다란 그의 머리 카락 끝 부분이 빛난다. 안 그래도 어두운 서재가 짙은 색으로 제본한 책들 때문에 더욱 어둡게 보인다. 책은 바닥부터 천장까지 방 전체를 도배하다시피 쌓여 있고, 서재로 들어오는 문 양옆에 놓인 책장 때문에 책들이 터널을 이루고 있다. 그는 말이 없다. 다만 이따금 "아이고" 하고 투덜대며 손에 든 일에 마지못해 집중한다. 그의 옆에는 종이 더미 두 뭉치가 쌓여 있다. 큰 더미는 채점을 기다리는 고등학교 수료 시험지들이다. 작은 더미는 이미 채점한 시험지들이다. 책상 가장자리에는 세련된 원고 뭉치가 자리 잡고 있다.

루이스가 그랬듯 톨킨도 박봉인 교수 월급을 보충하기 위해 계절마다 시험지 채점하는 일을 맡았다. 두 사람 모두 부양해야 할 가족이 있었다. 톨킨은 운문 형태의 〈베렌과 요정 아가씨 루시엔의 이야기〉를 쓰고 가운데땅 제1시대 연대기의 자세한 내용을 보충하거나, 이야기에 불쑥 등장한 특정 등장인물의 이름의 기원이나 요정어 이형(異形)을 살피는 일을 하기 원했다.

오늘, 이 여름날은 여느 날처럼 평범한 하루가 될 것 같다. 정원에서는 아이들이 노는 정겨운 소리가 들려오는데, 산더미같이 쌓인 시험지 채점을 마쳐야 자유로운 시간을 가질 수 있다. 그런데 갑자기 뛸 듯이 기쁜 일이 생긴다. 톨킨이 시험지 한 장을 넘기는데 바삐 쓴 답안이 아니라 백지가 나온 것이다. 고맙게도 한 응시자가 시험지 한 장을 비워 놓은 것이다. 톨킨은 잠시 주저하다가 종이 위에 굵은 글씨로 이렇게 쓴다. "땅 속 구멍에 호빗이 살았다." 언제나 그렇듯이 이름은 그의 머릿속에 이야기를 만들어 낸다. 결국 그는 이 신비한 호빗이 어떤 존재인지 알아내야겠다고 결심한다.[1]

⊙⫴⊙

1932년 후반, 톨킨은 루이스에게 한 묶음의 종이를 건넬 수 있었다. 나중에 《호빗 : 떠났다 돌아오는 여행》으로 출간된 미완성 초고였다. 루이스는 아서 그리브즈에게 보낸 편지에서 당시 자신의 반응을 이렇게 묘사했다. "그의 요정 이야기를 읽는 것은 신비로운 경험이었네. 그건 1916년에 우리 둘 다 쓰(거나 읽)고 싶었던 바로 그런 이야기야. 그래서인지 톨킨이 이야기를 만들어 낸 것이 아니라 우리 세 사람 모두 들어가 본 세계를 묘사하고 있는 것 같은 느낌이 든다니까."[2] 그 전에 루이스는 그리브즈에게 보낸 편지에서 톨킨과의 우정을 진한 장밋빛으로 소개하며 좋은 뜻에서 그리브즈와의 우정에 비교한 바 있다. 루이스는 자신과 그리브즈처럼 톨킨도 윌리엄 모리스와 조지 맥도널드를 읽고 자랐다고 말했다. 몇 주 후 그리브즈에게 쓴 편지에서 루이스는 톨킨도 그들과 같은 의미에서 '로맨스' 문학을 사랑한다고 썼다. "그가 로맨스에 대한 우리의 기준에 동의했네. 또 다른 세계에 대한 암시 정도는 있어야 한다고 말이야. 요정 나라의 뿔피리 소리가 들려야 한다는 거지."[3]

《호빗》은 마침내 톨킨 자신의 삽화가 실려 1937년 9월 21일에 출간되었다. 초판은 1,500부였다. W. H. 오든은 1951년 10월 31일 〈뉴욕타임스〉에 《반지의 제왕》 서평을 쓰면서 《호빗》에 대해 이렇게 평했다. "내 생각에 《호빗》은 20세기 최고의 어린이 책 중 하나이다."

톨킨이 1930년에 그 책을 쓰기 시작했을 가능성이 높지만, 그의 큰아들 존과 마이클은 1930년대 이전부터 그 이야기를 들은 기억이 있다고 회상했다. 아마 다양한 형태의 구술 이야기가 좀더 완성된 원고로 모아졌을 것이다. 이 불분명한 기억에서 중요한 점은 《호빗》이 아버지가 아이들에게 들려준 이야기에서 출발했다는 것이다. 그 책은 처음부터 어린이용으로 쓰였고 그 사실이 문체를 결정했다. 처음에 그 이야기는 톨킨이 구상하던 신화적 연대기 〈실마릴리온〉과 독립적이었던 것 같고, 나중에 그가 만든 세계와 역사 안으로 통합된 듯하다. 그 이야기는 가운데땅에 호빗을 소개했고 가운데땅의 사건 흐름을 극적으로 바꿔 놓았다. 《호빗》은 가운데땅 제3시대에 해당하고 연대기 상으로는 《반지의 제왕》보다 앞선다.

《호빗》의 출간 당시 루이스는 〈타임스 문학부록〉을 통해 친구의 책을 이렇게 평했다. "섣불리 예측하긴 어렵지만 《호빗》은 고전으로 남을 것 같다." 또 다른 평론가는 〈뉴스테이츠먼〉에서 톨킨에 대해 이렇게 말했다. "그가 창조한 호빗족도 고블린, 트롤, 요정 같은 오래된 족속들 못지않게 현실감을 준다. 이것은 대단한 성취이다." 루이스는 호빗이 오직 "한 명의 영국인만('독일계'라고 덧붙여야 할까?) 창조할 수 있는 신화일 것"이라고 생각했다. 보통의 소설에서 등장하는 캐릭터와는 달리 빌보, 프로도, 샘의 개성은 상당 부분 호빗족으로서의 캐릭터에서 기인한다. 마법사라는 캐릭터에서 간달프의 특성을 찾고 엔트족에서 나무수염을 찾는 것과 같다. 톨킨은 이 신화 속 다양한 종족들의 집단적 특성을 탁월한 솜씨로 유지한다.

《호빗》이라는 제목은 어설픈 주인공 빌보 배긴스를 가리킨다. 그는 역설적인 인물인데, 그의 면모는 도둑이 되는 중산층 호빗이라는 모순된 역할에서 잘 드러난다. 좋은 평판을 얻고자 하는 빌보 이전의 호빗들은 경제적으로 부유해야 할 뿐 아니라 모험이나 뜻밖의 행동을 해서는 안 되었다. 빌보의 집은 부유한 호빗의 전형적인 거주지였다. 벌레가 끓고 더럽고 습기 찬 굴이 아니라 편안하고 방이 여러 개 있는 지하의 집이었다. 모든 방과 연결된 그 집의 홀은 "벽에는 패널이, 바닥에는 타일과 카펫이 깔려 있고 세련된 의자들, 모자와 코트를 걸 수 있는 많은 옷걸이가 있었다. 그는 손님이 찾아오는 것을 좋아했다." 호빗들은 대개 모험이나 뜻밖의 행동을 하지 않았고 그럼으로써 존경받기를 원했다. 그것은 톨킨이 어린 시절을 보낸 세계, 샤이어의 모태가 된 잉글랜드 중서부의 농촌 지역에서 따온 특성이었다.

빌보가 용의 보물을 찾으러 가는 원정에 갑자기 말려들면서 그의 명성은 영원히 손상되고 만다. 빌보는 마지못해 따라나선 원정이 의외로 자신의 기질에 맞는다는 사실을 알게 된다. 완전히 새로운 세계가 그에게 열리고, 노년에 그는 학자 비슷한 인물이 되어 옛날 이야기를 번역하고 새로운 형식으로 들려주게 된다. 원정은 그의 성품 또한 계발한다. 그러나 그는 호빗과 그들이 사는 샤이어와 관련된 소박한 특성을 늘 간직한다.

《호빗》에서는 13명의 난쟁이 무리가 오래 전에 잃어버린 그들의 보물을 찾는 여정에 나선다. 그 보물은 용 스마우그가 눈을 부릅뜨고 지키고 있다. 난쟁이 무리의 리더는 소린 오우큰쉴드(Thorin Oakenshield : 참나무방패 소린)이다. 그들은 회색의 마법사 간달프가 추천한 빌보 배긴스를 보물을 훔치기 위한 대장 도둑으로 고용한다. 처음에 배긴스는 위험한 모험에 참여하기보다는 편안한 집에 들어앉아 담배 파이프를 물고 차를 마시면서 조용한 하루하루를 보내고 싶어 한다.

그러나 여행이 진행되면서 처음에 빌보를 불안해하던 난쟁이들이 그의 도움으로 여러 차례 곤경에서 벗어나게 되고 그를 고용했다는 사실에 점점 더 감사하게 된다. 그는 운이 정말 좋은 호빗이었다. 모험 중간에 빌보는 안개 산맥 아래 터널에서 무언가에 부딪쳐 의식을 잃고 일행과 떨어진 채 어둠 속에 홀로 남겨진다.

의식을 되찾은 빌보는 터널 속에서 자기 옆에 놓인 반지 하나를 발견한다. 그것은 모든 반지를 지배하는 반지, 결국 《반지의 제왕》

의 주제를 형성하게 될 절대반지이지만 이 단계에서 빌보는 몸이 보이지 않게 만드는 마법만 알게 된다. 빌보는 반지를 주머니에 넣은 후 더듬거리며 어두운 터널을 따라 앞으로 나아간다. 결국 그는 지하 호수에 이르게 되는데, 그곳에는 한때 호빗이었으나 반지의 힘으로 수백 년 동안 목숨을 이어 온 골룸이 살고 있다. 그런 골룸은 이제 처음으로 반지를 잃어버린 것이다. 수수께끼 싸움을 한 끝에 빌보는 운 좋게 반지를 끼고 골룸에게서 벗어난다. 빌보는, 복수심에 불타지만 그를 보지 못하는 골룸을 따라 산맥을 벗어나 반대쪽으로 이르는 길을 찾아낸다.

골룸을 만난 후 용감해진 빌보는 결국 원정대를 용의 보물이 있는 곳까지 안내하고, 야비한 용은 근처의 호수도시를 공격하다 죽고 만다. 빌보와 간달프는 마침내 평화로운 샤이어로 되돌아온다. 그들은 '떠났다가 돌아온' 것이다. 탐욕의 결과를 본 빌보는 자기 몫의 보물 대부분을 받지 않기로 한다. 사실 그 사건들로 인해 그는 완전히 달라졌다. 그러나 그보다 그가 은밀히 갖고 있던 반지로 인해 사건들이 벌어지는데, 그것이 결국 《반지의 제왕》에 실리게 된다.

빌보에 대한 소린의 말이 그의 다양한 특성을 적절히 요약해 준다. "덩치보다 훨씬 큰 용기와 재치가 넘치고, 보통 기대할 수 있는 것보다 훨씬 더 많은 행운이 따르는 호빗." 소린이 주목한 '행운'은 사실 빌보를 주요 대리인으로 삼아 사건들을 해결해 나가는, 비범한 섭리의 존재이다.

톨킨은 어머니로부터 물려받은 빌보의 비범한 혈통에 관심을 기울인다. 빌보가 모험에 참여하면서 호빗답지 않은 이 특성이 드러나고 계발된다. 그러나 그에게 벌어진 가장 중요한 일은 보물의 발견(그로 인해 용 스마우그가 죽게 된다)이 아니라 절대반지를 찾은 것이었다. 빌보가 반지를 발견한 사실은 결국 《호빗》과 그 후속 장편 《반지의 제왕》을 이어 주는 고리가 된다. 그러나 톨킨은 절대반지의 중요성을 사이에 두고 두 작품을 적절히 이어 주기 위해서는 《호빗》 5장을 부분적으로 다시 써야 한다는 걸 깨달았다. 《호빗》이 출간되고 10년 후, 톨킨은 《반지의 제왕》을 마무리하면서 《호빗》의 개정판을 썼다. 5장을 고쳐 쓴 개정판은 1951년에 처음 나왔다.

톨킨의 이야기에서 놀라운 부분은 고대 가운데땅의 방대한 신화를 아이들 수준에 맞추는 그의 솜씨다. 예를 들면, 지명은 간단하게 표기되어 〈실마릴리온〉의 복잡한 이름과 극명한 대조를 이룬다. 에레보르는 그냥 '외로운 산'이다. 에스가로스는 대개 '호수도시'라 부른다. 리븐델에 있는 엘론드의 집은 산맥 서쪽의 '최후의 아늑한 집'으로 묘사된다. 루이스는 〈타임스 문학부록〉에 쓴 서평에서 "이야기의 무미건조한 초반부(호빗족은 작은 사람들이다. 난쟁이보다도 작고 수염이 없지만 소인국 사람들보다는 훨씬 크다)에서 후반부의 전승 같은 어조로 넘어가는 흥미로운 변화"에 대해 언급했다. 이러한 어조의 변화는 어른들을 위한 현대판 요정 이야기를 쓰는 것이 가능할 거라는 인식이 톨킨 안에 싹텄음을 나타낸다. 13년 동안의 집필 끝에 탄생한 떠났다 돌아오는 여행의 속편은 더 이상 동화가 아니었다. 물론 1954-1955년에 《반지의 제왕》이 처음 출간된 이후 수많은 어린이들이 그 책을 재미있게 읽었지만 말이다.

톨킨이 공들여 《호빗》을 마무리하는 동안, 루이스는 2주간의 휴가 기간을 이용해 성인을 위한 상징적 이야기를 썼다. 그것은 요정 이야기가 아니었지만 요정 이야기의 요소들을 담고 있었다. 《호빗》처럼 '떠났다 돌아오는' 이야기였고, 청교도 존 버니언의 《천로역정》(The Pilgrim's Progress : 1678년과 1684년에 1부와 2부가 출간됨)을 본떠 《순례자의 귀향》(The Pilgrim's Regress)이라는 제목이 붙었다. 또 《호빗》처럼 두 친구가 서로 감탄하고 발전시킨 상징적인 소설로 루이스가 최초로 출간한 책이었다. 톨킨은 루이스와 달리 알레고리를 좋아하지 않았지만, 그 책은 좋아했다고 한다.[4] 루이스는 원고의 일부 또는 전부를 그에게 읽어 주었을 수도 있다. 톨킨은 에세이 〈베어울프 : 괴물들과 평론가들〉의 초기 원고에서 《순례자의 귀향》에 나오는 용에 대한 시를 호의적으로 인용했다.

　《순례자의 귀향》은 개신교 가정교육을 받은 루이스와 성례전 중심의 로마가톨릭 신자인 톨킨의 차이점과 유사성을 동시에 보여 준다. 루이스의 책은 개념의 상상적 차원을 보여 주고, 톨킨의 책은 북유럽의 상상력이 넘치는 풍부한 세계를 보여 준다. 톨킨은 사라져 가는 잉글랜드 중서부의 본질이라고 생각한 분위기나 특성을 포착하려 했다. 루이스도 한 가지 특성을 포착하려 했다. 그것은 아름다운 신 발데르의 죽음 같은 고대 북유럽 신화뿐 아니라 고대 그리스나 로마 이야기에서도 들여다볼 수 있는 기쁨과 채울 수 없는 갈망의 특성이었다.

　톨킨이 몇 년씩 시간을 들여 《호빗》을 구상하고 다듬어 가운데땅의 역사, 언어, 지리에 서서히 짜 넣은 반면, 루이스는 2주 만에 이야기를 써냈다. 《순례자의 귀향》은 버니언의 전통을 잇는 영적 여행기인 동시에 1920년대와 1930년대 초의 사상에 대한 지도로서 오늘날에도 여전히 주목할 만한 작품이다. 두 친구는 각자의 책을 쓰면서 언젠가 서로 유명한 작가가 되도록 도와줄 재능을 연마했다. 그들은 분명 옥스퍼드 식의 학자요 이야기꾼이었다.

꿈

루이스는 《사랑의 알레고리》를 준비하며 문학적 알레고리 기법을 연구하는 가운데 《순례자의 귀향 : 기독교와 이성과 낭만주의에 대한 알레고리적 변호》를 썼다. 문학에서 알레고리는 숨겨진 의미(대개 도덕적 의미)를 전달하는 비유적 이야기나 묘사를 말한다. 영문학에서 대표적인 사례는 존 버니언의 《천로역정》과 에드먼드 스펜서의 《선녀여왕》인데, 둘 다 루이스가 특별히 아끼는 작품이었다. 성경의 비유들도 알레고리적 요소들을 갖고 있다. 알레고리는 교훈의 방법인 것이다. 루이스는 한 편지에서 알레고리를 이렇게 정의했다. "비물질적 실재들을 가공의 물질적 대상들로 나타내는……작문." 알레고리에 대한 루이스의 기호는 그의 폭넓은 관심에서 나온 것이다. 그는 고대 그리스부터 중세와 르네상스 시대를 포괄하는, 광범위한 전(前)근대의 창작물에 정통했다.[5]

《순례자의 귀향》은 좀더 일반적인 형태를 띤 픽션이지만, 20년 후인 1955년 출간된 《예기치 못한 기쁨》과 마찬가지로 루이스가 1931년 기독교로 회심할 때까지의 삶을 다루고 있다. 그는 1932년 8월 말경에 북아일랜드에서 휴가를 보내며 《순례자의 귀향》을 썼다. 그때는 '리틀 리'가 팔린 뒤였기 때문에 루이스는 옛집에서 길 건너 90미터 정도 떨어진 '버냐'에서 그리브즈 가족과 함께 지냈다. 루이스는 나중에 아서에게 보낸 편지에서 그 책을 그에게 헌정

해도 되겠느냐고 물으며 이렇게 덧붙였다. "이 책은 자네에게 헌정해야 마땅하네. 자네 집에서 썼고, 쓰는 동안에 자네에게 읽어 주었고, (적어도 가장 중요한 부분에서는) 무엇보다 자네와 내가 함께 나눈 경험을 찬미하는 것이니 말이야."[6]

루이스가 그려낸 것은 기쁨을 특징으로 하는 갈망의 경험이었다. 《순례자의 귀향》은 사실 20세기 초의 루이스판 《천로역정》이자 《성전》(The Holy War : 존 버니언의 우화집)이라 할 수 있다. 주인공은 버니언의 알레고리적 인물 크리스천과 조금 다르다. 그는 어느 정도 루이스 자신을 모델로 삼은 당시의 보통 사람 또는 순례자 '존'이다. '존'이라는 이름은 루이스의 본이 되었던 존 버니언을 가리킨 것일 수도 있다. 이 책에 영향을 준 또 다른 인물은 보에티우스였다. 《철학의 위안》(저자가 처형을 기다리던 기원후 525년경에 씀)은 루이스가 매우 좋아하는 책이었는데 《순례자의 귀향》처럼 산문과 시가 번갈아 나오고, 보에티우스의 동행으로 '철학'을 상징하는 여성이 등장한다. 《순례자의 귀향》에서는 책의 테마 중 하나인 '이성'(Reason)이 파란 망토를 두른 갑옷 입은 여성으로 등장해 존을 거인 '시대정신'(Spirit of the Age)으로부터 구해 준다.

> 말 탄 사람이 망토를 벗어 던지자 강철의 섬광이 존의 눈을 찔렀고 거인의 얼굴에도 비치었다. 존은 그 사람이 꽃다운 나이의 여자라는 것을 알았다. 키가 어찌나 큰지 그녀는 거인족 같았고 강철 갑옷으로 무장해 태양처럼 빛을 내며 칼을 뽑아 들고 있었다.[7]

《천로역정》의 경우처럼 존의 원정도 지도로 나타낼 수 있다. 루이스는 독자들에게 실제로 〈세계 지도〉 한 장을 제공한다. 그 지도 안에서 인간의 영혼이 남북으로 나눠지는데 북쪽은 건조한 지성주의를 나타내고 남쪽은 감정의 과잉을 뜻한다. 그 중간에는 곧은길이 하나 있다. 말할 것도 없이 존의 노선은 곧고 좁은 그 길에서 멀찍이 벗어나 있다. 젊은 시절의 루이스처럼, 그는 감각적이라기보다는 지적으로 치우치는 우를 범했다.

이 세계 지도에서 루이스는 당대의 현대 사상을 우주적 전쟁을 나타내는 종교적 용어로 묘사했다. 이것은 매우 중요하다. 그와 톨킨은 문학 운동으로서뿐 아니라 지적 태도로서도 점점 현대 정신, 즉 모더니즘에 반대하게 되었다. 그들은 시대정신(*Zeitgeist*)에 맞서는 임무를 공유했다. 1939년 5월 8일에 쓴 편지에서 루이스는 "지난 전쟁에 대한 기억이 몇 년 동안 꿈에 계속 나타났다"고 썼다. 제1차 세계대전을 치르고 살아남은 작가들의 주요 관심사였던 현대전이 그에게는 선과 악 사이에서 벌어지는 끝없는 우주적 전쟁으로 다가왔다. 그는 나중에 쓴 에세이 〈전시의 학문〉에서 이렇게 말했다. "전쟁이 새로운 상황을 만드는 것은 결코 아닙니다. 전쟁은 인간이 늘 처해 있는 상태를 악화시켜 우리가 그것을 더 이상 무시할 수 없게 만들 뿐입니다."[8] 《순례자의 귀향》은 1920년대와 1930년대 초의 지적 풍토를 탁월하게 보여 주고 있다. 그러나 그 사상적 범위는 그보다 훨씬 더 넓게 적용된다. 책에 실린 세계 지도에는 북쪽과 남쪽으로 각각 군용 철도가 나 있다. 제3판의 서문에서(1943) 루이스는 이렇게 말했다. "두 군용 철도는 우리 본성의 두 가지 면에 대한 지옥의 이중 공격을 상징한다. 나는 원수의 각 철도 수송 종점에서 펼쳐지는 도로들이 인간 영혼의 영역으로 뻗치고 들어오는 발톱이나 촉수처럼 보이기를 바랐다."

루이스는 그 지도 전체를 "내가 이해하는 성전(聖戰)"의 도해라고 설명했다. 그것은 "우리 본성의 두 측면(지성과 육체적 감각)에 대한 지옥의 이중 공격"을 묘사한다. 신학자 제임스 패커는 버니언과 다른 사람들, 그리고 루이스 자신의 전쟁 경험을 통해 얻어낸 성전의 개념은 《순례자의 귀향》의 특징일 뿐 아니라 "루이스 저작 전체의 형태와 관점을 형성하고 있다"고 말했다.[9] 루이스의 말을 빌자면, 북쪽과 남쪽으로부터의 공격은 "정반대의 동등한 악으로, 각자 서로를 비판함으로써 끊임없이 강해지고 설득력을 얻는다." 북쪽 사람들은 차갑고, "회의적이거나 독단적인 귀족주의자, 금욕주의자, 바리새인, 엄숙주의자, 고도로 조직화된 '당파'의 정회원 중 어느 하나로 엄격한 체계를 갖추고 있다." 감정적인 남쪽 사람들은 이와 정반대로서 "거의 모든 방문자에게 밤낮으로 문을 열어 놓지만…… 모종의 흥분을 제공하는 이들을 가장 환영한다. ……이들에게 모든 감정은 그것이 느껴진다는 사실로 정당화된다. 그러나 북쪽 사람에게는 같은 이유로 의심의 대상이 된다."

루이스의 도해에 따르면, 두 경향 모두 실제로는 우리를 비인간적으로 만든다. 그는 1943년 더럼 대학에서 행한 리델 기념 강연에서 이 명제를 풀어 나갔고, 강연 내용은 그 해 후반에 《인간의 폐지》라는 책으로 출간되었다. 루이스는 우리가 인간으로 남아 있기 위해서는 곧고 좁은 길, 인류 보편의 '간선도로'를 걷는 일 외에는 선택의 여지가 없다고 주장했다. "'북쪽'과 '남쪽'에 대한 우리의 관심은 하나뿐이다. 그것들을 피하고 간선도로를 따라가는 것이다. ……우리는 두뇌의 인간이나 감정의 인간이 아니라 온전한 '인간'

이 되도록 창조되었다."

존의 길은 전진(progress)이 아니라 회귀(regress)이다. 실제로 그는 자신이 추구하는 아름다운 섬을 향해 나아가는 것이 아니라 그곳으로부터 더 멀어지고 있기 때문이다. 루이스의 그 섬은 버니언의 천상의 도성과 같은 것이다. 어린 시절에 얼핏 본 그 섬은 달콤한 욕구와 기쁨을 불러일으키는 갈망의 원인이자 대상이다. 어머니 교회(Mother Kirk : 나중에 그가 '순전한 기독교'라고 부르게 되는 진리의 화신)를 통해 존이 자기 섬에 이르는 방법을 알게 되었을 때, 그는 오던 길을 되돌아 동쪽으로 가야 한다는 것을 깨닫는다.

섬을 찾아 떠나는 존의 원정은, 루이스의 자전적 책《예기치 못한 기쁨》의 핵심인 기쁨이라는 주제를 훌륭하게 구체화한 것이다. 존의 원정은 그가 "갈망의 변증법적 관계"[10] 속에서 만나는 다양한 함정과 위험을 피하도록 돕는다.

퓨리타니아에서 태어난 존은 어려서부터 지주를 두려워하도록 배웠다. 퓨리타니아는 결국 그가 돌아가게 되는 동쪽 산맥의 서쪽 끝에 있다. 루이스의 고향 얼스터를 그릴 의도는 아니었지만, 존의 어머니와 아버지, 요리사, 집사, 그리고 조지 아저씨가 말하는 패턴 속에서 그의 어린 시절이 메아리친다. 그리고 그가 북아일랜드에서 두 주를 보내면서 책을 쓰는 동안 그런 음성들이 계속 귓가에 들려왔을 것이다. 다음 인용문에 나오는 "우린 정말 몰랐단다" "아무렴요" "이건 지독히 힘들 것 같군요" "천만의 말씀" 같은 표현은 얼스터의 영향을 그대로 보여 준다.

"가엾은 조지 아저씨가 해고를 당하셨단다." 어머니가 말했다.

"왜요?" 존이 물었다.

"계약 기간이 끝났어. 지주님께서 아저씨에게 그만두라는 통고를 보내셨단다."

"하지만 계약 기간이 얼마나 되는지 모르셨잖아요?"

"그래, 우린 정말 몰랐단다. 우리는 계약 기간이 앞으로 여러 해가 더 남은 줄 알았어. 지주님께서 이렇게 급작스럽게 아저씨를 내보내실 줄은 전혀 몰랐다."

집사가 끼어들었다. "아, 하지만 그분은 통지를 할 의무가 없으시지요. 아시다시피 그분은 원하실 때면 언제나, 누구든 내보낼 권리를 갖고 계십니다. 우리를 이곳에 머물게 해 주시는 그분의 은혜가 고마울 따름이지요."

"아무렴요, 아무렴요." 어머니가 말했다.

"그야 두말할 것도 없지요." 아버지가 말했다.

"불평하는 게 아닙니다. 하지만 이건 지독히 힘들 것 같군요." 조지 아저씨가 말했다.

집사가 말했다. "천만의 말씀입니다. 성으로 가서서 성문을 두드리고 지주님을 직접 뵙기만 하면 됩니다. 아시다시피 그분이 당신을 이곳에서 내보내시는 건 다른 곳에서 훨씬 더 편안하게 지내게 해 주시려는 거니까요……."[11]

쉬드 앤드 와드 출판사가 1935년에 이 책을 재출간할 때 표지 광고 문구에 퓨리타니아와 얼스터를 나란히 소개하자는 제안("이 이야기는 퓨리타니아에서 시작된다[루이스 교수는 얼스터에서 자랐났다]")을 했는데 루이스는 동의하지 않았다. 사실 그는 오렌지당(아일랜드 신교도들의 정치적 결사조직—옮긴이)의 지나친 운동은 싫어했지만 자신이 태어난 나라를 늘 귀하게 여겼다. 그 경치, 특히 카운티다운의 풍경은 자세하지는 않지만 《순례자의 귀향》에 생생하게 그려져 있을 뿐 아니라 나중에 나니아 나라를 만드는 데도 영감을 주었다. 그는 어린 시절의 유모 리지 엔디콧, 선이 분명했던 가정교사 W. T. 커크패트릭 등 얼스터 사람들에게도 감사하고 있었다. 특히 커크패트릭은 루이스의 《그 가공할 힘》에서 회의적인 정원사 앤드루 맥피의 모델이 되었다.

1943년 《순례자의 귀향》의 개정판에서 루이스는 알레고리에 대한 독자의 이해를 돕기 위해 상세한 서문과 주를 보충했다. 그러나 모든 암시의 의미에 너무 마음 쓰지 않으면서 그 책을 이야기로 즐기는 것이 최선이다. 《순례자의 귀향》은 기쁨을 찾아가는 원정으로 《예기치 못한 기쁨》과 병행해서 읽되 특히 〈세계 지도〉에 실린 인간 영혼의 도해를 참고하면 그 주요 의미가 드러날 것이다.

'독수리와 아이' 내부의 래빗룸 정면 벽에 걸려 있는 C. S. 루이스 사진.

7. 공간, 시간, '새로운 호빗' 1936-1939

루이스는 생각에 잠긴 채 모들린 칼리지 연구실의 커다란 창문으로 내다보이는 사슴공원을 바라본다. 때는 1936년 봄이다. 그는 자기 앞에 펼쳐진 공원의 경치가 비할 데 없이 아름답다고 생각한다. 주의 깊게 손질된 넓은 풀밭 너머에 새롭게 옷을 갈아입은 작은 숲이 펼쳐져 있다. 사슴 몇 마리가 나무 사이와 잔디 위에서 거닌다. 대여섯 마리는 그의 창 바로 아래서 되새김질을 하고 있다. 오른쪽으로는 평소 좋아하는 애디슨 산책로가 보여서 마음이 든든하다. 그는 5년 전 그곳에서 톨킨, 휴고 다이슨과 그 중요한 심야 대화를 나누었고 그 결과 회심하기에 이르렀다.

루이스는 고개를 돌려 낡은 안락의자에 앉아 있는 친구에게 말을 건다. 의자 뒤의 벽은 흰색 벽널로 품위 있게 장식되어 있다. 톨킨은 탁자에 놓인 맥주병을 집어 잔을 다시 채운다.

"있잖나, 톨러스. 우리가 좋아할 만한 이야기들이 너무 적단 말

이야. 자네는 윌리엄스의 《사자가 있는 곳》을 나만큼이나 좋아했잖나. 그 책을 보니 그런 책이 정말 드물다는 생각이 들더군."

톨킨이 담배 연기를 뿜어 대며 소리친다. "요정 나라의 뿔피리 소리가 충분히 들려오지 않아."

그는 파이프를 빨아들여 담뱃불을 살린다. "시중에 나온 공상과학 소설 중 일부는 경탄할 만하지. 정말 다른 세계를 잠깐 엿보게 해 주기도 해. 한심한 책들도 있긴 하지만 그건 어느 장르나 마찬가지니까. 공간과 시간 이야기들은 '회복'과 '탈출'을 제공해 주지." 마지막 두 단어를 강조하려는 듯 그는 갑자기 큰 소리로 말한다. "조만간 요정 이야기의 특성을 다루며 이 부분에 대해 강의하고 싶네. 나는 공간과 시간의 깊이를 전달하는 이야기들을 좋아하거든."

"아무렴, 아무렴." 루이스는 친구의 말에 동의하며 자신의 모음 발음에 배인 얼스터 억양을 느낀다. 그날 아침, 그는 평소와 달리 말이 없다. "H. G. 웰스를 보게나. 웰스의 이야기들도 영(靈)이 실재하는 다른 세계를 암시하고 있네. 나는 그의 초기 작품이 좋아. 그런데 그가 교훈 한 그릇을 위해 장자권을 팔다니 안 된 일이야. 영계(靈界)를 창조하는 이야기들이야말로 삶에 실제로 보탬이 되는 것 아니겠나? 그런 이야기들은 가끔 찾아오는 어떤 꿈과 같아. 완전히 새로운 감동을 주지. 인간 경험의 가능성에 대한 우리의 생각 자체를 넓혀 준다고 말할 수 있을 거야."

톨킨이 끼어든다. "자네의 《순례자의 귀향》에도 우리가 좋아하는 요소, 로망스가 있었어. 그 책이 잘 안 팔려서 안 됐어. 몇 군데 다소 모호했지만 말이야. 그걸 바로잡으려면 굉장히 힘들 수도 있지." 루이스가 손에 파이프를 들고 단호하게 말한다. "여보게, 톨러스.

안됐지만 그걸 우리가 직접 써야 할 것 같네. 우리는 자네의 《호빗》 같은 이야기들이 필요하네. 하지만 곤돌린과 고블린 전쟁에 대한 이야기 정도의 방대한 규모를 갖추어야겠지. 우리 중 한 사람은 시간 여행 이야기를 쓰고 다른 사람은 공간 여행에 대해 쓰자고."

톨킨은 친구에게 1세기 훨씬 전에도 비슷한 도전이 있었음을 상기시킨다. 1816년에 바이런 경이 퍼시 셸리와 메리 셸리에게 귀신 이야기를 써 보라고 했던 것이다. ……그리고 당시 어린 소녀였던 메리는 나중에 《프랑켄슈타인》을 썼다. 톨킨은 눈을 반짝이며 그들에게는 당시의 마법, 즉 기계 문명의 폭정을 폭로하는 이야기가 필요했다고 말을 잇는다.

"동전을 던져서 결정하세나, 톨러스. 앞면이 나오면 자네가 시간 여행에 대해 쓰고 뒷면이 나오면 공간 여행에 대해 쓰게나. 난 그 반대로 하지." 톨킨이 치아를 드러내고 웃으며 고개를 끄덕인다.

루이스는 구깃구깃하고 헐렁한 플란넬 바지 주머니에서 동전 하나를 꺼내 공중으로 튕겨 올린다.

"앞면이군."[1]

꿏

시간 속으로 떠나는 '여행 스릴러'를 써 보라는 도전에 대한 톨킨의 반응은 요정 이야기를 주제로 강의를 하겠다는 계획과는 달리 이내 구체화되었다. 그는 여러 해 동안 고대 가운데땅의 이야기, 〈실마릴리온〉을 담아 낼 만족스러운 뼈대를 만드느라 고심하고 있었다. 시간 여행은 현대 독자들과 이야기를 잇는 다리가 되어 주

고 신화와 만나게 해 줄 것이었다. 〈실마릴리온〉 안에 새로운 차원
이 펼쳐지기 시작했다. 그것은 그가 어린 시절부터 계속 시달렸던
악몽, 초록의 대지를 덮치는 거대한 파도에 대한 악몽과 관련되어
있었다. 그것은 톨킨판 아틀란티스 신화였다. 그는 서쪽 바다 멀리
떨어진 이 불운한 섬을 누메노르라 불렀다. 별 모양의 그 섬은 가운
데땅 제1시대가 끝난 뒤 첫 번째 암흑의 군주 모르고스에게 저항했
던 인류, 요정의 친구들에게 주어졌다. 고귀한 신분으로 보자면 요
정들과 거의 구별되지 않지만, 누메노르인들은 인간들처럼 죽을 운
명이었으되 훨씬 더 수명이 길었다.

　톨킨이 루이스의 도전을 받은 직후 쓰기 시작한 이야기에는 〈잃
어버린 길〉이라는 제목이 붙었고, 역사의 다양한 시간대에서 되풀
이되는 비범한 부자(父子) 관계를 탐색했다. 이 특별한 관계를 통해
톨킨은 고대 북유럽 역사의 자취를 발견할 수 있는 언어, 문화, 그
리고 가계(家系)의 연속성을 보여 주었다. 〈잃어버린 길〉의 아버지
와 아들은 대서양 연안, 콘월이나 웨일스 서부 근처에 살고 있는 현
대인이다. 오스윈 에롤은 역사 교사이며, 그의 아들 알보인은 깊은
잠이 들면 떠오르는 이름들에 시달린다. 그는 서쪽 바다 위로 펼쳐
진 거대한 먹구름을 보고 '서녘 군주'의 독수리들이 누메노르 위에
나타나는 장면을 떠올리지만 그 이름들의 중요성은 모른다. 나중에
오스윈이 죽은 후, 알보인의 아들 아우도인은 '사물들과 상황'에 대
해 아버지와 비슷하면서도 좀더 시각적인 통찰과 경고를 지니게 된
다. 이러한 마음속 발견 덕분에 알보인과 아우도인은 시간을 거슬
러 누메노르로 가게 된다. 그곳에는 그들과 비슷하면서도 어떤 면
에서는 그들과 대응되는 엘렌딜과 헤렌딜(알보인은 때때로 자기 아들

을 이 신비한 이름으로 기억했다) 부자(父子)가 있다. 그들이 살던 시대에 누메노르가 파괴되었다. 그 섬이 파괴되기 전, 음흉한 수단으로 그곳을 차지한 것은 추방된 모르고스의 부하이자 《반지의 제왕》의 악의 축인 사우론이었다. 이때만 해도 사우론의 외모는 준수했고 적나라한 힘이 아니라 그럴듯한 논리로 사람들을 설득할 수 있었다. 누메노르의 운명은 가운데땅의 역사에서 중요한 역할을 한다. 귀족 계급의 인간들은 섬의 멸망을 피해 떠나가서 가운데땅 북쪽에 아르노르, 남쪽에는 곤도르라는 위대한 왕국을 세웠다.[2]

톨킨은 4장까지의 줄거리와 사건 전개에 대한 메모를 약간 쓴 후 그 이야기를 포기했다. 그러나 '잃어버린 길'이나 '곧은 길'의 개념은 가운데땅에 대한 그의 구상 속에 변함없이 남아 있었다. 누메노르의 멸망 후 세계는 구형으로 변했고 바다는 구부러졌다. 일부 요정의 배들은 세계를 떠나 죽지 않는 땅으로 가는 것이 허용되었다. 그들은 곧은 길을 따라갔는데, 《반지의 제왕》에서 반지 운반자 빌보와 프로도가 회색 항구를 떠나 서쪽 끝으로 갈 때 이용할 길이었다. 톨킨은 잃어버린 길의 개념을 활용해 신화 앞부분의 계통을 세웠는데 그중에는 뱃사람 아일프와인이 요정의 섬 톨 에렛세아로 가는 항해도 들어 있다. 그곳에서 그는 〈실마릴리온〉의 이야기를 듣는다.

톨킨은 〈잃어버린 길〉을 집필한 부분까지는 잉클링즈 회원들 앞에서 낭독했을 가능성이 높다. 그렇다면 그들은 동시대 독자들이 어렵게 느낄 만한 부분들을 지적했을 것이다. 루이스는 친구가 원고를 낭독하는 걸 들었음이 분명하다. 루이스의 공상과학 소설 《페렐란드라》와 《그 가공할 힘》에서 〈잃어버린 길〉에 나오는 이름 중 일부와 비슷하거나 철자만 약간 다른 이름이 등장하는 이유에 대해 톨킨이 직접 그렇게 설명했기 때문이다. 톨킨은 로저 랜슬린 그린에게 보낸 편지에 루이스의 이야기들에 끼친 자신의 영향에 대해 쓰면서 '누미노르'는 자신이 만들어 낸 지명 '누메노르'를 듣고 루이스가 활용한 것이라고 설명했다.[3]

톨킨이 루이스의 작품에 끼친 영향의 또 다른 예는 《페렐란드라》에 나오는 등장인물 토르와 티니드릴이다. 이들의 이름은 〈실마릴리온〉에 나오는 투오르와 그의 요정 아내 이드릴을 본뜬 것이 분명하다. 특히 '티니드릴'은 '이드릴'에다 루시엔의 두 번째 이름인 '티누비엘'을 합성한 이름인 듯하다. 루이스의 과학 소설 삼부작에 나오는 천사 같은 존재 엘딜은 가운데땅의 엘다르(높은 요정들)에서 따온 것이다.

루이스는 《반지의 제왕》이 출간되기 몇 년 전에 쓴 편지에서 톨킨과 그의 아틀란티스로부터 영감을 받았다고 말했다. 거기서 그는 자신의 누미노르가 톨킨의 누메노르의 오자(誤字)라고 설명했다. 그는 누메노르가 톨킨이 만들어낸 '사적 언어'에서 자라난 '사적 신화'에 등장하는 이름이라고 말했다. 그리고 그것은 '위대한 문헌학자'만이 창조할 수 있는 음성법칙과 어원을 갖춘 진짜 언어라고 덧붙였다. 톨킨은 언어 하나를 만들어 낼 때마다 동시에 신화를 만들어 내지 않고는 못 배겼다. 루이스는 '분사(分詞) **아틀란**(무너진 또는 부서진)'이 사라진 대륙 누메노르에 적용된 그 순간 톨킨의 사적 신화가 우리 세계와 접촉점을 갖게 되었다고 말했다. 이 분사는 음성 법칙에 따라 움직여 톨킨 자신도 분명하게 예상하지 못했던 결과를 낳았다. 우리 세계의 신화적 대륙 아틀란티스와의 연관성이 생겨난 것이다.

이 미완성 이야기는 루이스에게 영향을 끼쳤고 이야기의 다른 요소들도 그에게 호소력을 발휘했다. 그것들은 상상의 모체가 되어 루이스의 다른 이야기들에 영감을 준 것 같다.

잉글랜드 서부의 알보인과 그 아들 아우도인, 누메노르의 엘렌딜과 그 아들 헤렌딜 사이의 대칭 관계는 루이스가 쓰다 만 이야기 〈암흑의 탑〉(1938년과 1939년 사이에 쓴 것으로 추측)[4]에 스쿠다모르와 카밀라를 등장시키는 착상에 도움을 주었을지도 모른다. 목적은 달랐지만 루이스는 미완성 유고 〈10년 후〉(생애 말년에 씀)에서도 같은 기법을 사용해 트로이의 헬레나 두 명을 등장시키는데 하나는 진짜 헬레나이고 또 하나는 이상화된 헬레나이다.

루이스에게 호소력을 발휘하고 그의 저술에도 영향을 미친 톨킨의 두 번째 요소는 시간 사용 기법이었다. 알보인 부자(父子)가 누메노르로 시간 여행을 하는 동안 현실에서는 시간이 전혀 흐르지 않는다. 두 사람이 20세기로 되돌아왔을 때는 여행을 떠났던 바로 그 시간이었다.[5] 톨킨은 루이스와 이 점을 놓고 의견을 나누었을 것이다. 루이스는 아이들이 나니아를 방문할 때마다 이 장치를 사용했다. 방문자들이 열차 사고로 세상에서 죽음을 맞이한 상태로 등장하는 《마지막 전투》만 경우가 다르다.

루이스에게 더 깊은 영향을 준 것은 〈아이눌린달레〉였을 것 같다. 톨킨은 1930년대(아마 그가 〈잃어버린 길〉을 쓰던 시기를 포함해)에 이 아름다운 우주적 신화를 손질하고 있었고 어떤 단계에서 그것을 루이스에게 들려줬을 가능성이 높다. 《실마릴리온》에서 아이눌린달레는 '아이누의 음악'이다(아이누 또는 발라는 창조 배후에 있는 천사 같은 존재들이다). 그것은 '위대한 음악' 또는 '위대한 노래'로도 불린다. 그 음악은 톨킨의 가운데땅 신화에 등장하는 유일신 일루바타르의 창조의 청사진·섭리·계획을 표현했다. 또 그 음악은 성경의 가장 아름다운 구절 중 하나인 잠언 8장의 의인화된 지혜의 노래와도 유사하다. 잠언 8장에서 지혜는, 하나님이 만드실 창조물을 구상하고 일하시는 기준을 나타낸다. '위대한 음악'이 노래하는 바는 무로부터의 세계 구상과 창조, 그리고 뒤이은 사태의 진전과 본질적으로 같다. 모르고스(타락한 천사 루시퍼 같은 존재)의 반역이 그 음악에 통합되고 가운데땅 역사 내내 이어져서 톨킨 작품의 중심 테마 중 한 가지가 된다. 모르고스의 가장 강력한 부하 사우론의 반란도 같은 사례로 볼 수 있다. 발라 혹은 권능의 천사들은 처음에는 요정들, 나중엔 인간들의 출현에 대비해 세계를 준비하는 역할을 맡는다. 그들은 세계를 돌보고 세계에 빛을 준다. 그 빛은 처음에는 두 개의 등잔, 그 다음에는 두 그루의 나무, 마지막으로는 해와 달이다.[6] 《반지의 제왕》의 사건들이 벌어지는 제3시대에는 몇몇 하급의 발라, 즉 마이아—그중 간달프가 가장 유명하다—가 힘을 되찾아가는 사우론에 맞서 보호자의 역할을 감당하기 위해 인간의 형체를 입는다. 루이스가 《마법사의 조카》(1949년에 저술 시작)에서 아슬란의 노래로 나니아가 창조되는 장면과, 공상과학 소설 《페렐란드라》(1941년에 저술 시작)의 절정에서 위대한 춤을 묘사할 때 〈아이눌린달레〉로부터 부분적으로 영감을 받았을 가능성이 있다.

〈잃어버린 길〉은 우주론, 섭리, 신학이라는 무거운 테마들을 아우를 만큼 이야기를 풀어나가는 톨킨의 실력이 자랐음을 보여 줄

뿐 아니라 톨킨이라는 사람 자체를 드러내는 흔치 않은 자료라는 점에서도 매우 흥미롭다. 《베어울프》와 요정 이야기들에 대한 강연에서 가끔 늘어놓은 여담을 제외하고는 이렇듯 강한 자서전적 성격을 띤 다른 문헌은 《니글이 그린 나뭇잎》 정도뿐이다. 〈잃어버린 길〉에는 두 세대에 걸친 어머니 없는 소년과 이상화된 아버지가 등장하는데, 그것은 어린 시절 톨킨이 양친을 모두 잃은 사실과 관련이 있는 듯하다. 특히 톨킨과 비슷한 캐릭터는 알보인이다. 작품 속에서 알보인은 톨킨과 대략 같은 시기에 태어났고, 톨킨이 〈실마릴리온〉의 자료와 《반지의 제왕》을 쓰게 만든 창조적 발견 과정을 잘 보여 준다. 알보인은 어린 시절 "옛 북쪽 언어의 정취를 좋아했고 그에 못지않게 그 언어로 쓰인 것들을 좋아했다."[7] 그 분위기와 특성은 "그 언어로 듣는 전설과 신화의 분위기와 관련되어" 있었다. 설명할 수 없는 이름들과 구절들이 알보인의 의식에 흘러들었고 그 자취를 따라갈 때 더 많은 발견을 하게 되었다. 나중에 알보인의 아들은 아버지의 이런 과정을 목격했다. 그는 "아버지의 입에서 흘러나오는 이상한 단어와 이름들에 익숙해 있었다. 때로 그의 아버지는 그것들을 가지고 긴 이야기를 풀어내기도 했다."[8]

이 이야기에서 가장 두드러진 점은 먼 옛날의 유럽에 대한 톨킨의 집요한 관심을 강조한다는 사실일 것이다. 이야기 속의 전경은 그의 유년기의 우스터셔와 워릭셔였고, 이는 먼 과거로 시간 여행을 떠나는 이야기의 틀로 매우 적절했다. 이 이야기는 또한 《반지의 제왕》을 통해 톨킨이 표현하고자 한 예술적 목적도 잘 보여 준다.

얼마 후 톨킨은 《반지의 제왕》을 쓰기 시작한다. 그와 동시에 〈실마릴리온〉 집필에서는 손을 뗐고 그 원고는 대략 13년 동안 그대로 남아 있게 된다. 알보인은 나이가 들어가면서(톨킨이 〈잃어버린 길〉을 쓸 무렵의 나이에) 자신의 생애를 이렇게 돌아본다.

> 지난 30년을 돌이켜 본 그는 자신의 한결같은 욕구가 '회귀'였음을 알게 되었다. 종종 흐려지거나 억압되기는 했지만, 그 욕구는 어린 시절부터 죽 이어져 온 것이었다. 도로를 걸어가듯 시간 속을 거닐고픈 욕구, 혹은 산에서 세상을 바라보거나 살아 있는 지도처럼 펼쳐진 땅을 비행기에서 내려다보듯 시간을 관찰하는 것. 그러나 멀찍이서 보는 것으로는 부족했다. 반드시 눈으로 보고 귀로 듣는 것이어야 했다. 대서양 연안, 오래 전에 멸망한 나라들에서 지금은 잊혀진 계통의 언어들이 들리던 시절로 돌아가 오래되어 잊혀진 땅의 형세를 보고, 고대인들이 거니는 모습을 보고, 그들이 사용하는 언어를 듣고 싶은 욕구였다.[9]

톨킨의 출판사 사장 스탠리 언윈은 1937년 9월 《호빗》의 출간 이후 책을 더 내라고 줄곧 압박을 가해 왔다. 같은 해 11월 톨킨은 그때까지 써 놓은 〈잃어버린 길〉의 4장까지를 언윈에게 보냈다. 동시에 톨킨은 그 출판업자에게 〈실마릴리온〉을 자신이 "개인적으로 아끼는 헛소리"라고 소개하며 이야기의 상당 부분을 보여 주었다. 그는 "호빗의 속편 내지 후속 작품이 필요하다"는 점에서는 언윈과 생각이 같았지만 호빗이 뭘 더 할 수 있을지 감을 잡지 못했다. 12월 16일에 쓴 편지에서 톨킨은 이 사실을 털어놓았는데 그로부터 겨우 삼일 후인 12월 19일, 돌파구가 생겼다고 언윈에게 말했다. "호빗에 대한 새로운 이야기의 1장을 썼습니다." 이것은 17년 후에 출간되는 책 《반지의 제왕》의 첫 번째 장이었다.

◎◎◎

톨킨이 결국 완성하지 못하는 시간 여행 이야기 〈잃어버린 길〉을 쓰는 동안, 루이스는 공간 여행 이야기 《침묵의 행성에서》를 죽죽 써 나가며 한 장이 끝날 때마다 잉클링즈 회원들에게 읽어 주었다. 루이스의 이 이야기 또한 톨킨의 복잡한 성격을 알아보게 해 준다. 앞에서 본 것처럼 초기 영어와 중기 영어를 가르치는 톨킨의 일은 가운데땅의 언어 · 종족 · 역사를 만들어 내는 일과 밀접하게 연결되어 있었다. 그는 요정어를 창조하는 일에서 시작해 마치 먼 옛날 북유럽의 잊혀진 세계를 발굴해 내는 것처럼 판타지의 세계를 하나 만들어 냈던 것이다. 이것은 초기 영어 같은 실제 고대 언어들의 흔적에서 먼 옛날의 문맥과 이전 형태를 재구성해 내는 전문적인 문헌학자의 작업을 그대로 모방한 것이다.

루이스는 《침묵의 행성에서》에 등장하는 케임브리지 문헌학자 엘윈 랜섬이라는 인물 속에 톨킨과 똑같은 언어학자의 본능과 엄격한 열정을 담아냈다. 엘윈(Elwin)은 아일프와인이라는 이름이 그렇듯 '요정의 친구'(Elf-friend)를 뜻한다. 전쟁으로 인한 상처가 있는 랜섬 박사는 '엉덩이가 무거운 학자'였다. 그가 낸 책 중 하나는 《방언과 의미론》이다. 그는 지성과 영웅적 특성을 다 갖추고 있는데도 스스로를 과소평가하는 경향이 있다. 키가 크고 다소 마른 그는 《침묵의 행성에서》의 사건들이 벌어진 1930년대 후반에 서른다섯에서 마흔 사이였다. 패션 감각과 거리가 멀어서 처음 보는 사람은 그를 의사나 교사로 여기기 십상이었다.

랜섬은 사악한 동료 에드워드 웨스턴에게 납치를 당해 우주선에 실려 말라칸드라(화성)로 끌려간다. 그는 황무지에서 소른이라 불리는 외계 생명체를 만나는 것을 두려워했는데, 그러다 깜짝 놀랄 사건이 벌어지면서 외계인에 대한 그의 생각이 극적으로 달라진다. 그는 지성을 갖춘 외계 생물을 만난 것이다.

기슭에 있는 생물은 여전히 김이 나는 몸을 털고 있었고 아직 그를 보지 못한 것 같았다. 그런데 그것이 입을 열어 소리를 내기 시작했다. 그 자체는 놀라운 일이 아니었다. 그러나 랜섬은 평생의 언어학 연구로 얻은 직관으로 그것이 의미 있는 소리라는 걸 대번에 확신할 수 있었다. 그 생물은 말을 하고 있었다. 그것은 언어였다. 당신이 문헌학자가 아니라면, 랜섬이 이를 알고 감정적인 동요가 엄청 컸다는 사실을 그냥 믿는 수밖에 없다. 랜섬은 이미 새로운 세계를 보았다. 그러나 인간이 아닌 외계 생물의 새로운 언어는 그와 전혀 다른 문제였다. 그때까지 랜섬은 이것을 소른과 연결 지어 생각해 보지 못했는데 이제는 무슨 계시처럼 그 생각이 떠올랐다. 지식욕은 일종의 광기(狂氣)이다. 그 생물이 정말 말하고 있다는 판단이 들자 랜섬은 자신이 금세 죽게 될지 모른다는 것을 알면서도 모든 두려움과 희망과 현재 상황을 뛰어넘어 말라칸드라어 문법을 멋지게 체계화하는 상상의 나래를 펴고 있었다. 《말라칸드라어 개론》, 《루너동사 개론》, 《콘사이스 화영사전》 등등 책 제목들이 뇌리를 스쳐갔다. 비인간 종족의 언어로부터 배우지 못할 이유가 무엇이겠는가? 언어의 형태 자체, 존재 가능한 모든 언어의 배후에 있는 원리가 그의 수중에 떨어질 수도 있었다. 그는 자기도 모르게 팔꿈치로 몸을 일으켜 그 검은 생물을 응시했다. ……멀리 떨어져 있는 두 종족의 대표들은 아무 소리 없이 몇 분 동안 그렇게 서로의 얼굴을 응시했다.[10]

"비인간 종족의 언어로부터 배우지 못할 이유가 무엇이겠는가?"라는 랜섬의 생각은 톨킨이 자연스럽게 가졌을 법한 발상이다. 비인간 언어의 일종인 요정어를 만드는 일은 그에게 실재—자연과 초자연을 포괄하는 실재, 눈에 보이지 않는 것까지 포괄하는 실재—에 대한 지식을 갖게 하는 언어의 놀라운 가능성을 설명해 주었다.

루이스는 적어도 부분적으로는 친구 톨킨을 본으로 삼아 엘윈 랜섬이라는 캐릭터를 창조했다. 톨킨은 자신과 랜섬의 유사성을 알고 있었고 몇 년 후 아들 크리스토퍼에게 이렇게 썼다. "문헌학자로서 내가 [랜섬에] 어느 정도 영향을 주었을지도 모르겠다. 그에게서 루이스 식으로 표현된 내 의견 중 일부가 보이거든."[11]

톨킨과 루이스의 우정의 핵심에는 현대 세계에 대한 두 사람의 공통적인 반감이 놓여 있었다. 그들이 반대한 것은 치과의사와 버스, 생맥주, 그 외 20세기의 다른 특성들이 아니라 그들이 모더니즘의 기초로 여긴 사고방식이었다. 그들이 반대한 대상은 과학이나 과학자가 아니라 모더니즘에서 볼 수 있는 과학 숭배였고, 예술과 종교, 그리고 일상적 지혜를 통해 지식을 알 수 있는 가능성 자체를 부인하고 지식을 독점하려는 과학의 경향이었다. 톨킨과 루이스는 이러한 사고방식이 인류에게 심각한 위협이 된다고 생각했다. 소설의 주인공 엘윈 랜섬은 인류 공통의 오래되고 영속적인 가치관—나중에 루이스는 이를 '도'(道)라고 불렀다—을 구현한 캐릭터이고,

루이스와 톨킨에 따르면 이 가치관은 모더니즘과 반대된다.

이러한 긍정적 가치관은 랜섬의 생각에서 드러나는데, 그것은 전근대적일 뿐 아니라 기본적으로 중세의 자연관과 인간관에 의존하고 있다. 루이스는 톨킨처럼 르네상스와 중세의 우주를 사랑했고, 실재를 대변하는 그 안의 상상의 모델을 사랑했다. 이러한 세계상은 현대의 독자들이 루이스의 이야기를 읽을 때 그들의 머릿속으로 '스며든다.' 랜섬은 우주선을 타고 말라칸드라로 납치되는 자신이 처한 곤경에도 불구하고 뜻밖에도 기분이 좋다. 루이스에 따르면 랜섬은 인류가 잃어버린 의식을 되찾기 시작한다.

> 그는 몇 시간 동안 하늘빛을 바라보며 누워 있었다. 지구는 어디에도 보이지 않았다. 우주에 빽빽하게 들어찬 별들이 잔디밭에 제멋대로 자라난 데이지처럼 끊임없이 보였고 그 광경을 방해할 구름도 달도 일출도 없었다. 믿기 어려울 만큼 장엄한 행성들과 상상도 못해본 별자리들이 있었다. 하늘의 사파이어, 루비, 에메랄드와 콕콕 찌르듯 불타는 금이 있었다. 시야의 왼쪽에는 작은 혜성이 하나 외떨어져 있었다. 그 모든 것들 사이와 그 모든 것들 배후에는 지구에서 보이던 것보다 훨씬 더 뚜렷하고 손에 잡힐 것 같은, 그러나 크기를 알 수 없는 신비로운 암흑이 펼쳐져 있었다. 빛은 떨렸고 바라볼수록 더 밝아지는 것 같았다. 랜섬은 발가벗은 채 온몸을 펴고 침대에 누워 지내면서 밤마다 옛 점성학을 믿지 않기가 더욱 어려워졌다. 그는 다나에(그리스 신화에 나오는 아름다운 여인—옮긴이)가 된 것처럼, 그렇게 내맡긴 자신의 몸에 '감미로운 강화력'이 쏟아지는 것을, 아니 뚫고 들어오는 것을 느꼈다.[12]

랜섬의 긍정적 가치관은 그를 납치한 에드워드 웨스턴 교수의 부정적 가치관과 대조를 이룬다. 저명한 물리학자인 웨스턴은 루이스가 싫어하는 현대 세계의 모든 요소를 대표하는 인물이다. 웨스턴은 화성의 신비로운 통치자들이 인간 제물을 요구한다고 믿고 심복인 딕 디바인과 함께 랜섬을 납치했다. 그는 자신의 행동이 전적으로 정당하다고 여긴다. 그는 인류 공통의 모든 가치관을 멸시한다. 그가 신봉하는 가치관은 생물학적 생존이다. 즉, 어떤 대가를 치르고라도 계몽된 인간들을 복제해 내는 것이다.

납치범들에게서 달아난 랜섬은 처음에는 그 붉은 행성과 다양한 지형과 생물—조화로운 체계를 이루고 함께 살아가는 각양의 이성적 생물체들—에 겁을 먹고 어찌할 바를 모른다. 그러나 알고 보니 그 생물체들에겐 문명이 있었고 그들은 우호적인 존재였다. 언어학자인 랜섬은 얼마 후 그들의 언어, 올드솔라어의 기본을 익히게 된다. 그리고 눈에 보이지 않지만 소리를 들을 수 있는 그 별의 통치자들이자 영적 존재, 오야르사도 만난다.

루이스는 외계 생물들을 악한 존재나 인류의 적들로 묘사하는 당시 공상과학 소설의 경향을 불쾌하게 여겼다. 그의 견해에 따르면 중세의 우주관은 정반대였고 그것이 그에겐 호소력이 있었다. 평화롭고 영적인 외계 생명체에 대한 그의 묘사는 당시 공상과학 소설에 막대한 영향력을 끼쳤고 그 영향은 오늘까지 이어지고 있다. 루이스는 1939년 한 독자에게 보낸 편지에서 반농담조로 이렇게 썼다. "대략 60편 정도의 서평이 있었는데 서평자 중에서 '구부러진 자'(말라칸드라에서 '구부러진'은 '악한, 나쁜'을 뜻한다—옮긴이)의 타락에 대한 생각이 제가 만들어 낸 게 아니라는 사실을 아는 이가 둘

뿐이었다는 걸 아시면 서글프기도 하고 재미있기도 할 겁니다. ……이제 로망스를 빙자하여 사람들의 머릿속에 그들도 모르게 신학을 얼마든지 지어 넣을 수 있습니다." 이러한 반응은 루이스가 광범위한 영역에서 신학과 윤리에 대한 글을 계속 쓰기로 결정하게 만든 요소 중 하나였다.

머조리 호프 니콜슨은 그녀의 연구서 《달로 가는 항해》(1948)에서 이러한 찬사를 보냈다.

> 《침묵의 행성에서》는 모든 우주 여행 이야기 중에서도 가장 아름답고, 어떤 면에서는 가장 감동적인 작품이다. ……기독교 변증가로서 C. S. 루이스가 기독교 변증의 오랜 전통에 중요한 기여를 한 것처럼, 학자 겸 시인으로서 그는 《침묵의 행성에서》를 통해 과거의 무엇과도 다른 성취를 이루어 냈다. 이전의 작가들은 전설, 신화, 동화로부터 영감을 얻어 새로운 세계들을 만들어 냈다. 그러나 루이스 교수는 신화 그 자체를 창조했다. 그것은 적어도 일부의 인류에 깊이 뿌리내린 욕구와 갈망으로 짜인 신화이다. ……그와 함께 친숙하면서도 낯선 세계들을 여행하다 보면 랜섬이 그랬듯 "모험을 따라가는 것이 아니라 신화가 현실이 되는 감각"을 경험하게 된다.

스탠리 언윈은 루이스에게 《침묵의 행성에서》를 보내 보라고 요청했고 루이스는 그 사실을 톨킨에게 전했다. 그러자 톨킨은 루이스의 작품에 대해 편지를 써서 언윈에게 보냈다. "우리 지역 클럽(길고 짧은 이야기들을 크게 읽기를 좋아하는 모임)에서 읽은 작품입니다. 읽을 때마다 다음 이야기가 궁금해질 만큼 재미있었고 평가도

좋았습니다. 물론 우리는 다들 생각이 비슷하지요." 그러나 언윈은
채 두 주도 못 되어 루이스의 원고에 대한 한 독자의 부정적 서평을
보내면서 톨킨의 견해를 물었다. 톨킨은 편지를 받자마자 그 서평
에 동의할 수 없는 이유를 자세히 밝히면서 이렇게 썼다. "저는 원
본 원고로 그 이야기를 직접 읽었습니다. 그리고 그 작품에 매료된
나머지 책을 다 읽을 때까지 아무것도 할 수 없었습니다." 루이스는
원고에 대한 톨킨의 다양한 비판을 그가 만족할 만큼 반영했고 톨
킨은 이런 찬사까지 보냈다. "언어 창조와 문헌학적으로 볼 때 이
작품은 그냥 좋은 정도가 아닙니다."[13] 그럼에도 불구하고 언윈은
그 책이 자신의 출판사에 적합하지 않다고 판단하고 보들리 헤드
출판사의 존 레인에게 넘겼다. 그 책은 그 다음해인 1938년에 출간
되었고 성공을 거두었다. 1942년 《스크루테이프의 편지》가 출간되
고 1941년, 1942년, 그리고 1944년의 전시(戰時 : 2차 대전)에 루이
스가 맡은 방송 시리즈가 인기를 끌자 《침묵의 행성에서》는 더욱
유명세를 탔다. L. P. 하틀리는 《일일 스케치》에서 "이 독창적이고
흥미롭고 훌륭한 판타지를 적극 추천한다"고 흥분했는데, 그것은
많은 독자들의 반응을 대변한 것이었다.

톨킨이 1937년 12월 19일 스탠리 언윈에게 알렸던 새로운 호빗
이야기의 최초 원고 첫 장은 이렇게 시작된다.

배긴스 가문의 벙고의 아들 빌보가 70번째 생일의 자축연을 준비하

는 동안, 하루 이틀 정도 이웃들 사이에선 옛날 한동안 그를 호빗골
과 강변마을에서 유명인으로 만들었던 사건에 대한 이야기가 오갔
다. 내용인즉 그가 어느 해 4월 30일 아침식사 후 사라졌다가 그 다
음해 6월 22일 점심시간에 다시 나타났다는 것이었다. 그 이상한 실
종 기간에 무슨 일이 있었는지 그는 절대 말해 주지 않았고 그 일에
대해 말도 안 되는 기록을 남겼다…….[14]

1938년 3월 4일, 톨킨은 언윈에게 《호빗》의 속편이 3장 끝부분
에 이르렀고 흑기사들이 갑자기 나타나 이야기 전체가 확 달라졌다
고 알려 주었다. 그는 이 이야기가 나름의 생명력을 갖추는 것 같다
며 흑기사들의 등장으로 전체 줄거리가 뜻밖의 방향으로 흘러간다
고 말했다. 그때까지 톨킨은 속편을 또 다른 어린이 책으로 생각하
고 있었을 수도 있다. 흑기사들은 더욱 어두운 두려움을 나타냈고
그것은 책의 분위기를 완전히 바꿔 놓을 만한 것이었다. 그 무렵 톨
킨은 샤이어의 대략적인 지도를 그려 자신이 창조해 낸 세계의 세
부적인 부분을 채워 넣었다. 작품이 진행되어도 이 지도는 본질적
으로 바뀌지 않았고 작품은 지리와 역사의 일관성을 점점 더 강조
했다. 그것은 〈실마릴리온〉의 이야기들을 연상시키는데, 톨킨은
'새로운 호빗', 즉 《반지의 제왕》을 쓰느라 그 작품은 손을 놓고 있
었다.

〈잃어버린 길〉이 아니라 이 새로운 작품이 톨킨의 불후의 '시간
여행' 이야기, 시간의 본질을 탐색한 비할 데 없는 작품이 되었다.
과거로 돌아가는 분명한 시간 여행 장치는 없지만, 그는 북유럽의
역사와 배경의 일부를 가지고 가운데땅의 환상을 창조할 수 있었

다. 상상의 역사임에도 불구하고 새로 발견된 듯한 느낌을 주는 이 고대 역사에는 오늘날의 독자가 실제 역사를 대하듯 자신의 일부로 삼게 되는 친숙함이 있다. 우리는 그 이야기를 읽으면서 시간 여행을 한다. 친숙한 용어로 표현하자면 우리는 사람들이 "긴 도로를 걸어가듯" 시간 속을 거닐고, "산 위에서 세상을 보거나" "살아 있는 지도처럼 펼쳐진 땅"을 비행기에서 내려다보듯 시간을 관찰한다. 우리는 "오래되어 잊혀진 땅의 형세"를 보며 고대인들이 걸어가는 모습을 응시한다. 때로는 "대서양 연안, 오래 전에 멸망한 나라들에서 지금은 잊혀진 계통의 언어들이 들리던 시절로 돌아가 그들이 사용하는 언어"를 듣는다.[15]

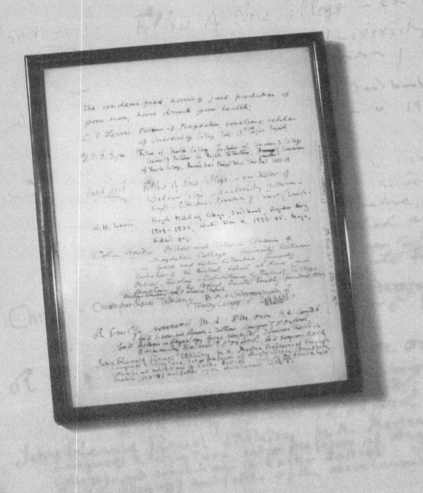

'독수리와 아이' 카페의 래빗룸 벽에 걸려 있는
잉클링즈 회원의 자필 서명과 자기 소개.
맨 위에서부터 C. S. 루이스, 휴고 다이슨, 데이빗 세실,
워렌 루이스, 콜린 하디, 크리스토퍼 톨킨,
로버트 엠린 하버드, J. R. R. 톨킨.

8. 2차 세계대전과 그 후

윌리엄스가 옥스퍼드로 오다 1939-1949

평소엔 조용하던 인근 숲에서 아이들이 소리치고 웃는 소리가 들려온다. "무슨 소리지?" 루이스는 자동차 문을 닫으며 의아해한다. 딴생각을 하며 오던 그는 아이들 소리에 깜짝 놀란 것이다. 그는 시내의 카페 '독수리와 아이'에서 톨킨과 함께 즐거운 두어 시간을 보낸 후 차를 얻어 타고 방금 도착했다. 가을 학기가 시작되려면 아직 한 달이 남았다. 전운이 감돌고 있어 톨킨은 시드머스에서의 가족 휴가를 취소해야 했는데, 덕분에 그에겐 예년에 없던 여유가 생겼다. 올해 그는 몸이 꽤 아팠고 《반지의 제왕》의 일부를 놓고 씨름하고 있었다. 그는 이야기 중 일부에 중요한 변화를 줄 필요가 있다고 루이스에게 말했다. 그는 몇몇 등장인물의 이름도 바꾸고 있었다. 그중 하나로 빙고는 빌보 배긴스가 된다. 잉클링즈가 가을에 다시 모이면 회원들에게 몇 장을 더 읽어 줄 수 있을 것이다.

"피난 온 아이들이 도착했어요. 아까 아이들을 역에서 데려왔어요." 모린이 루이스의 놀란 얼굴을 보고 미소를 지으며 설명한다. 그녀는 이제 30대 초반이고 차가 필요한 일들을 자주 맡는다. 무어 부인은 킬른스를 거의 떠나지 않는다.

때는 1939년 9월초, 독일과의 전쟁이 불가피하다. 모두 키득거리는 소녀들인 피난민들이 무어 부인의 보살핌을 받도록 킬른스에 할당되었다. 서둘러 전국 각지로 보내진 150만의 아이들이 다 그렇듯, 아이들은 어깨 끈이 달린 큰 상자에 방독면, 여벌의 옷가지, 칫솔, 빗, 손수건, 그리고 여행 당일에 먹을 음식 등 약간의 짐만 가져왔다. 일부 아이들은 머리에 이도 옮아 왔지만 오늘 루이스의 집에 도착한 소녀들은 그렇지 않다. 차 마시는 시간에 아이들은 루이스와 무어 부인에게 자기들이 런던의 워털루를 출발해 옥스퍼드 역에 도착했을 때 숙사를 할당하는 장교들에 이어 모린이 어떻게 맞아 주었는지 앞 다투어 이야기했다.

그때까지 아이들을 겪어 본 적이 없었던 루이스는 즉시 그들에게 호감을 느낀다. 그날 밤 그는 전쟁 준비의 일환으로 현역 복무로 복귀한 워렌에게 편지를 쓰며 피난 온 아이들이 "아주 착하고 진실해 보이며, 새로운 환경이 더없이 맘에 드는 모양"이라고 했다. 그러면서 그는 아이들이 동물을 좋아한다고 덧붙였다. 그것은 아이들에게나 킬른스 식구들에게나 좋은 일이었다.

◎◍◎

대부분 도심에서 피난 온 아이들은 시골에서 살아 본 경험이 거의 또는 전혀 없었다. 킬른스에 온 아이들도 다르지 않았다. 루이스, 워렌, 무어 부인 그리고 모린이 이주한 후로 몇 년 만에 킬른스의 외관은 작은 농장과 비슷하게 되었는데 전쟁이 진행되면서부터는 더욱 그랬다. 피란 온 아이들은 줄지어 다니며 넓은 땅에 있는 나지막한 벽돌집, 테니스 코트, 사과 과수원, 먼 숲에 있는 연못과 많은 암탉들을 보았다. 달걀은 매일 식탁에 올랐다. 킬른스엔 청소해야 할 닭장과 토끼장도 있었다.

넓은 정원은 잡일을 하는 프레드 팩스퍼드가 관리했다. 그는 루이스의 나니아 시리즈 중 《은의자》(1953)에 나오는 우울한 퍼들글럼의 모델이다. 그는 뜰에 있는 나무 방갈로에 살았는데 아주 멀리서도 그의 찬송 소리를 들을 수 있었다. '민토'가 그에게 요리를 가르쳤는데 그가 음식을 내놓을 때면 "때 저물어 날 이미 어두니"를 흥얼거리던 탓에 접시가 덜그럭거렸다. 루이스의 집에 머물렀던 소녀 중 한 명인 패트리셔 보셀은 오랜 세월이 지난 후 루이스와 처음 만났을 때를 이렇게 회상했다. "그분은 초라한 옷을 입고 있었는데 풍채가 좋았어요. 나는 그를 정원사로 알고 그렇게 불렀지요. 그랬더니 그가 큰소리로, 아니 우렁차게 웃음을 터뜨리더군요."

아이들은 민토를 잘 따랐다. 당시 그녀는 60대 후반이었고 몸도 약해져 있었지만 아이들에게 친절했다. 아이들은 그녀가 늘 담배를 달고 살았고 아랫입술로 담뱃재를 뿌려 댔지만 그녀를 싫어하지 않았다. 물론 그 담뱃재가 가끔 자기들 음식에 떨어지는 건 좋아하지 않았지만 말이다. 아이들 모두 민토가 루이스를 지나치게 싸고돈다는 것을 눈치 챘다. 루이스는 민토의 관심사 한가운데에 있었다. 그녀의 삶은 루이스를 축으로 돌아갔다. 또 다른 피난민 질 '준' 플루에트(루이스는 '쥔'이라고 발음했다)는 이렇게 말했다. "집안일, 요리,

식사 등 민토가 하는 모든 일은 잭을 행복하고 편안하게 해 주기 위한 것이었어요. 집안 전체가 잭을 보살펴야 한다는 전제 아래에서 움직였고 와니는 그냥 분위기를 따라갔죠."

이 시기에 사회복지부에서 킬른스에 할당한 한 젊은이는 심각한 학습장애를 겪고 있었다. 루이스는 거의 두 달 동안 매일 밤 그에게 읽기를 가르쳤다. 루이스는 예를 들어 설명하는 데 탁월한 재능이 있었고, 그림을 그리고 문자 카드를 만들어 수업에 활용했다. 정신 연령이 여덟 살 정도였던 그 청년은 이런 간단한 수업조차 어려워했지만 루이스는 포기하지 않았다.[1]

피난 온 소녀들은 루이스에게 깊은 인상을 남겼다. 첫 번째 아이들이 도착하고 얼마 후 그는 이야기를 하나 쓰기 시작하다가 포기했다.

> 이 책의 주인공은 앤, 마틴, 로즈와 피터라는 네 아이다. 그중 가장 나이 어린 피터가 중심이다. 군인인 아이들의 아버지는 전쟁에 나갔고 어머니는 전시 노역을 해야 했기 때문에 아이들은 공습을 피해 갑작스럽게 런던을 벗어나야 했다. 아이들은 어머니의 먼 친척, 시골에서 혼자 사는 아주 나이 많은 교수 댁으로 보내진다.[2]

루이스는 10년 후인 1949년 그 이야기를 다시 시작했고, 그것이 나니아 나라 이야기의 첫 번째 책 《사자와 마녀와 옷장》이 되었다. 그 책에서 피난 온 아이들은 낡은 옷장을 통해 다른 세계, 마법의 세계로 들어간다.

톨킨의 가족들은 전시에 배급되는 부족한 식량을 보충하기 위해 정원의 테니스 코트를 채소밭으로 바꾸고 닭을 길렀다. 가족은 에디스의 대형 라디오 주위에 모여 BBC 방송의 뉴스 속보에 귀를 곤두세웠다. 그들은 독일에서 선동 방송을 하는 '호호 경', 즉 반역자 윌리엄 조이스의 비음 섞인 거북한 목소리도 불쾌하지만 들었다. 프리실라 톨킨은 위층에서 들려오는 아버지의 무겁고 오래된 해먼드 타자기 소리에 익숙해졌다. 그것은 톨킨이 《반지의 제왕》의 초고들을 열심히 치는 소리였다.

옥스퍼드 대학 이그재미네이션 홀은 육군 병원으로 바뀌었다. 당시 톨킨이 속한 펨브로크 칼리지의 일부는 육군과 농림부가 징발해서 쓰고 있었다. 어느 날 점심시간에 톨킨은 낄낄 웃으며 가족들에게 칼리지 수위실에 이런 공고가 붙었다고 말했다. "해충은 1층."

피난민들 속에는 샌드위치와 방독면을 챙긴 아이들만 있는 게 아니었다. 1939년 9월 3일, 영국이 독일에 선전포고를 하고 얼마 후 옥스퍼드 대학 출판부의 런던 사무실 직원 15명이 옥스퍼드로 왔는데, 그중에 찰스 윌리엄스가 있었다. 그의 53세 생일이 두 주 남은 때였다. 그는 도심 부근 사우스파크 로에 있는 스폴딩 교수의 집을 숙사로 할당 받았다. 윌리엄스는 그 가정에 잘 적응했는데 그 집에는 교수와 부인, 그들의 두 딸, 그리고 윌리엄스의 옥스퍼드 대학 출판부 동료인 시인 제라드 맨리 홉킨스의 조카 게리 홉킨스가 살았다. 윌리엄스는 체질적으로 손이 떨렸지만 식사 시간에 모든 사람을 위해 빵을 잘랐고, 창문을 열어 집 안을 환기시켰고, 설거지 후에는 행주로 식기의 물기를 닦았다. 루이스와 윌리엄스의 우정은 1936년의 편지 교환 이후로 점점 견고해졌고 두 사람은 크리스텐덤 그룹이라는 모임에서 자리를 같이 했다. 기독교 신앙의 사회적 의미를 탐구하는 이 두뇌 집단의 다른 회원으로는 휴고 다이슨, T. S. 엘리엇, 그리고 저명한 신학자 E. L. 매스콜과 도널드 매키넌 등이 있었다.

얼마 후 윌리엄스는 루이스, 톨킨과 정기적으로 만나고 잉클링즈에도 참여하게 되었다. 윌리엄스는 런던 동부 억양이 강했는데 대개 사립학교 교육을 받은 학자들의 귀에는 그것이 생소했다. E. L. 매스콜은 윌리엄스를 이렇게 기억했다. "윌리엄스는 외모로 관심을 끄는 타입은 아니었지만 그의 명랑한 얼굴 표정을 보고 나면 생각이 달라진다. 그는 키가 작은 편에 속했고 다소 두꺼운 안경을 쓰고 있었다. 윌리엄스는 얘기 도중 잘 흥분했고, 달변을 통해 내면의 엄청난 에너지와 열정을 표출하고 또 주위에 전염시켰다. 그는 대체로 독학을 했지만 지적인 깊이가 있었고 신앙적으로도 정말 순수한 사람이었다."[3]

출판사에 다니는 친구인 시인 앤 리들러는 윌리엄의 진수를 이렇게 포착했다. "윌리엄스의 세계에는 명확한 논리와 더불어 우리의 정의와는 다른, 무시무시하지만 사랑과 결합된 정의가 있다." 이것은 하나님의 "굽힐 수 없는 사랑"에 대한 조지 맥도널드의 견해를 반영한 것이다. 앤 리들러가 볼 때 "윌리엄스라는 사람은…… 그의 저작을 다 합친 것보다 훨씬 컸다." 특히 T. S. 엘리엇은 찰스 윌리엄스를 높이 평가했다. 그는 전후 어느 방송 강연에서 이렇게 말했다. "누군가의 중요성을 평가할 때는 그의 저작 한 권이나 몇 권의 명작이 아니라 저작 전체를 고려해야 합니다. 찰스는 비범한 천재성의 소유자였고 나는 그의 저작을 중요하게 여깁니다. 그러나 그 중요성이 어떤 것인지는 설명하기가 쉽지 않습니다."[4]

윌리엄스는 1886년 9월 20일, 런던의 이즐링턴에서 태어났다. 그의 아버지는 런던에서 수입회사를 다니며 프랑스와 독일 통신 담당으로 일하다가 시력이 나빠져서 가족들을 데리고 도시를 벗어나 하트퍼드셔의 세인트올번스로 이주했다. 그곳에서 그들은 화방(畵房)을 열었다. 재능 있던 소년은 세인트올번스 문법학교의 주 의회 장학금을 받았다. 그 후 런던의 유니버시티 칼리지에 입학했고 열다섯 살에 공부를 시작했다. 그러나 불행히도 가족은 학비를 계속 대 줄 형편이 못 되었고 윌리엄스는 학업을 중단할 수밖에 없었다. 그는 런던의 한 감리교 서점에 일자리를 구했다.

그러던 그는 옥스퍼드 대학 출판부 런던 사무실의 한 편집자와 만나면서 운이 트였다. 그 편집자는 새커리(Thackeray) 전집의 교정쇄 작업을 도와줄 사람을 찾고 있었던 것이다. 윌리엄스는 죽을 때까지 옥스퍼드 대학 출판부에 머물면서 독특한 분위기를 만들어 냈는데, 함께 일했던 동료들, 특히 여성 동료들이 애정을 담아 그 시절을 회상했다. 그는 결혼을 했고 제1차 세계대전 참전 부적격 판정을 받았는데, 가장 절친한 친구 둘을 참호에서 잃었다.

그리고 윌리엄스는 이후 거의 습관으로 정착이 될 일을 시작했다. 런던 주 의회가 주최하는 성인 대상 야간 문학 강좌를 맡았던 것이다. 그가 이후에도 꾸준히 그 강좌를 맡은 이유는 부족한 수입을 보충하기 위해서였다. 나중에 그는 같은 이유로 7권짜리 초자연적 스릴러 시리즈를 썼다. 그 시리즈 중 하나가 루이스의 관심을 끌고 두 사람 사이의 우정을 낳은 《사자가 있는 곳》이었다.

월리엄스의 사상과 저술의 중심에는 친구 루이스와 톨킨처럼 이성, 낭만주의, 기독교라는 세 가지 테마가 있었다. 그는 루이스처럼 국교도(성공회 신도)였지만 루이스는 상대적으로 '저교회파'(간소한 예배를 선호)였던 반면 월리엄스는 국교회 가톨릭파(혹은 '고교회파')였기에 로마가톨릭과의 유사성이 더 많았다. 낭만주의에 대한 그의 관심은 상징(예를 들면 인간의 사랑은 그에게 하나님의 사랑을 암시했다)에 대해 문학적으로 사용하는 것으로 드러난다. 그는 낭만적 사랑뿐 아니라 우정과 애정 같은 다른 형태의 사랑의 경험과 인간의 사랑이 갖는 신학적 함의에 관심을 가졌다. 이성관(理性觀)에 대해 말하자면, 그는 이성적 추상을 실재와 동일시하길 거부했고 키르케고르의 저작을 영국 독자들에게 소개하는 일을 도왔다. 그러나 성실성과 영적 건강을 유지하려면 인격 전체가 이성의 규제를 받아야 한다는 생각은 아주 분명했다. 월리엄스는 추상적인 것과 감각적인 것, 지성과 감정, 이성과 상상력 사이의 균형을 끊임없이 추구했다. 그는 루이스가 말한 〈세계 지도〉의 곧은 간선도로를 걸어가려 애썼다.

월리엄스가 첫 번째 소설 《천국의 전쟁》을 출간한 1930년, 그는 40대 초반이었다. 그는 톨킨보다 다섯 살, 루이스보다는 거의 열두 살이나 많았다. 《천국의 전쟁》 이전에 그는 다섯 권의 얇은 책을 냈는데, 그중 넷은 시집이었고 하나는 희곡이었다. 그의 중요한 저작은 소설로 시작된다. 1930년 이후 그는 생애의 마지막 15년 동안 주목할 만한 저작들을 속속 내놓는다. 1930년부터 갑자기 죽음을 맞이한 1945년까지 스물여덟 권의 책(1년에 두 권 꼴)과 많은 기고문, 평론이 출간되었다. 사상가와 저술가로서 한껏 성숙해진 이 시기의 말년, 즉 1939년부터 1945년까지 그는 전쟁으로 인해 옥스퍼드에서 보냈다. 그 기간 동안 윌리엄스는 옥스퍼드 대학 출판부에서 편집 일을 하면서 대학에서 강의와 개별지도를 했고(루이스의 주선으로), 루이스, 톨킨, 잉클링즈 회원들과 계속 만났다. 주말에는 윌리엄스가 피난 간 동안 집을 보살피는 아내 마이클[5]이 있는, 그가 사랑하는 도시 런던으로 돌아가 시간을 보내곤 했다.

소설, 시, 희곡, 신학, 교회사, 전기와 문학비평까지 아우르는 찰스 윌리엄스의 저술은 그의 영향을 받은 루이스의 저작에 비춰 볼 때 좀더 이해하기 쉬워진다. 루이스의 책 《그 가공할 힘》, 《천국과 지옥의 이혼》, 《우리가 얼굴을 가질 때까지》, 《네 가지 사랑》에는 윌리엄스에게서 영감을 받은 요소들이 많이 있다. 루이스는 윌리엄스의 소설 《사자가 있는 곳》과 아서 왕 계통의 시(《탈리에신》을 포함한)에 특히 많은 영향을 받았다.

윌리엄스는 옥스퍼드로 이주하고 잉클링즈에 가입하면서 루이스에게 이렇듯 오랫동안 깊은 영향을 끼칠 수 있게 되었다. 나중에 톨킨은 루이스가 윌리엄스의 '마법'에 걸려 있었다고 묘사했고 그것을 좋게만 생각하지 않았다. 그는 루이스의 감수성이 너무 예민하다고 생각했던 것이다. 톨킨은 신비학에 대한 윌리엄스의 지나친 관심을 염두에 두고 잉클링즈를 루이스의 '마녀 집회'라고 불렀다. 윌리엄스의 그런 취향은 톨킨을 불편하게 만들었다. 그러나 당시 톨킨은 윌리엄스와의 우정을 통해 많은 것을 얻었고 또 다른 잉클링즈 회원 다이슨의 냉랭한 반응과는 정반대로 《반지의 제왕》의 새로운 에피소드들을 주의 깊게 경청해 주는 윌리엄스의 태도에 깊이 감사했다. 톨킨은 아들 크리스토퍼에게 보낸 편지에 이렇게 썼다. "원고를 모두 읽고 있는 C. 윌리엄스는 이야기의 중심이 투쟁과 전쟁과 영웅주의가 아니라(물론 그것들이 나타나고 묘사되고 있지만) 자유, 평화, 평범한 삶, 선한 생활인 것이 훌륭하다고 말하는구나."

톨킨 또한 윌리엄스의 작품을 주의 깊게 경청하곤 했지만, 때로는 그의 작품이 이해하기 어렵다고 토로했다. 루이스는 윌리엄스가 톨킨의 취향에 잘 맞는 작품, 아서 왕 전설에 대한 미완성 연구서 《아서 왕의 모습》의 일부를 읽었던 때를 이렇게 묘사했다.

> 볕이 좋은 어느 월요일 오전 10시경, 북쪽으로 난 창문으로 방학 중인 모들린 칼리지의 '작은 숲'이 내다보이는 2층 거실에 앉아 있다고 상상해 보라. 톨킨 교수와 나는 둘 다 체스터필드 궐련을 물고 담뱃불을 붙이고는 다리를 뻗었다. 우리 맞은편 안락의자에 앉은 윌리엄스는 담배를 벽난로 속에 던져 넣고는 습관적으로 늘 가지고 다니며 글을 쓰는 작고 흐트러진 종이 더미—메모용 싸구려 종이철에서 나온 듯한—를 꺼내 읽기 시작했다……[6]

'험프리' 하버드 박사는 오랫동안 해군에 복무하느라 친구들을 떠나 있었지만 전쟁 기간 동안에도 잉클링즈 모임에 자주 참석했다. 하버드는 평소처럼 빈틈없는 관찰자로 애정을 담아 윌리엄스를 회상했고 그의 매력과 유머 감각에 찬사를 보냈다. "그는 언제나 웃음이 가득했고 어떤 농담이 진행되건 끼어들 준비가 되어 있었다.

그는 양팔을 뒤로 하고 천장을 바라보며 기쁨의 웃음을 터뜨렸다. 그러나 그의 작품을 읽을 차례가 되면 나는 한마디도 이해할 수 없었다."

그는 루이스를 제외하고는 모임의 다른 참석자들도 같은 의견이라고 생각했다. 그러나 윌리엄스의 가장 열렬한 팬인 루이스조차 그의 글이 모호하다고 항변했고 한 번은 이렇게 말했다. "찰스, 정말 구제불능이시군요." 하버드는 톨킨이 윌리엄스 소설의 구성상 특징을 "신비학에 대한 섣부른 관심"이라 부르며 유보 입장을 표했다고 회상한다. 예를 들면 그의 소설 《무너진 탑》에서는 타로카드(점을 치거나 카드 게임을 할 때 사용하는 카드 세트―옮긴이)가 이야기의 중심을 이룬다. 하버드는 톨킨의 이러한 유보적 입장이 루이스와 톨킨의 우정에 부담으로 작용했다고 말했다. "루이스는 윌리엄스에게 매료되었는데 그럴 법도 했다. 그에게는 아주 특별한 매력이 있었다. 그와 함께 있으면서 그에게 끌리지 않을 순 없었다."[7]

⌾◍⌾

톨킨과 루이스 모두 나이가 너무 많이 들어 전쟁에 불려나가지 않았고 또래의 많은 사람들처럼 '아빠 부대', 즉 국토방위군의 일원으로 다양한 임무를 수행했다. 많은 밤, 그들은 순찰을 돌면서 밤하늘의 변화를 관찰했다. 구름 낀 날이나 별이 빛나는 날도 예외는 아니었다. 1940년 어느 맑은 밤, 근무를 서던 톨킨은 북쪽 지평선 너머로 강하고 이상한 빛이 점점 퍼져 가는 것을 보았다. 다음날 그는 그것이 코번트리가 불타는 장면이었음을 알게 되었다. 옥스퍼드는 공습을 면했다. 1942년 내내 톨킨은 달과 일몰의 양상에 특별한 관심을 기울였다. 그리고 바로 그해 그는 꼼꼼한 관찰을 바탕으로 반지원정대의 여정 동안의 달과 일몰의 움직임을 묘사했다.

전쟁은 톨킨 가족에게 큰 영향을 끼쳤다. 첫째, 큰아들 존이 사제가 되기 위해 훈련차 1939년 11월 로마로 떠났다. 그때까지 이탈리아는 히틀러와 협력하지 않았지만 존이 영국으로 돌아와야 한다는게 금세 분명해졌다. 존은 프랑스에서 들어오는 여정이 점점 더 위험해지던 시점에 영국으로 돌아왔고 소속 칼리지를 따라 처음에는 잉글랜드 북서부 호수 지방으로 갔다가 랭커셔의 스토니허스트로 옮겼다. (한번은 톨킨이 스토니허스트 칼리지를 방문했는데, 그와 에디스는 칼리지의 작은 숙소에 묵었다. 톨킨은 그 작은 집을 토대로 콩밭까지 완비된 톰 봄바딜의 오두막을 솜씨 좋게 스케치했다.) 그 다음으로는 마이클이 전쟁의 영향을 받았다. 그는 전쟁 초기에 입대했고 대공포 사수가 되었다. 그리고 '영국 공습'(1940년 6월부터 이듬해 4월까지 독일 공군이 영국을 요격한 일련의 공격. 영국 공군이 성공적으로 막아 내자 히틀러는 영국 상륙을 포기했다—옮긴이) 기간 동안 비행장을 지켜 낸 공로로 명예로운 조지 훈장을 받았다. 1944년 그는 의병 제대를 해서 옥스퍼드에서 학업을 재개했다. 크리스토퍼는 1942년 공군에 입대하여 남아프리카공화국에서 전투기 조종사 훈련을 받게 되었다. 톨킨은 남아공에 가 있던 크리스토퍼에게 장문의 편지들을 보내 《반지의 제왕》의 진행 상황을 알려 주고 루이스, 윌리엄스, 그리고 잉클링즈 회원들과의 만남을 간단히 소개했다. 크리스토퍼는 형제들 중에서도 《반지의 제왕》의 시작에서부터 이야기의 창조 과정에 누구보다 깊이 개입했고 1943년에는 아버지를 위해 연필과 색

분필로 크고 정교한 가운데땅 지도를 그렸다. 그 지도의 토대가 된 것은, 간단하지만 정확한 톨킨의 지도들이었다. 이 지도들은 1938년에 스케치한 샤이어 지도 원본에서 나온 것이었다. 크리스토퍼는 아버지와 특히 잘 맞았는데, 그것이 톨킨의 미완성 이야기 〈잃어버린 길〉에 나오는 부자 관계들에 반영되었을 수도 있다. 아버지와의 교감 덕분에 크리스토퍼는 톨킨이 남기고 떠난 〈실마릴리온〉의 수많은 초고들을 풀어 내고 이해할 수 있었다.

톨킨 집안의 중요한 가정사는 1941년 열린 톨킨과 에디스의 은혼식이었다. 전쟁으로 인한 물자 제한으로 식은 간소하게 치러졌다. 자녀 중에서는 아직 집에서 살던 막내 프리실라만 참석할 수 있었지만 하객 중에는 다이슨과 루이스가 있었다. 에디스는 정원에서 기른 채소와 암탉이 낳은 달걀로 부족한 배급 식량을 보충하면서 가사를 꾸려나갔다.

전쟁이 발발하고 학생 수도 부족했지만 대학 당국은 가능한 한 정상적으로 학교를 운영하려 애썼다. 톨킨과 루이스는 계속해서 강의를 했다. 톨킨은 대학원생들을 지도했고 루이스는 모들린 칼리지의 학부생들에게 아침과 초저녁에 개별지도를 했다. 윌리엄스는 시에 대한 폭넓은 지식으로 영문학과 강의에 참여했는데 그의 강의는 학생들에게 무척 인기가 좋았다. 그가 밀턴의 《코머스》에 나타난 동정(童貞)을 주제로 강의해 학생들을 놀라게 하자, 다이슨은 윌리엄스가 철저한 '동정남'이 될 위험에 처했다고 비꼬았다. 1943년, 우연히도 톨킨과 윌리엄스가 같은 시간에 강의를 한 일이 있었다. 《햄릿》에 대한 윌리엄스의 강의가 열린 강당은 학생들로 가득 찼는데, 톨킨의 학생들은 그를 버려 두고 거의 다 윌리엄스의 강의를 들으러 갔다. 앵글로색슨어 강의에 남은 유일한 학생도 강의를 적기 위해 자리를 지켰던 것뿐이었다. 그래서 톨킨은 한 명의 학생에게 강의하는 처지가 되었다. 그 후 톨킨은 열정이 넘치는 윌리엄스와 한 잔 하는 대범한 모습을 보여 주었다.

길고 지긋지긋한 전쟁 기간 동안 《반지의 제왕》 집필은 때때로 중단되었다. 그런 시기에 대단히 개인적인 이야기가 한편 탄생했다. 톨킨답지 않게 그 작품은 알레고리였다. 그 책 《니글이 그린 나뭇잎》은 연옥 이야기이다. 어쩌면 단테의 《신곡》 중 〈연옥편〉에 매료된 윌리엄스의 영향을 받은 것인지도 모른다. 윌리엄스의 소설 《지옥강하》(1937)는, 둘 다 전쟁 기간에 쓰인 루이스의 《천국과 지옥의 이혼》과 윌리엄스 자신의 《모든 성인의 대축일 전날》처럼 연옥을 테마로 했다.

《니글이 그린 나뭇잎》은 1945년 1월 〈더블린 리뷰〉에 실렸는데 집필 시기는 그보다 좀더 이르다. 몸집이 작은 화가 니글은 자신이 언젠가 여행을 떠나야 한다는 것을 알았다. 다리를 저는 이웃 사람 패리쉬 씨의 부탁을 비롯해 많은 일들이 그의 작업을 방해한다. 니글은 마음이 상냥하고 다소 게으른 사람이다.

니글이 특히 마무리하고 싶은 그림이 하나 있었다. 그 그림은 바람에 나부끼는 나뭇잎 하나에서 출발했다. 그런데 작품이 계속 커져서 마침내 나무가 되었다. 나뭇잎과 가지들의 틈 사이로 숲과 세계 전체가 보였다. 그림이 커지자 (더 작은 다른 그림들이 덧붙여지면서) 니글은 감자밭에 특별히 만든 작업장으로 그림을 옮겨야 했다.

그러다 니글은 패리쉬 씨를 위해 심부름을 하다 폭풍을 만나 흠뻑 젖은 후 그만 병에 걸리고 말았다. 그 후, 두려워하던 검사관이 방문해 여행을 떠나야 할 시간이 왔다고 말해 주었다. 기차를 타고 (1세기는 흐른 것 같았다) 도착한 첫 번째 목적지는 노역장이었다. 그는 그곳에서 여러 가지 허드렛일을 아주 열심히 했다. 그러던 어느 날 쉬라는 명령을 받은 그는 두 목소리가 자신을 놓고 토의하는 것을 엿들었다. 그중 하나는 자신을 변호하고 있었다. 그 목소리는 이제 좀더 부드럽게 대해야 할 때라고 말했다.

니글이 여행을 계속하도록 허가를 받고 올라탄 작은 열차가 그를 데려간 곳은 오래 전 그의 그림에서 묘사한 친숙한 세계와 그의 나무였다. 나무는 완성되어 있었다. 그는 소리쳤다. "이건 선물이야!" 그 다음 니글은 숲(그 뒤에는 높은 산맥이 있었다)으로 걸어갔다. 그는 여기서 마무리해야 할 정원 일이 있고 패리쉬 씨가 있다면 도움이 될 것임을 깨달았다. 그의 오랜 이웃은 식물과 땅과 나무에 대해 많은 것을 알고 있었기 때문이다. 니글이 그 사실을 깨닫는 순간 우연히 패리쉬를 만났고 두 사람은 함께 서둘러 일했다. 마침내 니글은 이제 산맥으로 들어갈 때가 되었다고 느꼈다. 패리쉬는 남아서 아내를 기다리고 싶어 했다. 그들이 함께 일했던 지역의 이름이 '니글 지역'이라는 말에 그들은 깜짝 놀랐다. 안내자는 니글이 가 보길 갈망했던 산맥으로 그를 인도했고, 그 후 더 이상 그의 소식을 들을 수 없었다.

오래 전, 니글과 패리쉬가 여행을 시작하기 전에 살았던 곳에서 가까운 읍내에 니글의 그림 일부분이 보존되어 '니글이 그린 나뭇잎'이라는 제목으로 읍내 미술관에 전시되었다. 휘날리는 나뭇잎 사이로 산꼭대기가 엿보이는 그림이었다. '니글 지역'은 휴가와 휴식과 요양을 위한 인기 있는 장소이자 산맥을 멋지게 소개하는 곳이 되었다.

톨킨의 짧은 이야기는 예술과 실재 사이의 연관성을 시사한다. 천국에도 예술가의 창조로 뭔가 기여할 여지가 있을 것이다. 톰 쉬피가 획기적인 연구서 《가운데땅으로 가는 길》에서 제시한 바에 따르면, 톨킨의 알레고리적 요소들을 다음과 같이 해석할 수 있다. 니글의 여행은 죽음을 뜻한다. 화가 니글은 까다로운 작가 톨킨을 상징한다. 나무가 아니라 나뭇잎을 그리는 니글의 모습은 톨킨의 완벽주의와 지엽적인 것에 대한 집착을 반영한다. 니글의 나뭇잎은 톨킨의 《호빗》 같은 게 아닐까. 만약 그렇다면, 니글의 나무는 《반지의 제왕》이나 〈실마릴리온〉의 거대한 작업과 닮았다는 결론이 나온다. 니글이 일함에 따라 차례로 열리는 나라는 가운데땅을 의미한다. 니글이 덧붙인 다른 그림들은 톨킨의 시, 번역, 다른 저작들로 해석될 수 있을 것이다. 니글이 방치한 정원은 교수로서 감당해야 할 톨킨의 의무를 뜻할 것이다. 패리쉬의 훌륭한 감자들은 '제대로 된' 일이고, 노역장은 연옥을 의미할 듯하다. 니글의 모습은 인간의 창의적 요소를 상징한다. 마찬가지로 패리쉬의 모습은 실용적 요소를 뜻한다. 니글이 가고자 한 산맥은 천국을 상징한다. 톨킨의 유머로 본다면 이야기 속의 감자는 학식을 나타내고 나무의 의미는 판타지인 것 같다. 톨킨의 저작에서 나무는 근본적인 그 무엇을 상징한다.

이러한 해석은 《니글이 그린 나뭇잎》이 지닌 자서전적 측면을 강조한다. 그러나 이 이야기는 예술가 일반에게도 똑같이 적용될 수 있다. 특히 니글의 작품이 미완성이라는 데 애절함이 있다. 이러한 무력함은 〈실마릴리온〉에 대한 톨킨의 작업에도 적용되는 사실이다. 그러나 그것이 고대의 타락으로 생겨난 인간의 상태의 일부임을 인식하자 그에게 희망이 생겼다. 《니글이 그린 나뭇잎》을 완성한 후, 톨킨은 루이스의 열렬한 격려에 힘입어 《반지의 제왕》 작업을 재개할 수 있었다.

⟨⊙⊺⊚⟩

전쟁 기간 동안 기독교 신앙의 주요한 대중 전달자로서 루이스의 지위는 확고해졌다. 미국 시사주간지 〈타임〉은 기자를 보내 옥스퍼드의 이 비범한 인물을 조사했다. 그 기자는 윌리엄스를 포함한 루이스의 친구들과 동료들 일부를 성실하게 인터뷰했지만 무어 부인과 루이스의 가정사에 얽힌 신비는 풀지 못했다. 그 기사는 1947년 9월에야 실렸는데, 그 무렵 루이스는 잡지 표지에 실릴 만큼 유명 인사가 되어 있었다. 이 기사는 채드 월쉬의 선구적 연구서 《회의자들의 사도 C. S. 루이스》(1949)와 함께 미국에서 루이스의 명성을 확고히 하는 데 도움이 되었다. 오늘까지도 그는 영국보다 미국에서 더 큰 인정을 받고 있다.

당시 루이스가 출간한 《고통의 문제》(1940)를 비롯한 대중 신학 서적들은 21세기 초에도 다양한 형태로 독자들의 많은 사랑을 받고 있다. 그의 인기는 1941년, 1942년, 1944년에 걸쳐 BBC 라디오에서 행한 네 차례의 연속 강연으로 굉장히 높아졌다. 그 강연에 기초한 책자들—《방송 강연》(1942), 《그리스도인의 행동》(1943), 《인격을 넘어서》(1944)—이 모여 결국 《순전한 기독교》라는 제목으로 출간되었다. 루이스의 강연은 솔직 명료하여 방송을 통한 초기 복음전도의 탁월한 사례가 되었다. 책의 내용은 다음과 같은 장별 제목에 잘 드러나 있다. "옳고 그름, 우주의 의미를 푸는 실마리", "그리스도인은 무엇을 믿는가?", "그리스도인의 행동", "인격을 넘어서, 또는 삼위일체를 이해하는 첫걸음."

BBC 방송은 1941년 루이스에게 대중 강연을 요청했는데, 당시는 전쟁으로 인해 사람들이 궁극적 문제들을 더 많이 생각하게 된 시기였다. 루이스는 라디오라는 매체와 런던 여행이 부담이 되었지만 의무감을 저버리지 않았다. 그도 톨킨처럼 점점 더 영국을 탈기독교 국가로 보았다. 루이스는 많은 사람들이 사실상 진정으로 믿어 본 적도 없으면서 기독교를 졸업한 것으로 확신한다고 생각했다. 첫 번째 강연 시리즈에 대한 그의 생각은 한 편지에 기록되어 있다. 그는 그 방송 강연이 복음전도라기보다는 예비 전도였다고 밝혔다. 강연의 목표는 현대인들에게 도덕률이 존재하고 우리가 그것을 어겼다는 사실을 납득시키는 것이었다. 우리는 도덕률이 실재한다는 사실로부터 법률 제정자의 존재를 추정할 수 있다. 적어도 가능성은 아주 높다. 루이스는 기독교의 속죄 교리가 이 암울한 분석에 더해지지 않는 한, 이 사실은 위안이 아니라 절망을 준다고 결론을 내렸다.[8]

톨킨은 루이스의 대중 신학자 노릇에 대해 아주 못마땅해했다. 톨킨은 가톨릭 신자답게 그런 역할은 전문 성직자가 맡아야 한다고 생각했다. 1956년에 캐슬린 패러에게 보낸 편지에서 톨킨은 그녀의 남편이자 탁월한 신학자인 오스틴 패러를 높이 평가하면서 자신의 친구에 대해서는 신랄하게 비판했다. 톨킨은 오스틴 패러가 복음을 전달하는 데 재능이 있다고 하면서, 패러 같은 진짜 신학자들이 일반인을 위한 신학 서적을 몇 년 전에만 쓰기 시작했더라도 루이스가 "세상을 어지럽히지 않았을 것"[9]이라고 말했다. 톨킨은 기독교 신앙에 푹 잠긴 창조적 예술가의 암시적 접근법에 매진했고 루이스의 직접적 접근법에 공감하지 않았다. 톨킨은 특히 예술 작품의 창조에는 세계의 진정한 본질이 필연적으로 반영됨을 믿었으며, '예술가는 하위 창조자'라는 개념을 모색했다. 따라서 톨킨은 루이스의 대중 신학은 불만스럽게 여겼지만 당시 그의 소설들—《천국과 지옥의 이혼》과 《페렐란드라》—에는 원칙적으로 찬성했고, 윌리엄스의 영향 때문에 망쳤다고 여기지만 않았다면 《그 가공할 힘》(1945)도 좋게 생각했을 것이다. 톨킨은 《스크루테이프의 편지》의 많은 부분들을 좋아했지만 그 책이 왜 자기에게 헌정되었는지는 어리둥절해했다. 당시 그의 편지들에는 《스크루테이프의 편지》에서 탐구한 개념들이 자주 등장한다. 그것은 그가 《반지의 제왕》 이야기의 일부를 풀어 나가면서 루이스의 공상과학 소설에 나오는 '흐나우'(hnau : 육체가 있는 인격체)의 개념을 활용한 것과 같다.

⊙⍟⊙

톨킨은 다음과 같은 새로운 이야기를 쓰기 시작했다. 1987년 6월 12일, 밤이 되자 거대한 폭풍이 잉글랜드의 중부와 남부에 휘몰아친다. 사람들의 기억에 남는 가장 강력한 폭풍이다. 가옥과 호텔이 무너지고 도로와 철로가 수천 그루의 나무로 막히고 콘월부터 잉글랜드 동부 지방까지 막대한 피해를 입는다. 거대한 폭풍이 시골과 도시를 모두 휩쓸며 공원과 숲과 삼림의 수많은 나무들을 쓰러뜨린다. 폭풍이 몰아치기 전의 조용하고 더운 날, 마음이 맞는 학자들의 클럽이 옥스퍼드 대학의 지저스 칼리지 피노-우그리아 어족 문헌학 교수인 마이클 레이머의 연구실에서 모임을 갖는다. 그들은 꿈, 글자, 구절을 계속 탐색하는데 그 결과 대서양 한복판의 섬나라를 삼켜 버린 고대의 재앙이 모습을 드러내기 시작한다. '노션 클럽'(Notion Club)이라 불린 그 모임은 루이스 생전에 그토록 오랫동안 만남을 이어 갔던 잉클링즈와 놀랄 만큼 유사하다.

＊＊＊

1946년 여름, 톨킨은 1987년대의 미래를 배경으로 한 거대한 폭풍과 문학 클럽에 대한 이야기를 잉클링즈 모임에서 읽고 있었다. 그런데 세기의 폭풍이 1987년 10월 15일에 실제로 영국을 덮쳤다. 톨킨의 이야기는 거대한 허리케인의 시기를 네 달 오차로 맞춰 낸 셈이니 주목할 만한 우연의 일치다.

《반지의 제왕》 집필은 3부작의 제2권 《두 개의 탑》이 끝나자 잠시 중단되었다. 톨킨은 루이스의 오래 전 제안을 떠올리며 시간 여행 이야기를 다시 시도했는데, 그는 그것을 〈노션 클럽 문서〉라고 불렀다. 톨킨은 잉클링즈에서 그 이야기의 일부를 여러 차례 읽었는데 나중에 워렌은 그중 하나를 일기장에 기록했다. 이 모임에서 톨킨은 소수의 잉클링즈 회원들과 아들 크리스토퍼, 그리고 루이스 형제에게 이야기를 읽어 주었다. 우선 루이스가 땅신령에 대한 파라셀수스의 견해를 다룬 시를 읽었고, 이어서 "톨러스"가 "노션 클럽 문서를 종결하고 마무리 짓는 장엄한 신화"를 읽었다. 그것은 누메노르의 멸망에 대한 신화였다. 신화의 초고에는 이런 부담 없는 표지가 붙어 있었다.

루이스를 넘어서
또는
수다스런 행성에서
1980년대의 어느 무렵에 어느 모방가가 만든
출처가 의심스러운 잉클링즈 전승의 일부.[10]

〈노션 클럽 문서〉는 완성되지 못했다. 1946년 7월, 톨킨은 그가 거래하는 출판업자 스탠리 언윈에게 보낸 편지에서 그 이야기의 소재는 〈잃어버린 길〉에서 썼던 것과 같지만 시간적인 구성과 배경이 전혀 다르다고 했다. 〈노션 클럽 문서〉에서 21세기에 발견된 문서들은, 거대한 폭풍의 해였던 1986년부터 1987년까지 옥스퍼드에서 진행된 노션 클럽의 대화 내용을 적어 놓은 의사록이다. 이 이야기와 연결된 사건이 그가 새롭게 각색한 아틀란티스 전설인 누메노르 이야기, 〈아나두네의 침몰〉이었다. 〈잃어버린 길〉은 톨킨과 아들 크리스토퍼와 비슷한 부자(父子)를 넌지시 묘사한 반면, 〈노션 클럽 문서〉에서는 어느 정도 잉클링즈를 이상화했다. 그러나 둘 중 어느 것도 직접적인 전기나 자서전은 아니다. 두 가지 모두 언어에 대단히 민감하여 잉클링즈 같은 모임에 잘 들어맞을 법한 사람들이 발견한 꿈과 이상한 단어들을 통해 잃어버린 세계 누메노르의 실마리를 발견하는 것이 이야기의 중심이 된다. 흥미롭게도 그들이 과거에 대해 얻는 통찰은 확고부동해 보이는 역사적 사실들만큼이나 객관적이다.[11] 이러한 사실성에 대한 분명한 사례가 20세기 후반 옥스퍼드에 덮친 거대한 폭풍이다. 그것은 오래 전 머나먼 누메노르에 닥쳤던 재난에서 생겨난 폭풍이다. 누메노르라는 세계, 구체적으로는 그 끔찍한 파멸이 1987년의 그 여름, 미래의 서양 세계에 침입한 것이다.[12] 이 일은 노션 클럽의 회원들이 잊혀진 언어들을 추적하고 그들이 꾸는 꿈들을 통해 먼 옛날을 조사하는 과정에서 시간의 고리가 연결되어 벌어지게 된다. 노션 클럽이 벌인 토론의 주제는 꿈의 중요성, 수면 상태를 통한 시간과 공간 여행 등이었다. 그들은 상상력을 발휘해 누메노르의 세계를 탐험했고 그로 인해 그 세계가 현실과 연결되었다.

자세한 내용을 알고 있는 크리스토퍼 톨킨—톨킨이 노션 클럽에 대한 이야기를 만들었을 당시 잉클링즈의 회원이었다—은 노션 클럽의 등장인물들과 잉클링즈 사이에 실제적인 관계가 없음을 보증했다. 그러나 실제 인물들을 암시하는 부분들이 있다. 예를 들면 하버드와 돌베어, 분주하고 지극히 활동적인 다이슨과 애리 로덤 사이의 유사성이 그렇다. 소설 속의 재미있는 캐릭터는 윌프레드 트레윈 제레미다. 그는 코퍼스 크리스티 칼리지의 영문과 특별연구원으로 도피주의를 전공했고 귀신 이야기, 시간 여행, 그리고 가상의 땅에 대해 광범위한 저술을 남겼다. 그는 C. S. 루이스 전문가이기도 해서 노션 클럽의 회원들에게 거의 잊혀진 루이스의 저작을 권한다! 톨킨을 연상시키는 등장인물은 이야기의 초고 중 하나에 등장하는 늙은 래쉬볼드(게르만식 이름 '톨킨'의 영어 번역어 : 톨킨Tolkien은 독일 이름 Tollkiehn의 영어식 표기인데, Tollkiehn과 동음이의어 tollkühn은 '무모한'의 뜻으로 이를 그대로 영어로 번역한 것 즉 무모한

rash+대담한bold=래쉬볼드Rashbold가 된 것이다―옮긴이)로 펨브로크 칼리지의 앵글로색슨어 교수이다.

소설 속 노션 클럽의 많은 회원수는 1946년 무렵 잉클링즈의 팽창을 반영한 것이다. 불과 5년 전에 루이스는 자신이 가르쳤던 학생이자 기독교와 힌두교의 대화를 적극 주창한 비드 그리피스에게 보낸 편지에서 《고통의 문제》를 잉클링즈 회원들에게 헌정한 이유를 설명했다. 거기서 루이스는 회원들을 차례로 소개했는데 찰스 윌리엄스, 휴고 다이슨, 그의 형 워렌(모두 국교도), 그리고 톨킨과 하버드(그리피스처럼 둘 다 가톨릭 신자)였다. 루이스가 잉클링즈 회원으로 나열하지는 않았지만, 애덤 폭스, 찰스 렌, 그리고 네빌 코그힐이 모임에 참석했고, 오언 바필드는 런던에서 벗어날 수 있을 때 가끔 얼굴을 비쳤다. 또 전시와 전후에는 톨킨의 아들 크리스토퍼 톨킨, 시인이자 소설가인 존 웨인(1925-1994), 아동문학 작가 로저 랜슬린 그린(1918-1987) 등 몇 명의 신입회원이 합류했다.

잉클링즈 모임은 전쟁 중에도 두 가지 형태로 계속 이어졌다. 문학 모임은 흔히 모들린 칼리지의 루이스 연구실에서 만났고, '독수리와 아이' 같은 카페에선 좀더 자유로운 모임이 있었다. 루이스는 이렇게 썼다. "내가 가장 행복한 시간은 낡은 옷을 입은 서너 명의 오랜 친구들과 함께 카페를 돌아다니며 시간을 보내거나, 누군가의 칼리지 연구실에 앉아 밤늦은 시간까지 맥주와 차를 마시고 담배를 피우며 농담을 하고 시와 신학과 형이상학을 논하는 것이다."

1939년, 루이스가 모임에 참석하지 못한 형에게 보낸 편지는 목요일 밤의 문학 모임이 어떤 것이었는지 짐작하게 해 준다. "목요일, 우리는 잉클링즈 모임을 가졌어. ……이스트게이트 호텔에서 저녁 식사를 했지. 내 평생 그렇게 활기찬 다이슨의 모습은 처음이었어. '우렁찬 농담의 폭포'랄까. 그 다음엔 톨킨이 새로운 호빗 책의 일부, 윌리엄스가 예수 탄생극(평소와 달리 이해할 수 있는 글이었고 모두의 찬사를 받았지), 그리고 내가 고통의 문제에 대한 책 한 장을 읽었어." 이때 톨킨이 읽은 부분은 《반지의 제왕》 1권에서 다시 쓴 부분이었을 것이다. 그는 특히 반지의 본질과 아라고른의 정체에 대해 중요한 변화를 꾀하고 있었다. 그 변화가 정확히 어떤 것이건, 악의 본질과 관련된 것이었음이 분명하다. 루이스가 나중에 편지에서 그날 저녁 강독의 주제는 "거의 논리적 귀결을 이루었다"고 말하는 걸 보면, 톨킨이 읽은 장은 이 주제를 다루었을 가능성이 높다. 윌리엄스의 희곡 《마구간 옆의 집》은 인간의 영혼을 꼬드겨 악에 빠뜨리려는 전투를 다루어 지옥의 관점을 효과적으로 제시했다. 두 알레고리적 캐릭터, 아름다운 여인의 모습을 한 '교만'과 그녀의 오빠 '지옥'이 인간의 가슴에서 값진 보물인 영혼을 꾀어내려 시도한다. 그들의 시도는 그날 밤을 보낼 숙소를 찾는 요셉과 마리아의 출현으로 인해 방해를 받는다.

잉클링즈의 문학 모임과 자유로운 모임은 계속 이어지다가 1949년 10월 목요일 저녁에 끝나고 만다. 그날, 워렌과 루이스가 모들린 칼리지 연구실에서 친구들을 기다렸으나 끝내 아무도 나타나지 않았다. 마실 것도 준비해 놓고 불도 지펴 놓았다. 그런데 '그냥' 아무도 나타나지 않았던 것이다. 이렇게 해서 강독 모임으로서 잉클링즈는 사실상 끝이 났다. 그러나 루이스가 죽는 해까지 친구들은 목요일마다 (때로는 월요일마다) '독수리와 아이'나 다른 카페에서 비공식적으로 계속 만났다.

존 웨인에 따르면 1945년, 찰스 윌리엄스가 갑자기 죽고 난 후(그 것은 잉클링즈에 고통스러운 타격이었다) 톨킨과 루이스가 다시 가장 적극적인 회원이 되었다고 한다. 웨인은 이렇게 쓴다. "C. S. 루이 스는 폭넓은 전선에서 방송 강연, 대중 신학 서적, 어린이 책, 로망 스와 논쟁적인 문학비평으로 [당대의 예술과 생활의 흐름 전체에 대한] 공격을 가했지만, 톨킨은 거대한 《반지의 제왕》 3부작 집필에 집중 했다. 톨킨이 이어지는 이야기를 읽을 때마다 반응은 뜨거웠다. '로 망스'는 이 모임 전체의 기둥이었기 때문이다."[13] 톨킨과 루이스(웨 인은 톨킨과 루이스를 잉클링즈 '모임의 문학적 수호신'이라 부른다)가 존 경하는 작가 중에는 조지 맥도널드, 윌리엄 모리스(선별적으로), E. R. 에디슨(두어 번 잉클링즈에 참석했다) 등이 있었다. 이 판타지 작가 들에겐 모두 뭔가를 만들어 냈다는 공통점이 있었다. 웨인에 따르 면 "루이스는 '빼어난 이야기의 창조'를 문학의 핵심 요소로 간주 했고, '로망스 작가'라 불릴 수 있는 사람이라면 스펜서부터 라이 더 해거드까지 어느 작가든 기회 있을 때마다 추천했다."

웨인은 자신이 잉클링즈에 참여한 기간(1944년이나 45년부터 1946 년까지) 동안 그 모임이 만들어 내는 '뜻밖의 연대'에 깜짝 놀랐다 고 말했다. 그는 이런 의외성의 비결이 루이스의 성격에 있다고 생 각했다. "루이스는…… 기본적으로 겸손한 사람이다. 그는 자신의 신념을 위해 오랫동안 맹렬하게 싸울 사람이지만, 승리의 영광을 혼자 누리거나 필요한 경우 비장한 패배를 당하기 위해 증원 병력 을 거부하는 자만심은 전혀 없다." '뜻밖의 연대'에는 도로시 L. 세 이어즈, 아동문학 작가 로저 랜슬린 그린, 시인 로이 캠벨이 포함되 었다. 웨인은 이렇게 결론을 내렸다. "그 기간 동안 루이스는 상당 부분 유격대 지도자 같은 마음을 갖고 있었다. 적—생기 없고, 믿지 않고, 냉소로 가득 차 눈이 가려진 현대 세계—에 맞서 전투를 벌일 사람은 악당을 제외하고 누구나 그의 형제가 될 수 있었다."

톨킨의 《서간집》을 보면 《반지의 제왕》을 힘겹게 써 나갈 당시 잉클링즈가 그에게 소중하고 꼭 필요한 격려를 제공했음이 분명하다. 이러한 격려는 슬프게도 1947년 봄 무렵 휴고 다이슨이 《반지의 제왕》 강독을 더 이상 원하지 않으면서 끝이 났다(그래도 톨킨은 다이슨이 없는 자리에서는 계속해서 읽어 나갔다). 전하는 말에 따르면, 다이슨은 계속해서 요정 이야기를 듣는 데 진력이 났다고 한다. 다이슨은 톨킨이 펼쳐 가는 대서사시에는 관심이 없고 공감하지도 않았음이 분명하다. 그 점에서 다이슨은 루이스, 윌리엄스와 다른 잉클링즈 회원들(예의를 지키느라 입을 다문 것이 아니라면)과 달랐다. 다이슨이 톨킨의 강독을 거부한 지 3년도 못 되어 잉클링즈의 문학 모임은 해체되고 말았다. 워렌 루이스는 일기에서 톨킨의 침묵에 대해 이렇게 기록하고 있다. "오늘 저녁 잉클링즈 모임에는 많은 이들이 참석했다. 참석자는 톨킨과 잭, 나와 험프리, 저버스와 휴고였다. 우리가 '[새로운] 호빗'을 읽기 시작하려는 순간 휴고가 들어왔다. 그는 그 작품에 대해 거부권을 행사—이는 더없이 부당한 일이다—하고 있으니 그만둘 수밖에 없었다."[14]

잉클링즈에서 《반지의 제왕》을 낭독할 기회를 잃은 톨킨은 집필을 끝내기 위해 그 어느 때보다 루이스의 격려가 절실히 필요했다.

9. 교수의 옷장과 마법의 반지들 1949-1954

1949년, 봄비가 그치고 화창한 어느 아침. 햇빛이 비치면서 옥스퍼드의 탑들, 작은 탑과 뾰족탑들이 한층 두드러져 보인다. 머튼 칼리지의 부사서 로저 랜슬린 그린이 수위실을 지나 머튼 로로 나선다. 그는 미처 눈부신 햇빛에 적응하지 못해 톨킨과 부딪칠 뻔한다. "안녕하세요, 교수님." 로저가 먼저 인사를 한다. 톨킨이 지나치며 웅얼거리듯 대답한다. "안녕하시오."

로저 랜슬린 그린은 다시 한 번 톨킨이 정말 괴짜라고 생각한다. 그는 자기만의 세계에 빠져 몇 킬로미터 떨어져 있는 사람 같다. 톨킨과 로저는 잉클링즈 모임에서 몇 번 만났다. 가장 젊은 회원에 속하는 로저에게도 톨킨은 언제나 친절하다. 로저는 석사 논문을 준비하면서 톨킨과 다이슨, 잭 루이스를 만나 한 잔 걸치며 오랫동안 열띤 대화를 나눴던 기억이 생생하다. 사실 톨킨은 한 학기 내내 그의 논문 〈앤드루 랭과 요정 이야기〉의 준비를 지도했다.

며칠 후 두 사람은 머튼 칼리지 입구에서 다시 만난다.

"저, 안녕하세요, 교수님." 로저가 주저하며 인사를 건넨다.

톨킨이 소리친다. "로저! 만나서 정말 반갑군!" 그는 로저의 어깨 위에 팔을 두르며 말한다. "가서 한 잔 하세." 로저는 금세 가까운 카페로 이끌려간다.

두 사람이 작은 테이블에 자리를 잡고 앉자 톨킨은 편안한 손놀림으로 파이프에 불을 붙이고 맑은 눈을 반짝이며 다 안다는 듯 로저를 바라본다. "자네가 루이스가 쓴 어린이 이야기를 읽고 있다고 들었네. 그거 정말 아니지 않은가! '요정과 그 생활, 파우누스의 애정 생활' 말일세. 정말 자기가 무슨 말을 하는지 모르는 건가?"

톨킨은 약간 풍자적으로 말하고 있지만 그래도 로저는 불편하다. 말은 점잖게 하지만 그는 톨킨이 그 작품에 심각한 심미적 결함이 있다고 보고 그것을 심히 언짢아하고 있음을 안다. 사실 로저는 아슬란과 나니아 나라에 대한 원고를 읽고 매우 기뻤다. 하지만 톨킨의 요점은 알 수 있었다. 톨킨은 루이스에게 산타 할아버지는 빼라고 열심히 설득했던 것이다. 이야기에 갑자기 산타가 등장함으로써 마법이 깨어지는 것 같다는 게 이유였다. 로저는 루이스가 톨킨의 반론을 진지하게 들었다는 걸 안다. 루이스는 톨킨이 보여 준 동화를 무척 좋아했고 그것이 나니아 나라 이야기를 처음 구상하는 계기가 되기도 했기 때문이다. 그러나 톨킨의 주장을 받아들이지는 않았다. 루이스는 산타가 남아 있어야 한다고 완강하게 버텼다.

톨킨이 로저 쪽으로 몸을 기울이며 털어놓는다. "솔직히 각자의 작품에 대한 잭과 나의 견해가 언제나 일치하는 건 아닐세. 그가 새로운 호빗 이야기의 전부를 공감하는 건 아니지. 이건 알아 두게.

그는 나를 대단히 잘 격려한다네. 언제나 그랬지. 가끔은 이야기가 진행될 때 눈시울을 적시기도 했네. 있잖나, 그는 이야기의 초반에 호빗과 그들의 생활이 너무 많이 나온다고 생각한다네." 그는 짧은 말을 부드러운 목소리로 끝맺는다.

로저는 사실대로 말해야 할지 몰라 잠시 침묵한다. 새로운 호빗 이야기에 대해 루이스가 한 말이 기억에 생생하다. 그는 톨킨의 후속편에 정말로 감동했다. 그는 《호빗》을 읽는 것은 톨킨의 영광스러운 바다를 건너가는 것 같다는 말을 했었다. 로저는 톨킨의 새로운 이야기를 들어 본 적이 없었다. 그는 잉클링즈 모임에 자주 빠졌고, 참석했을 때도 최근에 쓴 장을 읽으려고 하면 다이슨이 막고 나섰기 때문이다. 로저는 톨킨이 다이슨의 거부권 행사 때문에 다소 상처를 입었다고 생각했다.

이제 대화는 좀더 안전한 다른 주제로 넘어간다. 머튼 도서관과 머튼 칼리지에 좀더 가까운 괜찮은 집으로 이사하고 싶다는 톨킨의 생각, 중국에서 공산주의의 진격, 그해 여름 《반지의 제왕》을 끝낼 계획이라는 이야기 등이다. 톨킨은 로저에게 새색시 준은 잘 있는지, 글쓰기는 어떻게 되고 있는지 묻는다.

두 사람은 헤어진다. 톨킨은 머튼으로 향하고 로저는 하이 로를 천천히 올라간다. 로저의 생각은 마법의 세계 나니아에 대한 루이스의 이야기로 되돌아간다.

로저가 그 이야기를 처음 알게 된 것은 몇 주 전 어느 저녁, 동화를 쓰고 있다는 루이스의 말을 들었을 때였다. 루이스는 이렇게 덧붙였다. "그런데 이게 쓸 가치가 있는지 모르겠어. 이걸 계속 써야 할지 알고 싶네. 있잖나, 톨킨은 이걸 좋아하지 않거든. 첫 두 장(章)

을 읽어 줬더니 맘에 들지 않는다고 아주 분명히 밝히더군. 내가 몇 장 읽어 볼 테니 들어 줄 수 있겠나? 자네 생각을 알고 싶어."

둘은 루이스의 모들린 칼리지 연구실로 갔다. 루이스는 로저에게 《사자와 마녀와 옷장》의 첫 세 장을 읽어 주었다. 이야기를 듣고 있던 로저에게 경이감이 밀려왔다. 그는 본능적으로 자신이 세상에서 가장 위대한 동화 중 하나를 처음으로 들었다고 느꼈다. 논문을 준비하느라 이미 그런 류의 책들을 많이 읽었고 아동문학의 전통에 대해 루이스의 찬사를 받은 연구서 《이야기꾼들》을 쓴 그였다. 《버드나무에 부는 바람》을 저자 케네스 그레이엄의 낭송으로 처음 들었다면 바로 이런 느낌이었을 것 같았다.

"어떤가?" 루이스는 열심히 파이프를 빨아 대며 물었다. "정말 계속 쓸 가치가 있겠는가?" 로저는 주저 없이 대답했다. "물론이죠!" 그로부터 얼마 후 루이스는 로저에게 원고 하나를 넘겨주었다. 그것은 루이스의 작고 상당히 깔끔한 필체로 정리된 나니아 시리즈의 첫 번째 원고였다.[1]

⊙⊪⊙

톨킨은 1945년에 머튼 석좌교수로 자리를 옮겼다. 이 자리에는 기원후 1500년까지의 중기 영어를 가르칠 특별한 책임도 포함되어 있었다. 그전까지 20년 동안 그는 앵글로색슨어를 담당하는 교수였다. 그가 자리를 옮긴 것은 관심의 폭이 넓어진 것과 동시에 특히 잉글랜드 중서부의 언어와 문학에 관심을 갖게 되었기 때문이다. 새로운 교수직과 더불어 관습대로 그는 머튼 칼리지의 특별연구원이 되었지만 친구 루이스와는 달리 학부생들을 개별 지도할 의무는 없었다.

톨킨은 이내 새로운 칼리지에 자리를 잡았고 그해 후반에 영문과 머튼 석좌교수직이 두 번째로 공석이 되었을 때 그는 즉각 그 자리가 루이스에게 가기를 바랐다. "그 자리는 C. S. 루이스가 맡아야 해!" 당시 그는 그렇게 말했다. "데이빗 세실 경도 후보감이지. 누가 될지는 모르지만."[2] 해당 교수직의 선거인으로 톨킨은 상당한 영향력을 갖고 있었지만, 루이스는 무시되고 루이스의 옛 영어 지도교수 F. P. 윌슨이 선출되었다.

1945년 5월, 찰스 윌리엄스의 갑작스런 죽음에도 루이스와 톨킨 사이의 친밀함은 완전히 회복되지 않았다. 톨킨은 윌리엄스를 잃은 것을 매우 슬퍼했지만 여전히 루이스가 윌리엄스에게 너무 경도되어 있다고 느꼈다. 죽은 후에도 루이스에게 계속된 윌리엄스의 영향과 루이스의 대중 신학 활동에 대한 톨킨의 불만은 둘 사이를 갈라 놓았다. 둘의 우정이 다소 냉랭해지면서 톨킨은 루이스로부터 엄청난 격려를 받았음에도 《반지의 제왕》에 대한 그의 선의의 비판들을 받아들이기 어려웠을 것이다. 그렇다고 해도 친구를 교수직에 앉히겠다는 톨킨의 결심에는 변함이 없었다. 머튼 석좌교수직이 아니라면 다른 자리라도 좋았다. 톨킨은 신학을 대중화하는 루이스 저작의 특징을 결점으로 여겼지만, 옥스퍼드대학 조직 내에서 일반화된 루이스에 대한 적대감에는 공감하지 않았다. 그러한 학내 분위기는 루이스를 머튼 석좌교수 후보에도 올리지 않고 1951년에 시학 담당교수직도 주지 않은 데서 잘 드러난다.

톨킨은 옥스퍼드 영문과의 교수요목 개혁에 함께 힘쓴 루이스에게 감사하고 있었다. 그러나 톨킨은 루이스가 나니아 나라 이야기를 너무 빨리 써낸다(7년 동안 일곱 권이었다)며 걱정했다. 톨킨이 볼 때 그건 경박한 처사였다. 그는 《반지의 제왕》 한 권만으로도 그보다 훨씬 오랜 세월 동안 공을 들였던 것이다. 그것은 일관성 있는 상상의 '2차 세계'를 만드는, 하위 창조 개념에 힘입은 것이었다. 루이스가 판타지에 대한 톨킨의 견해에 동의하는 듯 보였지만 나니아라는 세계는 가운데땅의 창조만큼 애정 어린 보살핌을 받은 흔적이 보이지 않았다. 게다가 톨킨은 루이스처럼 성인 독자를 위한 요정 이야기의 필요성을 놓고 고심해 왔던 터였다. 어린이를 위한 요정 이야기를 쓰는 것도 정당한 일이지만, 톨킨은 영웅 판타지와 로망스를 성인문학으로 확립하는 것이 진짜 싸움이라고 생각했다. 그는 루이스의 《그 가공할 힘》이 찰스 윌리엄스에게 받은 영향 때문에 그런 역할을 하지 못했다고 느꼈는데 이제 루이스는 동화를 쓰고 있었다. 그러나 루이스가 어른을 위한 판타지를 확립하려는 싸움에서 발을 뺐다고 톨킨이 생각했다면 그건 틀린 생각이었다. 루이스는 작가로서의 본능을 따르고 있을 뿐이었다. 그에겐 톨킨과 같은 결벽증이 없었다. 후에 그는 동화를 쓴 이유에 대해 "하고 싶은 말을 전할 수 있는 최고의 예술 형태이기 때문이다"[3]라고 썼다.

　루이스는 판타지가 성인을 위한 이야기 형식이라는 데에 본질적으로 동의했다. 루이스는 1955년 《반지의 제왕》 마지막 권이 출간되었을 때 한 편지에서 요정 이야기는 어린이 장르가 아니라 성인 장르이고 그런 책들에 굶주린 독자들이 있을 거라는 자신의 믿음이 정당한 것으로 밝혀져서 너무나 기뻤다고 말했다.[4]

현시점에서 볼 때, 루이스가 어린이 책을 쓴 것은 톨킨의 우려와는 달리 결코 퇴보가 아니었다. 나니아 이야기는 《순례자의 귀향》으로 시작된 기독교적이고 오래된 전근대적 가치관—루이스와 톨킨은 그것을 옛 서구의 가치관이라 생각했다—을 픽션을 통해 전달하는 과정을 완성한 것이다. 《순례자의 귀향》 이후, 공상과학 소설 3부작—《침묵의 행성에서》로 시작해 《그 가공할 힘》으로 끝나는—을 쓰면서 루이스의 실력은 극적으로 향상되었다. 톨킨과 마찬가지로 루이스는 공상과학 소설 장르의 문학적 가능성에 많은 관심이 있었다. 그러다 그는 1940년대에 로저 랜슬린 그린의 이야기 〈시간이 잊어버린 숲〉(미출간)을 읽은 것을 계기로 머릿속에 있던 적절한 그림들을 활용해 아슬란처럼 나니아로 뛰어들었다. 그는 공상과학 소설이 그렇듯 아동문학이라는 장르가 기독교 작가로서 대단한 인기를 얻은 방송 강연보다 하고 싶은 말을 더 효과적으로 할 수 있는 매체라고 생각했다. 루이스는 《고통의 문제》와 《기적》에서 똑같은 한계를 발견했다. 훌륭한 책이었고 오늘날까지 그 매력과 신학적 중요성을 잃지 않고 있지만, 이 책들로는 '상상력이 풍부한' 루이스가 전하고자 했던 내용을 마음껏 표현할 수 없었다.

역설적이게도 나니아 나라 이야기의 집필은 톨킨에게 많은 신세를 졌다. 톨킨은 기독교적 가치관을 암시적으로 전하는 방법을 계속해서 옹호하며 그런 작품을 써 나갔다. 그의 견해는 언제나처럼 친구에게 깊은 영향을 끼쳤다. 루이스는 톨킨이 자신의 대중 신학을 탐탁하게 여기지 않는다는 걸 알았다. 어쨌거나 방송 강연은 평이한 언어로 진행되었지만, 루이스의 그 다음 신학 서적은 독자들에게 좀더 부담스러운 책이 되었다. 그 책은 루이스의 신학적 저작

중에서 가장 뛰어난 대표작 《기적》이다.

《기적》은 《순전한 기독교》에 비해 매우 지적인 작품이다. 루이스는 책의 한 장을 할애해 저명하고 호의적인 철학자 엘리자벳 앤스콤이 제기한 논점들에 답했다. 이 논쟁은 현대의 철학적 저술이 점점 더 전문 독자층을 대상으로 한 거라는 루이스의 생각을 굳게 해 주었다. 이후 루이스는 기독교 가치관을 전하는 데 훨씬 더 간접적인 접근법을 취했다. 그는 톨킨과 문자적으로 같은 길을 걷지는 않았지만 그의 정신을 본받았다(그럼에도 톨킨은 루이스의 대중적인 신학 저술 활동을 계속해서 탐탁지 않게 여겼다). 이러한 암시적 접근법은 이후에 쓴 평신도 신학서인 《네 가지 사랑》, 《시편사색》, 《헤아려 본 슬픔》, 《말콤에게 보내는 편지》에까지 적용되었다. 《나니아 나라 이야기》와 루이스가 자신의 최고 작품 중 하나로 여긴 《우리가 얼굴을 가질 때까지》는 물론 암시성이 두드러진 작품이었다. 《우리가 얼굴을 가질 때까지》는 《반지의 제왕》처럼 기독교 이전의 이교도 시대를 배경으로 성인을 위해 쓴 매력 있는 이야기다.

《나니아 나라 이야기》에 대한 톨킨의 주된 비판 중 하나는 그것이 알레고리적 요소가 많고 기독교 교리를 너무 직접적으로 상징한다는 것이었다. 루이스가 《나니아 나라 이야기》에 소위 '2차적 의미'를 암시하는 요소들을 많이 넣기는 했지만, 그것이 알레고리를 쓰려는 의도는 아니었다. 그는 나니아 이야기들이 이야기의 틀을 이루는 '가정'(假定)—그의 '가정'은 말하는 동물들의 세계였다—에서 나온다고 보았다. 죽기 얼마 전에 쓴 편지에서 루이스는 이렇게 설명했다. "나니아 시리즈는 정확히 말해 알레고리가 아닙니다. 나는 '이 세계의 실제 이야기를 메르헨(Märchen : 꾸며낸 이야기) 형태로 표상해 보려' 한 게 아닙니다. 그보다는 '나니아 같은 세계가 있다고 가정할 때, 그 [구도에서] 창조주, 구원자 또는 재판자가 어떤 활동들을 할까 생각해 본' 거였습니다. 이러한 '가정'을 근거로 하는 이야기는 알레고리와 비슷한 부분도 있지만, 이는 분명 다른 것입니다."[5]

　　루이스가 교훈적인 알레고리를 만든 것이 아니라 위에서 말한 과정을 거쳐 창작했다는 사실을 고려할 때, 그가 머릿속에서 만들어 낸 그림들이 얼마나 중요한지 알 수 있다. 그는 늘 자신의 픽션들은 머릿속에 떠오른 그림들로(톨킨의 경우 대개 머릿속에 떠오른 단어나 구절 또는 이름에서 이야기가 나온 것처럼) 시작했다고 말한다. 첫 번째 나니아 이야기는 파우누스가 눈 내리는 숲에서 꾸러미 하나를 들고 있는 생생한 머릿속 그림에서 시작했다. 그 이미지는 그가 열여섯 살 무렵이었을 때 처음 떠올랐다고 한다. 그 다음 요소는 그가 유년을 보낸 지역의 풍경이었다. 거기에는 카운티다운의 몬 산맥, 북동쪽 기슭과 너머에 있는 푸른 시골 풍경, 곳곳에 형성된 빙퇴구와 번갈아 이어지는 들판과 숲, 황량한 황무지들과 카운티앤트림의 울퉁불퉁한 해안선이 있다. 이것들은 나니아와 그 주변의 모습이었다. 톨킨이 어린 시절을 보낸 잉글랜드 중서부가 샤이어의 모델이 된 것과 같다. 한번은 루이스가 북아일랜드를 방문하고 싶어 했는데 노환으로 누운 무어 부인 때문에 움직일 수 없었다. 그때 쓴 편지에서 그는 카운티다운의 언덕들과 카운티앤트림의 해안선을 생각하며 얼스터를 '내 고향'이라고 표현했다.[6] 여러 해가 지난 후, 워렌 루이스는 아일랜드에서 휴가를 보내며 나니아의 풍경이 상당 부분 칼링퍼드에서 내다본 카운티다운 너머 멀리 보이는 몬 산맥의 경치

와 주변 해안선을 근거로 한 것이라고 월터 후퍼에게 말했다.[7]

〰️

《나니아 나라 이야기》는 나니아의 창조부터 마지막 날까지 2,500년의 역사와 함께 인간 세계의 20세기 거의 절반을 포괄하는 일곱 편의 이야기로 되어 있다. 일곱 편의 이야기를 연대기 순으로 정리하면 이렇다. 《마법사의 조카》(1955), 《사자와 마녀와 옷장》(1950), 《말과 소년》(1954), 《캐스피언 왕자》(1951), 《새벽출정호의 항해》(1952), 《은의자》(1953), 《마지막 전투》(1956). 많은 독자들은 집필 시기로는 최초인 《사자와 마녀와 옷장》부터 시작하는 것을 선호한다. 이야기가 단순하고 마법의 힘이 있으며 루이스가 나니아라는 나라와 그곳의 모든 이야기를 창조한 출발점이 되는 기본 '가정'이 들어 있기 때문이다.

두 세계의 시간이 달라서, 여러 번 나니아에 끌려 들어가는 아이들은 자신들이 나니아 역사의 다양한 시점에 와 있다는 걸 알게 된다. 덕분에 우리는 나니아의 창조부터 파괴, 그리고 모든 세계의 새로운 창조에 이르는 나니아 역사 전체를 알게 된다.

나니아의 창조는 《마법사의 조카》에 자세히 기록되어 있다. 디고리 커크와 폴리 플러머가 세계들 사이에 있는 숲속의 한 연못을 통해 지극히 오래된 죽어 가는 세계 '찬' 제국으로 들어간 후 우연히 무(無)의 땅으로 가는 길을 찾는다. 그곳에 간 아이들의 눈앞에서 말하는 사자인 아슬란의 노래로 서서히 나니아가 창조된다. 그러나 불행히도 디고리는 찬의 파괴자인 제이디스라는 악을 깨워 낙원 같은 나니아에 들여놓는다. 제이디스는 나니아의 변경으로 떠나지만 이후의 시대에 하얀 마녀로 다시 나타나 나니아에 크리스마스도 없이 겨울만 이어지도록 마법을 건다. 그러다 네 명의 피난민 아이들—피터 · 수잔 · 에드먼드 · 루시 페번시—이 옷장을 통해 나니아로 들어가는 사건(《사자와 마녀와 옷장》에 나오는 이야기)에 맞추어 아슬란이 돌아오고 마녀의 저주도 끝나 가기 시작한다. 아슬란이 에드먼드를 대신해 죽고, 제이디스가 부리는 마법보다 더욱 심오한 마법으로 다시 살아나면서 결국 마녀는 패하여 죽고 만다. 그리고 나니아의 황금기가 이어진다.

그런데 페번시 4남매가 우리 세계로 돌아오면서 나니아는 서서히 무질서에 빠져 간다. 캐스피언 1세가 이끄는 인간들, 즉 텔마르인들이 나니아를 점령해서 말하는 동물들과 나무들의 입을 막는다. (텔마르인들은 우연히 나니아에 들어왔다.) '옛 나니아'는 아슬란이 돌아올 거라고 믿고 그에 대한 믿음을 지키는 이들 사이에서 간신히 이어진다. 캐스피언 왕자(그의 이야기는 《캐스피언 왕자》에 나온다)는 숙부 미라즈와 숙모 프루나프리스미아 밑에서 자란다. 미라즈 왕은 캐스피언의 아버지 캐스피언 9세를 폐위하고 왕이 된 사악한 자다. 캐스피언 왕자는 옛 나니아의 신화에 대해 알게 되고 그것이 사실이기를 바란다. 그는 자신을 죽이려는 숙부의 음모를 피해 달아나 옛 나니아인들과 힘을 모은다. 그리고 아슬아슬한 순간에 나니아로 다시 이끌려 온 페번시 4남매가 도움을 준다.

캐스피언 왕자는 《새벽출정호의 항해》에서 나오는 바다에서의 모험을 한 후 캐스피언 10세가 된다. 그의 아들 릴리언 왕자는 제이디스 계열의 한 마녀에게 납치되어 10년 동안 지하 세계에서 노예 신세로 갇혀 지낸다. 마녀는 그를 허수아비 왕으로 삼아 나니아를 점령할 음모를 세운다. 《은의자》에 나오는 것처럼 릴리언은 페번시 아이들의 두 사촌 유스터스 스크러브와 질 폴의 도움으로 구출된다. 두 아이는 그 임무를 위해 나니아로 불려 온 것이었다.

많은 시대가 지나간 뒤, 가짜 아슬란을 이용한 계략과 칼로르멘 군대(나니아의 안보에 끊임없는 위협을 주는 남부인들)와 연계한 사악한 음모가 나니아의 마지막 왕 티리언은 물론 나니아의 존립 자체를 위협하게 된다. 이때는 나니아의 가장 암울한 시기다. 《마지막 전투》에 나오듯, 티리언 왕은 아담(인간)의 아들과 딸의 도움을 구하는 기도를 하고 아슬란은 유스터스와 질을 불러들여 왕을 돕도록 한다. 그러다 마침내 아슬란이 친히 개입하여 온 세계를 해체한다. 그리고 새로운 나니아의 모습이 드러나면서 그것이 끝이 아니라 시작이라는 사실이 밝혀진다.

첫 번째 이야기 《사자와 마녀와 옷장》은 1950년에 출간되었다. 그해 6월 22일, 카페 '독수리와 아이'에서 가진 잉클링즈 모임에서 루이스는 그 책의 교정쇄를 돌렸다. 로저 랜슬린 그린도 그 자리에 있었다. 한 달 후 그는 《말과 소년》의 원고를 완성했는데, 그것은 《사자와 마녀와 옷장》 바로 다음에 이어지는 이야기이다. 루이스는 다른 책들도 빠른 시간 안에 이어서 썼다.

아슬란('사자'의 터키어)은 나니아 이야기 모두를 통합하는 상징이다. 아슬란은 그리스도를 나타내도록 의도된 존재지만 알레고리적인 캐릭터는 아니다. 나니아에서 그리스도는 인간이 아니라 말하는 사자로 등장한다. 말하는 동물의 나라에 어울리는 모습이다. 사자 (전통적으로 권위를 나타내는 이미지)의 상징은 윌리엄스의 소설 《사자가 있는 곳〉에서 차용했을 수도 있다. 루이스는 《고통의 문제》에서 이렇게 썼다. "나는 사자가 더 이상 위험하지 않은 존재가 될 그때에도 여전히 우리에게 경외감을 주리라 생각한다." 어릴 때 루이스가 벨파스트의 변두리 던델라의 세인트마크 교회에 다녔다는 사실도 의미심장하다. 세인트마크 교회의 전통적 상징물은 사자였고 나중에 교회에서 발행한 잡지의 이름도 〈사자〉이다.

나니아를 방문하는 아이들은 이내 아슬란이 길들여진 사자가 아니라는 사실을 알게 된다. 《고통의 문제》에서 루이스는 동물을 길들이는 일에 가치를 부여했다. 이블린 언더힐은 1941년에 루이스에게 보낸 편지에서 대체로 그 작품을 높이 평가했는데 그 주장에 대해서는 문제를 제기했다.

제가 교수님께 동의할 수 없는 부분은 동물에 대한 장입니다. "가장 심오한 의미로 볼 때 길들여진 동물이야말로 유일하게 자연적인 동물이다. ……짐승은 인간과 짐승의 관계, 그리고 인간을 통한 하나님과의 관계 안에서만 이해되어야 한다." 솔직히 이것은 참을 수 없는 주장이며 인간이 만물의 영장이라는 말을 소름끼치게 과장한 듯한 느낌을 줍니다. 우리가 우유 짜는 기계로 만들어 버린 젖소나, 달걀 낳는 기계로 바꿔 버린 암탉들이 정말 그들의 야생 선조들보다 하나님의 마음에 더 가깝습니까……? 정글과 심해에서 하나님의 창조적 활동이 주는 야성적 아름다움에 비할 때 교수님이 제시하신 좋은 농가에 있는 좋은 주인, 좋은 아내, 그리고 좋은 개의 예가 다소 독선적이고 실용적이라는 생각이 들지 않으시는지요? …… 저희집 고양이가 볼일을 보러 나갈 때면 하나님과 함께한다는 확신이 들지만, 응접실 난롯불 앞 제일 좋은 의자 위에 앉아 있는 그놈의 신학적 위치에 대해선 그만큼 확신이 서지 않습니다. 그러니까 제가 드리고 싶은 말씀은 야성의 기운이 약간만 더해진다면 교수님이 제시하시는 하나님의 개념이 훨씬 나아질 거라는 겁니다. 그러나 저의 버릇없는 말을 너무 심각하지 받아들이지는 마시기 바랍니다.[8]

동물들의 야성에 대한 이블린 언더힐의 글이 계기가 되어 루이스가 자신의 생각을 재고하고 《사자와 마녀와 옷장》의 초고에 아슬란과 나니아의 말하는 동물들을 끼워 넣었을 수도 있다. 아슬란은 루이스의 신학에 야성의 기운을 더해 준 듯하다.

⊙⊞⊙

나니아가 생겨날 무렵 《반지의 제왕》이 완성을 앞두고 있어 톨킨은 크게 만족하고 있었다. 그것은 길고 힘든 일이었다. 집필과 내적 통일성을 얻기 위한 전반적인 수정 작업이 1949년 가을에 끝났다. 이제 광범위한 부록만 남았다. 톨킨은 BBC와의 인터뷰에서 이렇게 말했다. "글을 다 쓰고 나서 한바탕 울었던 기억이 납니다. 물론 그 다음에도 고쳐 쓸 게 엄청나게 많았습니다. [매너 로(路)의] 다락방 침대에서 작품 전체를 두 번이나 타이프했고 여러 번 타이프한 부분도 상당히 많았습니다."[9] 그는 타이프로 친 원고를 루이스에게 보냈고, 루이스는 이런 답변을 보냈다. "이 작품에 쏟은 그 오랜 세월이 정녕 헛되지 않았네." 마지막 집필과 수정 작업은 상당 부분 버크셔의 조용한 오라토리오회 부속학교에서 이루어졌다. 그 학교는 원래 버밍엄에 있었는데 버크셔로 옮겨 온 것이었다. 톨킨은 1949년 긴 여름휴가의 상당 시간을 그곳 교장실에서 머물렀다. 그곳은 작업에 알맞은 환경이었다. 톨킨이 유년 시절의 일부를 보낸 장소 또한 오라토리오회 부속학교 근처였다.

조지 앨런 앤드 언윈 출판사에서 책이 출간되기까지는 복잡한 이유들로 여러 해가 걸렸다. 주된 이유는 톨킨이 아직 미완성 상태인 〈실마릴리온〉을 《반지의 제왕》과 동시에 출간하고 싶어 한다는 것이었다. 1949년 후반에 톨킨은 윌리엄 콜린스 출판사의 밀턴 월드먼에게 상당 부분 손으로 쓴 방대한 양의 〈실마릴리온〉 미완성 원고를 보냈었다. 다음 해 2월, 월드먼은 〈실마릴리온〉에 대한 관심을 표했지만 콜린스 출판사 측은 그 방대한 작품을 출간한다는 게 어떤 의미인지 인식하게 되면서 마음을 바꿨다. 이 불행한 지연 사태로 발생한 유일한 결과물은 1951년에 톨킨이 〈실마릴리온〉을 1만 단어 분량으로 설명하며 월드먼에게 보낸 편지 한 통뿐이었다.[10] 그 편지는 〈실마릴리온〉을 이해하는 훌륭한 열쇠다.

결국 1952년 6월 22일, 톨킨은 《반지의 제왕》 출간을 조지 앨런 앤드 언윈 출판사에 조건 없이 의뢰했다. 출판사 측은 흔쾌히 동의했고 1952년 9월 9일 스탠리 언윈의 아들 레이너 언윈을 옥스퍼드로 보내 하나뿐인 원고를 받아 오게 했는데, 분량이 너무 두꺼워서 책을 세 권으로 나누어 출간하기로 했다. 《반지원정대》는 1954년 7월 29일에, 《두 개의 탑》은 1954년 11월 11일에, 마지막 권 《왕의 귀환》은 1955년 9월 9일에 출간되었다. 톨킨은 출판사 사장 스탠리 언윈에게 자신이 《반지의 제왕》을 쓰는 데 얼마나 많은 노력을 기울였는지를 토로했다. "진하건 묽건 그것은 내 생혈(life-bload)을 짜내서 쓴 책입니다. 다르게 쓸 수가 없습니다."

1952년 11월, 톨킨은 판매부수당 일정 비율의 인세를 받는 대신 수익 총액에서 일정 비율을 떼어 받기로 명시한 출판계약서에 서명했다. 출판사 측에서는 이 야심만만한 출판물로 인해 손해가 날 거라고 예상했기 때문이었다! 마침내 초판이 나왔을 때, 책 속에는 "잉클링즈 회원들에게"라는 짤막한 헌사가 붙어 있었다.

3부작을 언윈에게 넘기기 전인 1952년, 톨킨은 몰번 칼리지의 영어 교사인 친구 조지 세이어와 함께 우스터셔의 도시 몰번에서 휴가를 보냈다. 저녁 시간에 세이어는 톨킨을 즐겁게 해 주기 위해 녹음기를 꺼냈다. 톨킨은 눈을 반짝이면서 거기 웅크리고 있을지 모르는 악귀를 몰아내야 하니 자신이 좋아하는 고대 고트어로 주기도문을 녹음할 수 있느냐고 물었다. 톨킨은 녹음된 주기도문을 듣고 기뻐하며 《반지의 제왕》의 시 몇 편을 녹음하게 해달라고 요청했다. 녹음을 할수록 그는 더욱 자신감을 얻었다. 그 경험은 연극적인 요소에 이끌리는 그의 취향에 잘 맞았다.

전에 세이어는 몰번에서 톨킨, 루이스와 와니 형제와 함께 도보여행을 떠난 적이 있었다. 평소 산을 누비는 것을 좋아했던 루이스 형제가 톨킨을 설득해 같이 여행을 떠난 것이었다. 1951년 무어 부인이 죽은 후, 형제는 훨씬 더 쉽게 옥스퍼드에서 벗어날 수 있었다. 그들은 계속 앞으로 나아가고 싶어 했지만 톨킨이 천천히 걸으면서 시골의 풍경을 만끽하고 싶어 한다는 것을 알게 되었다. 세이어의 회상을 들어 보자.

낮에는 [톨킨을] 즐겁게 해 주기가 쉬웠다. 우리는 톨킨이 어린 시절 버밍엄이나 세번 강 골짜기 반대편에서 자주 봤던 몰번 힐을 도보로 여행했다. 그는 걸으면서 책에 나오는 내용을 주위에서 발견했다. 예를 들면 언덕의 여러 부분들을 곤도르의 백색 산맥과 비교하는 식이었다. 우리는 웨일스 변경에 있는 흑색 산맥으로 차를 몰고 가 그곳에서 월귤 열매를 따고 히스 덤불을 헤치며 위로 올라갔다. 우리는 빵과 치즈와 사과를 먹었고 배술, 맥주, 사이다로 입가심을 했다. 산업 오염의 흔적이 보일 때면 그는 오르크들과 그놈들을 만드는 일에 대해 말했다. 집에서 그는 정원 가꾸는 일을 도왔다. 그가 가장 좋아하는 일은 아주 작은 부분, 말하자면 가로세로 1미터 정도의 땅을 아주 잘 가꾸는 것이었다.[11]

《반지의 제왕》 표지에 실린 추천사 중에는 루이스가 쓴 것도 있었다.

아리오스토(1474-1533, 르네상스를 대표하는 이탈리아의 시인―옮긴이)의 창작력이 《반지의 제왕》에 비할 만하다 해도 (사실은 그렇지 않다) 이 작품 같은 영웅적 진지함은 찾을 수 없을 것이다. 다양하면서도 내적 법칙에 이토록 충실한 상상의 세계는 일찍이 없었다. 지극히 객관적이면서도 저자 개인의 생각에 물들지 않은 작품, 인간의 실제 상황을 이토록 적절히 반영하면서도 알레고리에서 벗어난 작품은 이제껏 없었다. 톨킨은 참으로 미묘하고 다양한 문체로 끝없이 다양한 장면들과 등장인물들―웃기고, 소박하고, 장대하고, 기괴하거나 사악한―을 담아내고 있다 톨킨과 출판사 모두 루이스의 추천사를 싣는 일이 모험이 아닐까 우려했다. 《광란의 오를란도》를 암시하는 듯 아리오스토를 모호하게 언급한 부분을 생각할 때 특히 그랬다. 그래서 그들은 처음 두 권에 대한 일부 평론가들의 반응에 놀라지 않았다. 톨킨은 1954년 9월 9일 레이너 언원에게 보낸 편지에서 루이스가 "어떤 영역에서" 상당한 적의를 불러일으킨 듯하다고 썼다. 그리고 여러 해 전에 루이스가 자신의 지원이 톨킨에게 도움이 되지만은 않을 거라고 말했다고 덧붙였다. 그때까지 그는 루이스의 요점을 파악하지 못하고 있었지만 루이스의 추천이 부정적인 반응을 불러일으킨다 해도 그와 거리를 두고 싶은 마음이 전혀 없었다. 그가 루이스의 우정과 격려 덕분에 힘든 과정을 넘어 《반지의 제왕》을 완성할 수 있었기 때문이다. 톨킨은 많은 평론가들이 《반지의 제왕》을 읽기보다는 루이스의 추천사나 〈타임 앤드 타이드〉에 실린 그의 서평을 비아냥거리길 더 좋아한다고 말했다. 루이스의 서평은 "이 책은 마른하늘에 번개와 같다"는 열렬한 평가로 시작한다. 그리고 이 책이 "새로운 영역을 정복했다"고 덧붙였다.

문학 작품으로서 《반지의 제왕》의 장단점은 학자들과 수많은 독자들이 폭넓게 논의했고 오늘날까지도 평론가들의 반응은 둘로 갈린다. 찬미자 중에는 W. H. 오든이 있다. 1956년 1월 22일 〈뉴욕타임스〉에 실린 《왕의 귀환》에 대한 서평은 이렇게 시작된다.

> 《왕의 귀환》에서 프로도 배긴스는 원정을 완수하고 사우론의 왕국은 영원히 끝나며 제3시대가 종결되고 J. R. R. 톨킨의 3부작 《반지의 제왕》이 완성된다. 나는 이제까지 이토록 격렬한 논쟁의 대상이 된

책을 기억하지 못한다. 이 책에 대해 중도적 의견을 갖는 사람은 없
는 것 같다. 나처럼 해당 장르의 걸작으로 여기고 거기에 빠져드는
사람들이 있는가 하면, 이 책에 적대적이긴 하지만 그 문학적 판단
을 존중하지 않을 수 없는 이들도 있다. 그들 중에는 호빗의 일상사
가 묘사되는 첫 권 첫 장의 첫 40쪽에서 넌더리를 내는 이들도 있을
것이다. 그 부분은 가벼운 희극에 해당하는데, 물론 가벼운 코미디
는 톨킨 교수의 장기가 아닌 게 분명하다. 그러나 그 정도로는 반론
이라 하기 어렵다. 나는 일부 사람들이 영웅적 원정이나 상상의 세
계를 원칙적으로 반대한다고 볼 수밖에 없다. 그들은 그런 글이 기
껏해야 가벼운 '현실도피'용밖에 안된다고 생각한다. 그러므로 옥스
퍼드에서 영어를 가르치는 문헌학자 톨킨 교수 같은 사람이, 자신들
이 하찮게 여기는 그런 장르에 믿기 어려운 수고를 쏟아 부었다는
사실이 그들에겐 매우 큰 충격이 되고 있는 것이다.

《반지의 제왕》이 문학적으로 뛰어난 작품이라는 한 가지 증거는
그 언어학적 기반이다. 톨킨은 자신이 만들어 낸 언어들을 이름과
상상력의 세계를 구현하는 데 사용한다. 언어는 배경 신화의 토대
를 이룬다. 문학성의 또 다른 증거는 톨킨이 풍부한 상징을 작품 속
에 성공적으로 녹여 넣었다는 데 있다. 이 책에는 원정, 여행, 희생,
치유, 죽음, 그 외 다른 많은 상징적 요소들이 아름답게 구현되어
있다. 원정대가 통과하는 경치들도 상징적인 의미가 있어 여행의
단계와 이야기 전체의 국면에 맞는 분위기를 조성한다. 예를 들어
전형적인 지하 세계인 모리아 지역은 영혼에 활력을 주는 로리엔과
대조를 이룬다. 그런 경치들은 언제나 이야기 전개의 완전한 일부

가 되어 아름답게 통합되어 있다. 그러나 톨킨의 가장 위대한 업적은 독자가 다양하게 적용할 수 있는 살아 있는 신화를 문학으로 구현해 냈다는 사실일 것이다. 그의 이러한 능력은 조지 맥도널드에게서도 볼 수 있는 것이다.

《반지의 제왕》은 영웅적 로맨스로서 하나뿐인 절대적 힘의 반지가 그것을 만든 암흑의 군주(책 제목이 가리키는 존재)의 손에 떨어지기 전에 파괴되는 여정을 다루고 있다. 일관성 있고 통합된 이야기인 《반지의 제왕》은 독자가 〈실마릴리온〉에 기록된 가운데땅의 신화와 역사적 연대기를 몰라도 그 자체로 잘 이해할 수 있는 작품이다. 과거의 사건들은 이야기에 방대한 규모의 배경을 제공한다.

《반지의 제왕》의 기본 줄거리는, 호빗 빌보가 발견한 반지(《호빗》에 나오는 이야기)가 제2시대 에레기온에서 만들어진 힘의 반지들을 지배하는 절대반지라는 것을 마법사 간달프가 알면서 시작된다. 삼촌 빌보로부터 절대반지를 물려받은 프로도는 안락한 샤이어를 뒤로 하고 동료들과 함께 도망한다. 그러자 악의 영역 모르도르에서 사우론이 보낸 흑기사들이 그의 뒤를 좇는다. 프로도 일행은 순찰자 아라고른의 도움으로 안전한 리븐델에 도착하는 데 성공한다. 리븐델은 가운데땅에 남은 몇 안 되는 요정 왕국 중 하나이다. 그곳에서 리븐델의 엘론드가 회의를 연다. 회의 결과 반지는 파괴되어야 하고 프로도가 반지 운반자가 되어야 한다는 결정이 내려진다. 그 절박한 여정을 떠나는 프로도를 돕기 위해 반지원정대가 선발된다. 간달프를 지도자로 해서 네 명의 호빗 프로도 · 샘 · 메리 · 피핀과 두 명의 인간 아라고른과 보로미르, 그리고 요정 레골라스와 난쟁이 김리가 그들이다. 절대반지는 그것이 만들어진 모르도르의 불의 산, 운명의 산에서만 파괴될 수 있다.

원정대는 눈 속에서 안개산맥을 넘으려다 사정이 여의치 않자 간달프의 인도를 받아 한때 난쟁이들의 일터였던 모리아의 지하 광산으로 들어간다. 그곳에는 지하 세계의 정령, 무시무시한 발로그가 창조의 새벽 때부터 살고 있다. 간달프가 자신을 희생해 목숨 바쳐 그 악령과 싸운 덕분에 다른 사람들은 무사히 빠져나가게 된다. 그리고 이제 원정대를 이끌게 된 아라고른이 고대 서쪽 나라 왕들의 은밀한 상속자인 사실이 밝혀진다. 그들은 요정들의 땅인 로리엔을 지나 거대한 안두인 강으로 내려간다. 한편 한때는 호빗이었고 오래 전에 빌보가 마주쳤던 골룸이 잃어버린 반지를 찾기 위해 그들을 뒤쫓는다.

보로미르는 절대반지를 이용해 적들과 싸우고자 완력으로 그것을 빼앗으려 한다. 그때 한 무리의 오르크들이 공격해 오고 보로미르는 프로도의 친구들인 호빗 메리와 피핀을 지키려다 죽임을 당한다. 프로도와 그의 충성스러운 동행 샘은 이제 나머지 원정대와 헤어져 자신들의 목적지인 모르도르를 향해 동쪽으로 떠난다. 나머지 원정대원들은 메리와 피핀을 사로잡은 오르크들의 자취를 따라 서쪽으로 간다.

이제 이야기는 프로도와 샘의 행보와 나머지 원정대원들의 행보를 나란히 따라간다. 아라고른, 요정 레골라스, 그리고 난쟁이 김리는 오르크들에게 잡혀 간 메리와 피핀의 흔적을 따라 팡고른 숲으로 들어간다. 두 호빗은 오르크들에게서 벗어난 후 그곳에 숨어 있다. 팡고른 숲에서 호빗들은 삼림의 수호자 나무수염을 만난다. 그는 나무종족 엔트족이다. 엔트족들은 간달프와 같은 마법사인 배신자 사루만의 요새 아이센가드를 공격해 점령한다. 그곳에서 호빗들은 나머지 원정대원들 및 죽음에서 살아 돌아온 간달프와 재회한다.

로한의 연로한 왕 세오덴의 군대와 협력한 원정대원들은 이제 사우론 군대의 위협을 받고 있는 고대 도시 미나스 티리스로 향한다. 그리고 아라고른, 레골라스, 김리는 사자의 길을 통과해 무서운 맹세에 매인, 오래 전에 죽은 용사들의 영혼을 소집한다. 아라고른 일행은 적들을 공격하기 위해 이들을 이끌고 남쪽으로 향한다.

한편 프로도와 샘은, 배신을 꾀하나 한 가닥 잃어버린 본성 때문에 그러지 못하고 있는 골룸의 안내를 받아 천천히 모르도르를 향해 나아간다. 모르도르로 가는 주요 입구로 지나갈 수 없게 되자 프로도는 비밀 통로로 안내하겠다는 골룸의 제안을 받아들인다. 그곳에서 골룸은 그들을 거대한 거미 쉴로브의 굴로 밀어 넣는다. 수많은 위험(프로도는 거의 죽을 뻔하기도 한다) 끝에 두 호빗은 운명의 산을 향한 가망 없는 길을 간다. 마지막 순간에 프로도는 절대반지를 운명의 산의 틈으로 던져 넣지 못한다. 그러자 호시탐탐 기회를 노리던 골룸이 프로도의 반지 낀 손가락을 깨물어 떼낸다. 그러나 골룸은 반지와 함께 떨어져 죽고, 원정은 끝이 난다. 모르도르는 붕괴되고 사우론의 악령이 사라져 갈 때, 프로도와 샘은 독수리들에 의해 구출되고 친구들과 재회하여 그곳에서 영웅으로 환영을 받는다.

절대반지가 파괴되지 않았다면 모르도르의 암흑 세력들에 맞선 연합군은 실패하고 말았을 것이다. 프로도와 샘의 원정이 확실히 성공한다는 보장도 없었지만, 곤도르와 로한의 사람들, 그리고 다른 연합군은 무서운 적에 맞서 죽기까지 싸울 각오로 임했다.

이야기는 땅이 서서히 치유되어 이제 노예 신세가 될 위협에서 벗어난 인류가 다스리는 시대를 준비하는 것으로 마무리된다. 마지막 배들이 바다 건너 서쪽 불사(不死)의 땅으로 건너가면서 가운데 땅에서 이제 요정들은 찾아볼 수 없게 된다. 반지 운반자 빌보와 프로도는 요정들과 함께 떠난다. 샘은 샤이어에서 사랑하는 로지와 함께 행복한 삶을 산 후 나중에 따라간다.

마침내 《반지의 제왕》이 완성되자 톨킨은 〈실마릴리온〉의 힘든 작업에 다시 열중할 수 있었다. 그는 대학원생들을 지도하고, 영문과에서 가르치고, 가끔 공개 강연을 하며 옥스퍼드 교수로서 조용한 생활을 계속했다. 그는 가톨릭 유니버시티의 외부 심사관 자격으로 아일랜드도 가고 컨퍼런스 참석차 벨기에도 방문했다. 그는 에디스와의 행복한 가정생활을 누렸고 상상, 기억, 언어의 내면세계에 계속해서 초점을 맞추었다. 외적으로 볼 때 그에게는 별다른 일이 일어나지 않았다. 그러나 루이스는 달랐다. 그에게는 언제나 많은 일들이 벌어졌다.

'독수리와 아이' 카페의 래빗룸 오른쪽 벽.
1939–1962년까지 매주 화요일 오전에,
C. S. 루이스와 워렌 루이스,
J. R. R. 톨킨, 찰스 윌리엄스 등
'잉클링즈' 친구들이 모여서 각자가 쓰고 있는
책에 대해 토론했다고 쓰여 있다.

10. 예기치 못한 케임브리지와 조이 1954-1963

1954년 5월 17일 초저녁, 톨킨은 옥스퍼드 외곽 헤딩턴의 샌필드 로와 접해 있는 평범하고 깔끔한 집으로 들어가면서 에디스를 부른 다. 에디스는 관절염의 통증에도 불구하고 복잡한 피아노곡을 끝까 지 연주한다. "잭에게 전화해야겠어. 있잖아, 케임브리지 건으로 할 말이 있거든." 그는 '난장판 사무실'에서 나오는 참이다. 차고를 개조해 만든 그곳에는 책과 꿈이 있다.

톨킨은 검은색 베이클라이트 수화기를 들고 짧은 번호를 누른다.

"하수처리장입니다." 친숙한 목소리가 들려온다.

"잭, 로널드 톨킨일세. 급하게 할 말이 있네. 지금 건너가도 되겠 나?"

"케임브리지 교수직 때문인가? 그래, 오게. 와니에게 차를 좀 준 비해 달라고 부탁하지."

"30분 후에 보세."

톨킨이 탄 택시가 킬른스 바깥 드라이브 길에 서자 기다리고 있
던 루이스가 문을 연다. 바람이 심하게 불어 대는 통에 톨킨은 택시
에서 나와 집으로 올라가면서 코트를 여민다. 하늘이 흐려 밤이 일
찍 찾아들었고 집 안에서는 반가운 불빛이 바깥으로 퍼져 나온다.

"들어오게, 톨러스. 형, 손님 오셨어!" 루이스가 워렌을 부르면서
거실 문을 열자 옅은 담배 연기가 흘러나온다. 거실에는 두 형제가
좋아하는 아늑함이 있다. 방금 연료를 보충한 듯 타닥거리며 타오
르는 벽난로에서 가끔씩 흘러나오는 자욱한 석탄 연기와 담배 연기
가 뒤섞였다. 늦봄인데도 이날 저녁에는 날씨가 춥다.

거실로 들어선 톨킨은 안락의자에서 엉거주춤하게 몸을 세워 손
을 뻗는 워렌과 악수를 한다. 벽지가 벗겨지는 벽과 칙칙한 가구가
다시금 눈에 들어온다. 루이스의 형에게는 늘 그렇듯 술 냄새가 난
다. 톨킨은 오랫동안 킬른스에 들르지 않았다. 그는 다이슨이 킬른
스를 '조개더미'라 부르던 생각이 나 미소를 짓는다. 그러나 노쇠한
말년의 무어 부인과 긴장된 몇 년을 보냈던 루이스 형제가 지금 생
활에 만족한다는 것이 분명했기에 인테리어 같은 건 아무래도 상관
없다는 생각이 들었다. 무어 부인이 세상을 뜬 지 3년이 지났지만,
지금이라도 부엌에서 그녀의 목소리가 들려올 것만 같다.

"앉게나, 톨러스. 차를 가져오겠네." 워렌이 미소를 지으며 자리
를 권한다. 워렌은 톨킨이 손꼽는 매우 예의 바른 사람이다. 워렌은
잭처럼 살집이 좋지만 이목구비가 상당히 다르고 얼굴이 좀더 둥글
다. 톨킨이 오래 전에 돌아가신 그들의 부모님 사진을 봤더라면, 잭
이 으스스할 만큼 아버지를 닮았고 워렌은 어머니를 더 많이 닮았
음을 알아보았을 것이다.

세 사람은 안락의자에 자리를 잡고 톨킨은 담뱃불을 붙인다. 와니는 그에게 커다란 차 한 잔을 주고 루이스에게도 건넨다. 루이스는 제일 좋아하는 차를 한 모금 마시고 재빨리 받침 위에 올려놓은 뒤 입을 연다.

"이보게, 케임브리지 교수직은 당연히 거절해야 할 것 같네. 킬른스를 떠날 엄두도 안 나고 스미더스에게 지원하라고 말도 했는걸. 이제 와서 내가 하겠다고 나설 순 없지. 교수직 제의는 정말 뜻밖이었네. 난 지원도 안 했지 않나?"

"잭, 자네에게 그 얘기를 하고 싶어서 온 걸세. 내 얘기를 들어보면 자네 생각이 달라질지도 모르겠다 싶어서 말이야."

"잭이 그걸 수락했으면 좋겠어. 오래 전에 교수직을 맡았어야 마땅한데, 망할 옥스퍼드는 계속 잭을 건너뛰고 있잖아. 케임브리지에서 주는 교수 자리 하나 얻을 때도 됐지!" 워렌이 끼어든다.

그날 저녁 늦은 시간, 톨킨은 신이 나서 킬른스를 떠난다. 워렌의 측면 지원을 받은 톨킨은 루이스를 설득해 케임브리지 대학 부총장의 끈질긴 권고를 받고도 그가 두 번이나 거절한 신설 교수직을 수락하는 편지를 쓰겠다고 답을 받아 낸 것이다. 킬른스의 정원사 프레드 팩스퍼드가 그를 집까지 태워다 주겠다고 했다. 그의 나무 방갈로 쪽에서 '만세반석 열리니'의 곡조가 들려온다. 팩스퍼드가 차 있는 곳으로 다가오자 노랫소리는 점점 더 커진다…….[1]

⊙𝕋⊙

루이스를 잘 알았던 헬렌 가드너(1908–1986)는 1965년 영국 학사

원에 기고한 장문의 추도문에서 그가 고향에서 인정받지 못한 선지
자였던 이유를 통찰력 있게 제시했다.

1940년대 초, 내가 옥스퍼드의 개별지도 교수로 다시 돌아갔을 때,
루이스는 영문과 교수 중에서도 단연코 가장 인상적이고 흥미로운
인물이었다. 그는 이미 문학사에 관한 중요한 저작을 남겼고, 그의
강연 때면 가장 큰 강의실이 가득 찼다. 그가 종교 및 철학적 문제들
에 대한 자유 토론을 위해 설립하고 사회를 맡았던 소크라테스 클럽
(Socratic Club)은 학부생 학회 중에서 가장 운영이 잘 되고 영향력
있는 모임이었다. 그럼에도 1946년 영문과 머튼 석좌교수직이 공석
이 되었을 때 선거인단은 그를 무시하고 그의 오랜 개별지도 교수였
던 F. P. 윌슨을 런던에서 불러와 교수직을 채웠다. 그렇게 하면서
선거인단은 대다수까지는 아니라도 많은 교수진의 지지를 얻었을
것이다. 이 무렵 루이스는 소위 '열렬한 복음전도'에 투신하고 있었
는데, 학교 관계자들은 아주 거대한 학과가 되어 버린 영문과의 조
직적 필요와 급격히 늘어난 영문과 연구생들을 지도하는 일에 루이
스가 할애할 시간이 없을 거라고 생각했던 것이다. 게다가 많은 사
람들은 교수가 자기 본분에 충실해야 한다고 생각했고 영문학 교수
가 아마추어 신학자로 명성을 얻는 걸 싫어했다. 더구나 옥스퍼드에
는 기독교 변증 자체를 싫어하는 사람들도 많았다. 물론 루이스 특
유의 변증 방식을 싫어하는 이들도 있었는데, 이들의 반대야말로 가
장 거센 것이었던 듯하다. 다음해에 영문학의 두 번째 교수직이 신
설되었을 때 그의 이름이 거론되지 않았던 것 역시 그들의 영향력
때문이었다.[20]

헬렌 가드너는 루이스가 1951년 동료 교수들의 광범위한 지지가 있었음에도 불구하고 옥스퍼드 시학 교수직마저 얻지 못한 사실도 중요하게 언급했다.

그럼 루이스가 여러 차례 맹공을 퍼부었던 케임브리지 영문과의 교수직을 얻게 되었던 이유는 무엇일까? 케임브리지 영문과는 1920년대와 30년대에 설립되었는데, 당시의 기풍을 유지하고 있었고 문학비평의 분석적 도구들을 강조하고 실천 비평을 훈련시켰다. 그곳에는 I. A. 리처즈가 물려준 심리학적 경험적 경향이 많이 남아 있었다. 그런데 학식과 폭넓은 독서를 강조하는 루이스의 입장은 이와는 무척 달랐다. 루이스는 문학 텍스트에 대한 독자의 열린 수용을 강조했다. 루이스에게는, 독자의 역할에 비하면 문학의 전통적 고전조차 부차적인 문제였다. 반면 케임브리지는 문학에 거의 종교적인 중요성을 부여하는 듯했다. F. R. 리버스와 그의 추종자들은 이러한 분석적이고 평가적인 비평 활동을 열렬히 옹호했다. 루이스는 케임브리지의 초청을 받아 중세와 르네상스기에 대해 몇 차례 강의한 적이 있었는데, 케임브리지 영문과는 이 분야의 교수진이 빈약했다. 더구나 영문학 강사였던 스탠리 베닛의 은퇴 시기까지 겹쳐 상황이 더욱 어려워질 형편이었다. 케임브리지는 베닛에게 지급하는 강사료를 활용하여 중세 · 르네상스 문학 교수직을 신설하기로 결정했다. 그 자리는 루이스를 위해 하늘이 내린 것 같았다. 베닛을 포함한 일부 교수들은 이 시기를 루이스가 가르친다면 F. R. 리버스를 추종하는 '리버스주의자들'에 대한 건강한 교정책이 될 거라고 생각했음이 분명하다.

옥스퍼드와 케임브리지 모두 대학 교수 선출을 위한 선거인단을 저명한 학자들로 구성하는 것이 관례였다. 1954년 5월 10일, 옥스퍼드를 대표한 톨킨과 F. P. 윌슨, 그 외 여덟 명의 선거인단이 케임브리지의 올드 스쿨에 모였다. 다른 선거인으로는 스탠리 베닛, 배질 윌리 교수, 그리고 루이스와 예의 바른 논쟁을 벌인 바 있고 《개인적 이설》을 공저한 E. M. W. 틸리어드가 있었다. 루이스는 그 교수직에 지원하지도 않았고 케임브리지 초청 강연에서 르네상스 개념 자체에 대해 회의를 드러냈지만 선거인단은 만장일치로 그를 초빙하기로 결정했다. 루이스는 유신론과 기독교로 정말 마지못해 회심했던 것 못지않게 좀처럼 케임브리지 대학을 신뢰하려 들지 않았다.

헨리 윌링크 부총장이 교수직 초빙을 성급하게 거절한 루이스의 편지를 받고 보니 그가 지원하지 않은 이유 한 가지가 분명해졌다. 루이스는 그 자리에 관심이 있던 모들린 칼리지의 동료 문헌학자 G. V. 스미더스에게 지원하도록 격려했던 것이다. 그는 초빙에 응할 수 없는 다른 이유들로 집안 상황(심각한 알코올 중독에 빠진 형 워렌의 건강 문제)과 활력 감퇴를 언급했다. 쉰여섯의 루이스는 이전의 활력을 상당 부분 잃었다고 느꼈고 새로운 직책이 새로운 부담을 안겨 줄 것임을 알았다. 루이스의 가정생활은 1951년 무어 부인의 사망 이후 극적으로 달라졌고 그는 새로운 자유를 누리고 있었던 것이다.

윌링크는 하루를 기다린 후 다시 편지를 써서 루이스에게 결정을 재고해 보라며 보름간의 말미를 주었다. 루이스는 편지를 받은 즉시 답장을 보내 또다시 제의를 거절하며 이번에는 이유들을 좀더 상세히 밝히고 특히 워렌의 '정신 건강'을 언급했다. 게다가 그는 거의 탄원조로 케임브리지의 주거 문제를 거론했다. 최소한 학기

중에는 케임브리지에서 살아야 한다고 생각했기 때문이다. 월링크는 자신이 할 수 있는 일이 더 이상 없다고 느꼈다. 그는 루이스의 두 번째 거절 편지를 받은 당일, 배질 윌리와 얘기를 나눈 후 '차선책'으로 헬렌 가드너에게 초청 편지를 보냈다. 루이스와 달리 그녀는 그 문제를 한동안 검토할 필요를 느끼고 곧바로 답신을 보내지 않았다.

그 동안에 톨킨이 루이스를 만나러 갔던 것이다. 월링크가 헬렌 가드너에게 편지를 보낸 바로 그날, 톨킨은 그 편지에 대해 모른 채 친구를 설득해 마음을 바꾸게 만들었다. 그는 탁월한 언변으로 루이스가 주저하는 이유를 모두 무력화시켰다. 우선, G. V. 스미더스는 문헌학자로서 해당 직책의 적임자가 아니므로 양심에 거리낄 이유가 없다고 지적했다. 둘째, 케임브리지의 주거 규정은 유연성이 있었다. 루이스는 학기 중 일정 시간만 케임브리지에 머물면 되는 것이었다. 그가 케임브리지에 있는 동안에는 팩스퍼드와 밀러 부인(가정부)이 워렌과 함께 있어 줄 수 있었다. 셋째, 자리를 옮기는 것이 루이스에게 유익할 것이었다. 그에게는 환기(換氣)가 필요했고 톨킨과 루이스의 다른 친구들이 최선을 다했음에도 불구하고 옥스퍼드에서는 승진의 가능성이 없어 보였다. 몇 년 후 톨킨은 월터 후퍼에게 이렇게 털어놓았다. "전공 분야 외의 책을 쓰는 옥스퍼드 교수는 용서받지 못했다네. 독감에 걸려 누워 있을 때 읽는 탐정소설만 예외였지. 그러나 루이스는 여러 권의 세계적인 베스트셀러를 썼고 그중 상당수가 종교적 성격의 책들이었으니 용서받을 수 없는 일이었네."[3] 1931년의 그 중요한 밤처럼, 1954년 톨킨의 설득은 사태를 결정적으로 바꿔 놓았다. 당시 루이스가 기독교로 회심하는

데 톨킨이 주된 역할을 했던 것처럼, 루이스가 케임브리지 교수직을 받아들이게 된 원동력이 된 것도 톨킨이었다.

톨킨은 다음날 부총장에게 편지를 써서 좋은 소식을 알리고 루이스에게 주거 문제에 대해 안심시켜 주라고 요청했다. 그는 베닛에게도 루이스의 마음이 변했다고 알려 주었다. 그러자 윌링크는 톨킨에게 이미 헬렌 가드너를 초빙했다고 말했다. 이제 그들에게 남은 일은 그녀의 결정을 기다리는 것뿐이었다. 5월 19일, 루이스는 윌링크에게 케임브리지의 반가운 초빙에 응하고 싶다는 편지를 쓰면서 자기가 참 우스꽝스럽고 바보 같다고 덧붙였다. 그 사이 헬렌 가드너는 루이스가 그 자리에 관심을 갖게 되었다는 소문을 접했다. 그래서 그녀는 초빙을 거절했고 나중에 이렇게 설명했다. "루이스 교수가 마음을 바꿨다는 소식을 들은 것도 이유 중 하나입니다. 그 자리는 루이스 교수가 맡아야 할 자리가 분명하거든요." 그 대신 그녀는 옥스퍼드의 르네상스 영문학 강사 자리를 맡았다(1966년, 그녀는 결국 그곳에서 영문학 석좌교수가 되었다). 그녀는 르네상스가 그리 중요한 사건이 아니고 그 휴머니즘은 역사의 퇴보라는 루이스의 견해를 반박했지만, 여전히 그의 학식을 높이 샀다.[4] 루이스의 임명은 1954년 10월 1일에 발효되었는데 옥스퍼드에서 남은 업무 때문에 1955년 1월 1일까지 말미를 얻었다. 1월 7일, 그는 학문적 근거지였던 옥스퍼드의 모들린 칼리지(Magdalen College)를 떠나 케임브리지의 모들린 칼리지(Magdalene College)에 주거를 정했다. 루이스는 막달라 마리아(Mary Magdalene)에 대한 신의를 지킬 수 있어서 기쁘다며 그 변화를 네빌 코그힐에게 이렇게 설명했다. "나는 비로소 회개한 막달라 마리아로 바꾸었네."

사람들은 흔히 루이스하면 옥스퍼드를 연상한다. 그는 유니버시티 칼리지의 학부를 졸업했고 거의 30년 동안 모들린 칼리지의 개별지도 교수로 있었다. 톨킨과 함께 옥스퍼드 영문과의 고학년 교과과정을 개정하도록 도왔으며 그의 학술 서적 대부분은 그곳에서 출간되었다. 그리고 물론 그는 옥스퍼드 잉클링즈의 중심 인물이었다. 그러나 1954년 말부터 건강 악화로 인해 조기 은퇴를 해야 했던 1963년까지 8년여 동안 케임브리지 대학과 긴밀한 연관을 맺었다. 그 시기 동안 그는 킬른스에 계속 거처를 두고 학기 중에는 케임브리지에 머물렀다. 그는 케임브리지에서 몇 권의 중요한 책을 출간하게 되는데, 《단어 연구》(1960), 《비평 실험》(1961), 《폐기된 이미지》(1964)를 비롯하여 《중세·르네상스 문학 연구》(1966), 《수필 문학 선집》(1969), 《삶에 대한 스펜서의 이미지》(1967) 등의 중요한 저작들이다. 이 중 마지막 저작은 루이스의 광범위한 강연 노트를 재구성한 책이다.

평론가이자 소설가인 데이빗 라지는 문학에 대한 루이스의 역사적 접근법을 이렇게 요약한다.

[루이스의 문학비평은] 놀랄 만큼 폭넓은 관심과 전문 지식을 보여 주는데, 중세 문학에 대한 저작, 특히 궁정풍 연애 문학에 대한 걸작 《사랑의 알레고리》가 가장 유명하고 또 존경을 받았다. ……C. S. 루이스는 여러 면에서 '옥스퍼드' 전통의 문학비평의 정수를 보여 주었다. 그것은 느긋하고 박식하고 열정적이고 보수적인 모습이었다. 원칙과 실천에 있어 그는 케임브리지의 [리버스의] 스크루티니 그룹과 정반대였다. ……그는 문학 연구를 역사적 연구로 간주했고 그

정당성을 과거의 보존에서 찾은 게 분명했다. 〈시대 구분〉이란 강의에서 루이스는 문학 연구에 대한 그의 개념과 향후 전망에 대한 회의(懷疑)를 탁월하고 박식하고 재치 있게 표현하고 있다.[5]

"시대 구분"은 1954년 루이스의 케임브리지 취임 강연 제목이었다. 그러나 루이스는 단지 문학사가만은 아니었다. 문학에 대한 그의 역사적 연구에는 이중의 목적이 있었다. 우선은 원전의 의미를 밝히는 것이었고, 다른 하나는 먼 옛날의 원전을 창문으로 삼아 다른 문화의 이전 세계를 들여다보려는 것이었다. 그는 언제나 각각의 원전에 주된 초점을 맞추었고 역사적 맥락은 부차적인 과제로 여겼다. 그 세계는 인간의 집단적 상상력과 권력의 열매이고 우리는 그 안에 담긴 가치관을 고려해야 한다. 우리는 우리 자신이 갇혀 있는 당대의 세계 모델 바깥에서 그 한계를 볼 수 있게 해 주는 다른 시대의 관점이 필요하다. 실제로 루이스는 이전 시대들, 특히 16세기의 사고와 상상력을 회복시키려 활발히 연구하고 노력을 기울였다.

◎◎◎

루이스의 쉰여섯 번째 생일이었던 1954년 11월 29일에 행한 그의 취임 강연은 톨킨과 그가 각자의 작품 속에서 옹호했던 '옛 서구의 가치관'을 공개적으로 옹호할 수 있는 출발점이 되어 주었다. 그것은 케임브리지에서의 경력을 여는 힘찬 출발이었다. 반면 케임브리지에서 출간한 이후의 저작들은 같은 주장을 좀더 간접적이고 암시적으로 표현했다. 그것은 모더니즘의 특징인 기술만능주의와 기계적 사고방식보다 학문을 높이 평가하는 가치관을 설득력 있게 지지하는 것이었다.

1956년에 루이스의 아내가 되는 헬렌 조이 데이빗먼(1915-1960)은 1954년 12월 23일, 미국인 채드 월쉬에게 보낸 편지에서 루이스의 취임 강연을 이렇게 묘사했다.

> ……재기 넘치고, 지적으로 흥미롭고, 예상을 뛰어넘어 정말 재미있었어요. 강당은 사람들로 꽉 찼는데 앞줄에 대학모와 가운을 입은 교수들이 너무 많아서 까마귀 떼처럼 보였어요. 그는 교수들이 흔히 그러는 것처럼 문화의 연속성이나 전통의 가치 등에 대해 말하지 않았어요. 소위 '옛 서구 문화'는 사실상 죽었고 자신과 같은 소수의 생존자들만 곳곳에 살아남았다고 말하더군요. ……그 사람은 소수, 그것도 가망 없는 소수에 속한 것을 기뻐하고 있어요! 전 세계에 맞선 아타나시우스, 풍차에 맞선 돈키호테랄까. ……그는 덤덤하게 '탈기독교의 유럽'에 대해 말했어요. 하지만 그건 너무 성급한 주장이라는 생각이 들더군요. 기독교가 정말 모든 곳에서 승승장구한다면 그가 어떻게 할까? 가끔은 그게 궁금해져요. 그는 새로운 이설(異說)을 만들어 내야 할 걸요.[6]

강연에선 루이스 특유의 대담한 수사가 넘쳐난다.

> 대략적으로 말해서 우리 선조들은 모든 역사를 전(前)기독교 시대와 기독교 시대, 두 시기로 나눌 수 있었습니다만 우리는 역사를 세 시

기로 나눕니다. 전기독교 시대, 기독교 시대, 그리고 적당한 이름을 찾자면 탈기독교 시대가 그것입니다. ……저는 그것을 일종의 문화적 변화로 생각하고 있습니다. 그런데 저에겐 두 번째 변화가 첫 번째 변화보다 훨씬 더 근본적인 것으로 보입니다. 기계가 태어난 시기는 제인 오스틴(Jane Austen : 1775-1817)과 우리의 중간이었습니다. 그녀와 셰익스피어, 초서(Geoffrey Chaucer : 1340-1400), 앨프레드(Alfred : 849-899 · 잉글랜드의 왕─옮긴이), 베르길리우스(Vergil : 기원전 70-19), 호메로스(Homer : 기원전 10세기경)나 파라오들 사이에는 그만큼 커다란 변화가 없었습니다. ……기계의 탄생은 선사시대의 시기를 구분하는 거대한 변화에 비견할 만합니다. 또이것은 석기 시대에서 청동기 시대로 가는 변화, 목축 경제에서 농업 경제로의 변화와 맞먹는 수준의 변화입니다. 자연 속 인간의 위치가 달라진 것입니다.[7]

톨킨의 이야기들은 나름의 방식으로 루이스 강연의 주제들을 구현하고 있다. 예를 들면 톨킨의 '옛 서구적' 테마들이 소유와 힘이라는 관련 주제들을 다루는 데서 분명히 볼 수 있다. 소유는, 신의창조력을 갖고자 한 모르고스의 욕구에서부터 절대반지의 유혹에이르기까지 그의 이야기들을 하나로 묶는 주제이다. 톨킨은 힘을오용하는 사례로 기계적이고 기술적인 마법을 자주 활용한다. 모르고스, 사우론, 그리고 사루만은 유전공학을 실험하고─로봇 같은오르크들을 만든다─기계를 사용하거나 기계의 사용을 장려한다. 절대반지는 사우론의 탁월한 기술로 만들어진 기계이다. 톨킨은 이사악한 마법을, 지배의 욕구가 없는 요정들에게서 전형적으로 나타나는 예술과 대비한다. 이와 비슷하게 루이스는 기계적 태도 또는 기술주의를, 자연을 지배하고 소유하기 위한 현대적 형태의 마법이라 보았다. 이 테마는 《그 가공할 힘》에 표현되어 있다.

루이스는 취임 강연에서 현대 세계와 대비하는 방식으로 '옛 서구'를 정의했다. 그는 19세기 초 무렵이 거대한 분수령이 되었다고 믿었다. 그것은 사상과 신념의 변화였을 뿐 아니라 사회적·문화적 분수령이기도 했다. 한편 루이스는 기독교 이전의 이교 사상에서 그가 그토록 옹호했던 기독교적 가치들의 예시(豫示)를 보았고, 그런 점에서 그러한 이교 사상에서 긍정적 가치를 발견했다. 그는 취임 강연에서 이렇게 경고했다.

> 기독교인과 이교도의 공통점은 탈기독교 시대 사람들 사이의 공통점보다 훨씬 많았습니다. 다른 신을 섬기는 이들 사이의 간격은, 신을 섬기는 자와 섬기지 않는 자 사이의 간격보다 넓지 않습니다. ……탈기독교 시대의 사람들은 이교도가 아닙니다. 그보다는 차라리 기혼녀가 이혼을 하면 처녀성을 되찾는다고 생각하는 게 나을 겁니다. 탈기독교 시대의 사람은 기독교적 과거로부터 단절되었고, 따라서 이교도적 과거로부터는 이중으로 단절되었습니다.[8]

당연히 케임브리지의 많은 사람들은 그 강연과 새로운 교수를 좋아하지 않았다. 그들은 루이스의 연설을 사라진 기독교 세계를 재건하려는 반동적 시도로 해석하고 즉시 대응했다. 1955년 2월호 잡지 〈20세기〉의 전체 주제는 루이스의 강연으로 예고된 케임브리지의 불길한 사태에 초점을 맞추었다. 사설에서는 다양한 분야의 기고자 12명 모두가 "자유롭고 진보적인 인문학적 탐구의 중요성"에 동의했고 "그들은 그것이 대학사회뿐 아니라 문명화된 모든 집단에 적합하다고 생각한다"고 선언했다. 기고자 중 한 명인 소설가 E. M. 포스터는 휴머니즘이 위협을 받고 종교가 행진 중이라고 보았다. 그는 루이스가 인문주의의 "역사적 보루인 르네상스가 존재하지도 않았다고 주장한다"고 말했다. 기고자들은 루이스가 분 나팔에 인문주의의 벽이 무너지지 않을까 우려했다.

그리고 안 그래도 인문주의와 계몽주의에 맞선 공세를 우려하는 그들의 심기를 더욱 자극하는 일이 그해 후반에 일어났다. 복음전도자 빌리 그레이엄이 케임브리지 기독인 연합(CICCU)에서 운영하는 케임브리지 대학 선교회를 방문한 것이었다. 그레이엄은 루이스를 만났고 (케임브리지의 인문주의자들이 그 만남에 대해 미리 알았다면 놀랄 일도 아니지만) 두 사람은 서로 무척 좋아했다.

그러나 이 취임 강연 이후 루이스는 문학 연구에 대해 좀더 조용하고 간접적인 접근법을 취했다(밀턴에 대한 초기의 도발적인 연속 강좌는 예외로 하자. 루이스는 밀턴을 케임브리지에서 복권시키고 싶어 했다). 물론 그가 톨킨과 공유했던 고전 문학에 대한 기본 견해는 밀어붙였다.

⌀

루이스가 오랫동안 바라던 안정된 교수직을 얻게 된 일은 톨킨과의 우정에서 정점에 해당하는 일이었다. 그러나 이 시기에 루이스와 뉴욕 여성 조이 데이빗먼과의 관계가 깊어졌는데, 그 일은 루이스와 톨킨의 우정을 송두리째 위협했다. 조이가 활발한 서신 교환 끝에 1952년 루이스를 처음 만났을 때, 그녀는 남편과 실질적인 별거 상태였고 이혼을 예상하고 있었다.

루이스는 1951년 무어 부인의 죽음으로 그녀를 보살피겠노라고 자청한 헌신에서 자유로워진 상태였다. 루이스와는 달리 이혼은 절대 안 된다고 생각했던 톨킨에게 이 상황이 얼마나 충격적이었을지 짐작할 수 있다. 이혼에 대한 두 사람의 입장 차이는 루이스의 전시(戰時) 방송 강연 중 몇 구절에서 불거졌다. 그것은 톨킨이, 인기와 함께 대단한 영향력을 갖춘 평신도 신학자로서의 루이스를 거북하게 여겼던 이유 중 하나이기도 하다.

조이 데이빗먼은 톨킨을 속상하게 했던 루이스의 발언 요지를 자신의 책 《시내산의 연기》 중 제7계명, 간음에 대한 장에서 긍정적으로 인용했다. 그것은 교회와 국가의 역할과 관련된 내용이었다. "결혼을 평생 지켜야 할 약속으로 믿지 않는 사람은, 지킬 생각도 없는 서약을 하느니 그냥 동거하는 편이 더 낫다고 생각할지 모르겠습니다. 그러나 결혼하지 않고 동거하는 것은(기독교적 관점에서 볼 때) 간음의 죄입니다. 한 가지 잘못을 피하기 위해 다른 잘못을 저지를 수는 없는 일입니다. 서약을 깨뜨리지 않기 위해 순결을 깨뜨릴 수는 없습니다." 그녀는 또 다른 관련 구절을 인용했는데, 그 구절은 "결혼을 두 가지 종류, 즉 국가가 모든 국민에게 부과하는 법으로 통제되는 결혼과, 교회가 교인들에게 부과하는 법으로 통제되는 결혼으로 구별"하는 것이 현명할 것이라고 제안하고 있다. 법과 도덕 사이에는 중요한 차이가 있는 것이다.

톨킨은 루이스의 견해가 잘못된 이유를 설명하는 장문의 편지를 썼다. 그 편지는 발송되지 않았지만 아마도 두 사람은 그 주요 사항에 대해 이야기를 나누었을 것이고, 이혼녀에게 구혼하고 그녀와 결혼한 루이스는 톨킨의 견해를 알고 있었을 것이다. 루이스가 톨킨에게 조이와의 결혼에 대해 말하지 않았던 이유가 바로 이것이 아니었을까 싶다(그래서 톨킨은 두 사람의 결혼을 결혼식 직전까지 알지 못했다). 다음의 짧은 인용문에서 분명히 밝히고 있는 바에 따르면, 톨킨은 1956년 4월에 조이와 루이스가 했던 단순한 혼인신고도 묵인하지 않았을 것이다. 톨킨은 이렇게 주장했다.

> 필수적인 기독교 도덕은 그리스도인에게만 유효한 게 아니네. ……핵심은, 그것이 '인간이라는 기계를 돌리는' 올바른 방법이라는 걸세. 자네의 주장은 그것을 그저 소수의 선택된 기계들에게만 해당되는 부가 조건 정도로 깎아내리고 있네. ……이혼을 용납하는 것은— 그리스도인이 정말 이혼을 용납한다면—이는 인간 학대를 용납하는 것일세…….[9]

전통적인 가톨릭 신자와 개신교인 영국 국교회 신자였던 두 친구 사이를 갈라 놓은 종교적 · 교파적 문제는 이뿐이 아니었다. 그들은 화장(火葬)에 대해서도 견해가 전혀 달랐는데, 그 사실은 잉클링즈 모임 중에 드러났다. 톨킨은 인간이 죽은 후에도 몸은 여전히 성전이므로 예를 다해 매장을 해야 한다고 주장했다. 그러나 루이스가 볼 때 몸은 죽음과 동시에 폐기되는 것이었다. 따라서 화장에 반대할 이유가 없었다. 화장은 부패 과정을 단축하는 것일 뿐이기 때문이다. 두 사람은 서로의 이러한 차이점들을 매우 강하게 느끼고 있었다.

기분이 아주 언짢을 때는 톨킨도 자신이 농담조로 '얼스터적인 저의'라 불렀던 루이스의 모습에 신경이 쓰였다. 그 말은 루이스가 카페에서 너무 흥분하거나 술을 많이 마셨을 때 가끔 튀어나왔을 법하지만, 글에서는 주의 깊게 삼갔던 북아일랜드의 개신교 배경을 가리킨 말이다. 톨킨은 루이스가 죽은 후 '귀향'(루이스의 책 《순례자의 귀향》의 제목에 나오는)이라는 용어를 놓고 이렇게 추측했다.

루이스는 기독교로 다시 들어갈 때도 새로운 문이 아니라 옛 문을 이용했을 것이다. 기독교를 다시 채택할 때도 어린 시절과 소년기에 깊이 심겨진 편견들을 채택하거나 다시 깨웠을 거라는 말이다. 그는 다시 북아일랜드 개신교도로 되돌아갔을 것이다. 물론 차이점은 있었다. 그는 더 이상 북아일랜드에 살지 않고, 학식이 있고, 상상력과 명석하고 분석적인 지성을 모두 갖춘 훌륭한 재능의 소유자였다. 무엇보다도 그의 믿음은, 모두 하나님의 은혜에 인내와 자기 희생으로 영웅적으로 반응한 산물이었다. 그가 스스로를 의식할 수 있을 때는 분명히 그러했다.[10]

톨킨이 이러한 견해를 드러내 놓고 루이스에게 말했을 가능성은 낮다. 루이스는 《순례자의 귀향》의 퓨리타니아가 그가 사랑한 유년 시절의 땅, 얼스터와 동일시되는 것을 싫어했다. 그는 나중에 얼스터를 나니아의 땅으로 바꿔 놓는데, 그것은 톨킨이 기억 속의 잉글랜드 중서부를 샤이어에 옮겨 놓은 것과 같다.

조이 데이빗먼은 수상 경력이 있는 시인이자 소설가로 1955년에 십계명에 대한 신학적 연구서 《시내산의 연기》를 출간했다. 날카로운 갈색 눈에 키가 작았던 그녀는 검은 머리를 목까지 길렀고 피부가 고왔다. 그녀에게는 사회적 지위보다 사상이 더 중요했다. 절망스러운 대공황 시기에 한 굶주린 젊은 여성이 빌딩에서 몸을 던지는 것을 본 후, 그녀는 정치적 의식을 갖게 되었고 공산주의자가 되었다. 그녀는 유대인이었지만 불가지론을 믿는 뉴욕의 가정에서 자라났다. 후에 그녀는 자신의 세계관을 이렇게 묘사했다. "생명은 전기화학적 반응에 불과하다. 사랑, 예술, 이타주의는 모두 성욕의 산물이다. 우주는 물질에 불과하고 물질은 에너지에 불과하다. 에너지가 무엇인지는 잊어버렸다."[11] 그녀는 작가이자 비유대인이었던 빌 그레셤을 진심으로 사랑했고 그와 결혼했다. 빌은 이혼 경력이 있었고 스페인 내전 당시 프랑코에 맞서 싸웠다.

조이는 1944년에 데이빗, 1945년에 더글러스, 이렇게 두 아들을 낳았다. 엄마 노릇도 힘들었지만 빌의 알코올 중독과 바람기도 그녀를 괴롭혔다. 그녀는 타고난 수줍음을 딛고 때론 마찰도 불사하는 외향적인 모습을 서서히 배워 갔다. 조이는 결국 마르크스주의에서 기독교로 회심했는데, 루이스의 글이 도움이 되었다. 그러나 그녀의 궁극적 전환점은 1946년 초봄, 극단적 위기 속에서 겪은 신비로운 체험이었다. 그녀는 나중에 그 체험을 루이스와 나누었다. 루이스 또한 무신론에서 기독교로 점진적 회심을 경험한 가운데 그와 유사한 초자연적인 신의 현현(顯現)을 체험했었다.

그것은 무한하고, 유일무이하다. 표현할 말도 없고 비교할 데도 없다. 찻잔으로 바닷물을 퍼낼 수 있을까? 하나님을 알았던 이들은 나를 이해할 것이다. 그 외의 사람들은 내 말에 귀를 기울이지도 않고 이해하지도 못한다. 그 방에 나와 함께 어떤 인격체가 있었다. 그분이 내 의식에 직접 다가오셨다. 너무나 실제적인 그분에 비하면 이전의 내 삶은 모두 그림자놀이에 불과했다. 나는 그 어느 때보다 생생하게 살아 있었다. 그것은 잠에서 깨어나는 것과 비슷했다. 그토록 강렬한 생명은 살과 피로 오래 지탱할 수 없다. 시간과 공간과 물질의 세계에서 우리의 생명은 묽게 희석되기 마련이다. 그리하여 하나님에 대한 나의 지각은 대략 30초 정도 지속되었다.[12]

처음에 루이스는 그저 지적으로 조이에게 매력을 느꼈다. 그가 당시 34세였던 조이로부터 첫 번째 편지를 받은 때는 1950년 1월 10일이었다. 그것은 그가 독자들로부터 받은 많은 편지 중 하나였다. 그러나 그녀의 편지는 눈에 띄게 달랐고 두 사람은 정기적으로 편지를 주고받기 시작했다. 당시 50대 초반이던 루이스는 1950년 가을에 그녀를 처음으로 만났다. 그녀가 어린 두 아들을 데리고 잉글랜드로 왔던 것이다. 그때 조이와 빌 그레셤은 잠정 별거에 합의한 상태였다.

워렌은 얼마 후 모들린 칼리지에서 있었던 두 번째 만남에 동석했고 두 형제 모두 그녀에게 빠져 버렸다. 워렌은 그녀의 거침없는 뉴욕식 태도를 특히 좋아했다. 조이는 서너 명의 남자가 있는 자리에서 워렌에게 "세상에서 가장 자연스러운 목소리로 '이 수도원 같은 건물 어딘가에 숙녀가 용변을 볼 수 있는 곳이 있나요?' 라고 물었다." 워렌은 이 일을 일기장에 남겼다.

뉴욕에서 다시 얼마간의 시간을 보내고 결혼이 파경에 이른 후, 조이 데이빗먼은 두 아들을 데리고 영국으로 건너와서 처음에는 런던에서, 나중에는 루이스 근처 옥스퍼드에서 살았다. 조이와 루이스는 이내 절친한 사이가 되어 매일 만났다. 루이스는 그녀를 회고하며 이렇게 썼다. "그녀의 정신은 마치 표범처럼 유연하고 활달하며 강건했다. 열정이나 온유함, 혹은 고통 때문에 그녀의 정신이 흐트러지는 일은 없었다. 처음에는 그녀가 진부하고 피상적인 사람인 양 느껴졌었다. 그러나 그녀는 미처 무슨 일이 일어나고 있는지 깨닫기도 전에 튀어 올라 상대를 때려 눕혔다." 그들은 1956년 4월 23일 옥스퍼드 호적등기소에서 일반(세속) 혼인 예식으로 결혼했는데, 순전히 그녀에게 영국 국적을 주기 위해서였다.

적어도 루이스는 상황을 그렇게 이해했다. 혼인 신고 소식을 들은 그의 친구들이 볼 때 상황이 너무나 분명했음에도 불구하고, 그 단계에서 루이스의 머리는 자신의 마음을 알지 못했다. 그러나 톨킨은 루이스의 신중한 일반 혼례식에 대해 아무 소식도 듣지 못했다. 1956년 가을, 루이스는 조이가 암에 걸렸을 뿐 아니라 수술마저 불가능하다는 사실을 알게 되었다. 그것은 갑작스러운 뜻밖의 소식이었고 루이스는 깊은 충격에 사로잡혔다. 루이스에게 암은 낯선 병이 아니었다. 당시 조이의 두 아들은, 루이스의 어머니가 죽었을 때 그들 형제의 나이와 비슷한 또래였다. 그 유사성이 머리에서 떠나지 않았다. (루이스의 표현을 빌자면) 죽음의 신이 연적(戀敵)이 된 상황에서, 조이에 대한 루이스의 사랑은 급속히 깊어졌다. 1957년 3월 21일, 조이가 치료를 받던 병원에서 성공회 의식에 따른 병상 결혼식이 열렸다. 조이는 죽음을 준비하기 위해 킬른스로 이사했고 두 아들 데이빗, 더글러스와 다시 만났다.

톨킨은 당시 벌어지는 상황을 여전히 모르고 있었다. 기독교식으로 결혼식이 열린 바로 그날, 톨킨은 조이의 친구였던 캐슬린 패러에게 편지를 보내 조이가 "가엾은 잭 루이스의 문제"에 너무 많이 신경을 쓰는 것 같다고 썼다. 그는 이 모든 상황에 대해 '험프리' 하버드 박사(일반의였던 그는 조이의 암을 진단해 내지 못했다)가 알려 준 '조심스러운 힌트' 외에는 거의 아는 바가 없었다고 털어 놓았다. 루이스가 톨킨과 만날 때마다 책에 대한 이야기만 한 것은 이해할 만하다. 톨킨은 책에 대한 열정을 누그러뜨릴 만한 걱정거리나 슬픔을 알지 못했던 것이다. 더구나 루이스가 조이에게 쏟는 정성에다 케임브리지의 업무로 보내는 시간을 빼고 나면 톨킨과 만날 시간이 거의 없었다. 알려진 바로는, 톨킨은 이 무렵 '독수리와 아이'에서 매주 열리던 잉클링즈 모임에 참석하지 않고 있었다.

치유를 위해 기도한 후, 뜻밖에도 조이는 회복되었다. 모든 의학적 예측을 뒤집고 심각하게 병든 그녀의 골수가 회복되었고 1957년 7월에는 밖으로 나가 돌아다닐 수 있을 정도로 회복되었다. 이 기간 내내 루이스는 학기 중 평일에는 케임브리지에서 일을 계속했다. 데이빗과 더글러스는 집을 떠나 기숙학교에 가 있었다. 이듬해 조이와 루이스는 아일랜드에서 2주간의 휴가를 가졌다. 조이의 회복으로 두 사람의 생애에서 가장 행복한 길지 않은 몇 년이 시작되었다. 루이스는 잉클링즈 동료 네빌 코그힐에게 이렇게 털어놓았다. "20대에 나를 지나쳤던 행복을 60대가 되어서 누리게 될 줄은 생각도 못했네."

워렌에 따르면 루이스의 결혼생활은 "굶주리고 움츠러들었던 그의 본성이 온전한 모습을 갖도록" 해 주었다. 루이스에게 결혼생활은, 사람들이 사랑을 대체하기 위해 하나님을 만들어 낸 게 아닌가 하는 예전의 의혹을 일소하는 계기가 되었다. 《헤아려 본 슬픔》에서 그는 이렇게 회상했다. "그 몇 년 동안 [조이와] 나는 사랑의 모든 면을 나누고 즐겼다. 엄숙하고 즐거운 사랑, 낭만적이고 현실적인 사랑, 뇌우처럼 극적인 사랑, 보드라운 실내화를 신은 듯 푹신하고 편안한 사랑을 모두 맛보았다." 그는 그 책에서 아내가 죽은 후 다가온 깊은 슬픔의 단계들을 일기 형태로 기록했다.

결국 암이 재발했지만 두 사람은 조이가 죽던 해인 1960년 봄에 그리스로 여행을 떠날 수 있었다. 그것은 두 사람 모두 간절히 바라던 여행이었다. 로저와 준 랜슬린 그린 부부가 그들과 동행했다. 그로부터 얼마 후, 조이 데이빗먼 루이스와 에디스 톨킨은 같은 옥스퍼드 병원에서 만나게 되었다. 조이는 암 치료를 위해, 에디스는 극심한 관절염 때문에 병원을 찾은 것이었다. 그것이 그들의 첫 번째 만남이었다. 톨킨도 에디스를 찾아왔다가 처음(이자 아마도 마지막)으로 조이를 만났다. 루이스가 톨킨에게 조이를 소개했다. 1960년 5월 20일, 조이는 암 수술을 받은 후 다시 죽음을 맞으러 킬른스로 돌아왔다. 결국 그리스 여행을 갔다 온 두 달 후인 1960년 7월 13일, 그녀는 세상을 떠났다.

에디스와 조이의 만남은 톨킨과 루이스 사이에 일종의 화해를 가져다주었다. 루이스가 결혼한 후 두 친구는 거의 만나지 않았다. 사실 루이스와 조이의 관계는 루이스와 톨킨의 우정에 암영을 드리웠고 끝내 그것은 완전히 해소되지 않았다. 에디스는 학자인 남편의 세계에 쉽사리 적응하지 못했고, 여러 해 동안 루이스는 톨킨의 집을 방문하는 걸 불편해했다. 그는 잉클링즈 모임이나 다른 일이 있을 때 카페나 칼리지 연구실에서 톨킨을 만났다. 에디스에게는 조이와 만난 일이 루이스를 새롭게 볼 수 있는 계기가 되었을 것이고 톨킨에게는 친구의 '이상한 결혼'을 받아들이는 데 도움이 되었을 것이다. 그러나 두 사람은 이전 같은 친밀함을 완전히 되찾지는 못했고, 조이가 죽은 후에도 자주 만나지 않았다.

⊕⊥◎

루이스의 《그 가공할 힘》이 상당 부분 찰스 윌리엄스의 영향을 받았던 것처럼, 1956년에 출간된 소설 《우리가 얼굴을 가질 때까지》는 조이 데이빗먼의 영향이 담겨 있다. 그녀는 《안냐》(1940)와 《눈물의 만(灣)》(1950)을 쓴 능숙한 소설가였다. 루이스가 여성의 관점에서 이야기를 쓸 수 있을 정도의 자신감을 갖게 된 것은 조이 덕분임이 분명하다. 소설 속에 나오는 오루알처럼, 조이도 신의 현현을 겪고 세계관이 완전히 뒤집어진 바 있다. 처음에 읽으면 그 책은 전혀 루이스의 작품으로 보이지 않는다. 물론 계속 읽어 나가다 보면 그의 테마들이 가득 담겨 있음을 볼 수 있지만 말이다. 그 책은 친구 톨킨과의 유사성이 가장 많이 드러난 작품이다. 그 작품은 전(前)기독교 세계를 배경 삼아 고대 신화 속에 드러난 기독교 복음의 예시(豫示)를 탐구하고 있기 때문이다.

《우리가 얼굴을 가질 때까지》에서 루이스는 아풀레이우스의 《황금 당나귀》에 나오는 큐피드와 프시케의 고전적 이야기를 각색했다. 아풀레이우스의 이야기에서 프시케는 너무나 아름다워서 비너스의 질투를 사게 된다. 프시케를 추한 생물과 사랑에 빠지게 하기 위해 보냄을 받은 큐피드는 오히려 그녀와 사랑에 빠지고 만다. 그녀를 신비로운 궁전에 숨겨 놓은 후, 그는 어둠 속에서만 그녀를 방문하면서 그녀가 자기 얼굴을 보는 것을 금한다. 질투심에 사로잡힌 언니들이 프시케에게 그녀의 연인은 괴물이고 언젠가 그녀를 잡아먹을 거라고 말한다. 어느 날 밤 그녀는 램프를 들고 큐피드의 얼굴을 비쳐 보는데 그만 기름 한 방울이 떨어져 큐피드를 깨우고 만다. 분노한 신은 그녀를 떠난다. 프시케는 자신의 연인을 찾아 전 세계를 다닌다. 비너스는 그녀에게 여러 가지 불가능한 임무를 부여하지만 그녀는 모두 해낸다. 하지만 호기심을 이기지 못하고 지하 세계에서 온 죽음의 상자를 열어 버림으로써 마지막 임무는 실패하고 만다. 그러나 결국 그녀는 큐피드와 결혼하도록 허락을 받는다.

《우리가 얼굴을 가질 때까지》에서 루이스는 기본적으로 고전 신화를 따라가지만 프시케의 이복 언니 오루알의 눈을 통해 그 이야기를 풀어 나간다. 오루알은 신들 앞에서 자신의 행동이 질투가 아니라 프시케에 대한 깊은 사랑에서 나온 것이었다고 변호하려 든다. 프시케의 빼어난 미모는 오루알의 못생긴 얼굴과 대조를 이룬다(이후에 그녀는 베일을 쓴다). 그리스 땅 북쪽 어딘가에 있는 나라 글롬에서는 변형된 비너스인 웅기트 여신을 섬긴다. 글롬 왕국에 가뭄과 다른 재난들이 닥치자 죄 없는 프시케는 회색 산맥에서 그림자 짐승 또는 서풍, 즉 산의 신에게 희생 제물로 바쳐지게 된다.

얼마 후 오루알은 왕의 충실한 경호대장 바르디아를 대동하고 프시케를 장사 지내기 위해 유골을 찾아 나선다. 프시케의 흔적을 찾지 못한 바르디아와 오루알은 그 사이 감춰진 아름다운 신의 골짜기를 발견한다. 그곳에서 프시케는 누더기 차림이긴 했지만 생생하게 살아 있다. 그녀는 산의 신과 결혼했다고 주장하지만, 그 얼굴은 본적이 없다고 했다. 그 '신'이 괴물이나 범법자일 것을 우려한 오루알은 내켜 하지 않는 프시케에게 남편이 잠든 사이 그의 얼굴을 비춰 보라고 설득한다.

고대 신화와 마찬가지로, 프시케는 남편을 믿지 못한 벌로 불가능한 임무들을 감당하며 방랑하는 운명이 된다. 오루알은 프시케를 잃고 그녀의 울음소리를 듣는 환상에 끊임없이 사로잡힌 채 고통과 슬픔 속에 보낸 비통한 세월을 기록한다. 또한 오루알은 자신이 겪은 통렬한 '각성'을 기록한다(다른 데서 루이스는 그 경험을 그렇게 부른다). 갑작스럽고 고통스러운 자각을 통해 오루알은 프시케에 대한 자신의 사랑이 얼마나 소유욕으로 오염되어 있었는지 알게 된다.

루이스의 이야기에서 프시케 공주는 글룸의 백성들을 위해 죽을 각오가 되어 있다. 루이스는 클라이드 킬비(1902-1986)에게 보낸 편지에서, 프시케는 '타고난 그리스도인다운 영혼'의 예로 설정된 것이라고 설명했다. 프시케는 자신을 키운 이교 종교의 한계를 최대한 활용했다. 이교적 통찰들이 그녀를 참된 신에게로 안내했다. 그러나 그것은 그녀의 상상력과 그녀가 속한 문화의 한계 내에서 이루어진 일이었다. 루이스는 킬비에게 보낸 편지에서 프시케는 어떤 면에서 그리스도를 닮았지만 그분의 상징은 아니라고 결론을 내렸다. 프시케는 모든 고결한 남녀와 마찬가지로 자신의 선한 본성으로 그리스도를 닮은 것이었다.

그러므로 이 이야기에서 중요한 요소 한 가지는, 그리스도에 대한 고대의 '기다림'으로 표상되는 프시케다. 프시케는, 완전한 희생을 마땅히 요구할 수 있으며 너무도 아름다우신 참 하나님을 잠깐이나마 볼 수 있다. 이 이야기를 이해하는 또 다른 열쇠는 상상력과 이성의 갈등이라는 주제에 있다. 이 갈등은 루이스에게 너무도 중요했고 그의 자서전 《예기치 못한 기쁨》에 생생하게 그려져 있다. 이야기 속에서 이복 자매 오루알과 프시케가 결국 동일시되는 것은 이성과 상상력, 그리고 마음과 영혼의 조화와 만족을 나타낸다. 루이스는 (톨킨을 따라) 그것이 기독교 신앙 안에서만 온전히 이루어질 수 있다고 믿었다. 소설은 이교적 상상력의 한계 내에서 어느 정도의 통찰이 가능한지 모색하고 있다. 이교적 상상력은 복음서 안에서 이루어진 신화와 사실의 결합을 예시하기 때문이다. 그러므로 《우리가 얼굴을 가질 때까지》는 루이스가 쓴 다른 어떤 책보다 루이스와 톨킨의 상상력과 신학의 유사성이 잘 드러난 작품이라고 볼 수 있다. 그런 소설이 두 친구의 사이가 소원해진 시점에 쓰였다는 것이 얄궂을 따름이다.

　　　　　　　　　　　　⬭

　1950년대 내내 톨킨은 중기 영어 시기의 잉글랜드 중서부 지방의 문학을 연구하고 가르쳤다. 1953년 4월 15일, 그는 글래스고 대학에서 '거웨인 경과 녹색 기사'라는 제목으로 윌리엄 커 기념강연을 했다. 그해 후반부인 12월, BBC 라디오는 톨킨이 번역한 《거웨인 경과 녹색 기사》를 드라마로 방송했다. 그리고 1955년, 원래 〈노션 클럽 문서〉의 일부였던 톨킨의 시 〈임람〉이 〈타임 앤드 타이드〉에 실렸다. 게일어(아일랜드 고유어—옮긴이)로 '항해'를 뜻하는 〈임람〉에서 톨킨은 중세 초기의 유명한 성 브렌던의 항해 이야기를 약간 바꾸어 자신이 만들어 낸 신화에 집어넣었다. 시는 잃어버린 길, '가라앉은 섬'(누메노르)을 표시하는 '해안이 없는 산'(메넬타르마)과 하얀 나무(켈레보른)가 있는 신비로운 섬(톨 에렛세아), 그리고 세계 너머로 이어지는 옛길을 표시하는 아름다운 별(에아렌딜)을 언급한다. 이 작업은 당대의 독자와 자신의 신화 〈실마릴리온〉을 이어줄 연결고리를 찾는 톨킨의 지속적인 열정을 보여 준다.

1959년, 예순일곱의 나이로 대학에서 은퇴하면서 그의 생애에 새로운 단계가 시작되었다. 톨킨은 머튼 석좌교수를 맡을 때 취임 강연을 하지 않았다. 그 대신 1959년 6월 5일에 머튼 석좌교수 자리를 사퇴하며 '고별사'를 했다. 이 자리에서 그는 "문헌학은 인문학의 토대"라고 말했다. 그리고 남아프리카 공화국에서 출생한 자신을 빗대어 이렇게 덧붙였다. "저는 인종차별정책을 뼛속부터 혐오했습니다. 그리고 저는 모든 차별 중에서도 언어와 문학의 격리 내지 차별을 가장 혐오합니다. 여러분이 어느 쪽을 백으로 생각하든 그건 중요치 않습니다."[13]

1953년 3월, 톨킨과 에디스는 헤딩턴의 샌필드 로에 있는 조금 더 작은 집으로 이사했다. 관절염을 앓던 에디스가 예전 집의 계단을 점점 더 힘들어했기 때문이다. 프리실라가 학업을 위해 집을 떠나면서 1950년에는 톨킨 부부만 남게 되었다. 프리실라는 나중 보호감찰관이 되었다. 교수직 은퇴로 머튼 칼리지의 연구실이 없어지면서 많은 책들을 보관하는 것이 문제가 되었다. 그는 차고를 서재

겸 사무실로 개조하기로 결정했다.

몇 년 후 대중들이 톨킨에게 관심을 갖기 시작했을 때, 〈선데이 타임스〉에서 인터뷰를 나온 필립 노먼이 그 집을 이렇게 묘사했다. "침실이 세 개 있는 그 집은 영락없이 교회 사택처럼 보였다. 근처에 옥스퍼드 연합풋볼구장이 있었으므로 경기가 열릴 때마다 도로에 풋볼 팬들로 넘쳐났다. 차고에 있는 서재는 책들과 지독한 먼지 냄새로 가득했다." 노먼은 톨킨의 서재에서 새로운 양철 시계와 신문지 더미에 묻혀 있다시피 한 오래된 여행 가방도 보았다. 톨킨은 그 낡은 가죽 가방이 "반(半)스페인계"였던 후견인(프랜시스 모건 신부)이 준 것이라고 설명했다. 그것을 계속 갖고 있었던 이유는 그 안에 "여러 해 동안 정리하려 했던 것들"이 다 들어 있었기 때문이다. "이제는 그게 뭔지도 다 잊어버렸습니다." 창턱에는 종이 두 장이 놓여 있었다. 하나는 두 호빗, 빌보와 프로도의 원정의 경로를 보여주는 가운데땅의 지도였다. 다른 하나는 톨킨이 굵은 글씨로 쓴, 해야 할 일의 목록이었다.[14]

그 시기에 조지 세이어는 가끔 옥스퍼드를 방문했다. 그가 루이스와 산책을 하려 할 때, 톨킨이 그에게 〈실마릴리온〉의 원고를 건넸다. 루이스와 세이어는 근처 카페에서 치즈 바른 빵을 점심식사로 먹으며 원고를 보았다. 세이어는 그때 루이스가 했던 말을 이렇게 기억했다. "세상에! 이 사람, 방언까지 갖춘 언어를 하나가 아니라 세 개나 만든 것 같군. 그는 옥스퍼드에서 가장 영리한 사람일 거야. 하지만 이걸 갖고 있을 순 없지. 내가 한 잔 더 하는 동안 바로 그 친구에게 갖다 주게나."[15]

11. 그림자 나라여 안녕 1963-1973

    헤딩턴의 수백 년 된 홀리트리니티 교회의 입구에서 관을 든 사람들이 나온다. 고요하고 평온한 날, 무거운 관 위에 놓인 한 개의 촛불은 관이 밖으로 나올 때도 움직이지 않는다.

    반짝거리는 구두로 자갈을 밟는 관 운반자들 뒤로 조문객 행렬이 이어진다. 맨 앞에는 루이스의 양아들이며 가족 중 유일하게 참석한 열여덟 살의 더글러스 그레셤이 있다. 교회 계단 바깥에는 모린 블레이크(옛날 성은 무어)와 그녀의 남편, 평소의 화려한 조끼 차림이 아니라 좀 우중충해 보이는 톨킨과 그의 아들 크리스토퍼, 주교의 금지에도 불구하고 잭과 조이 루이스의 결혼 주례를 맡았던 피터 바이드 목사, 평소에도 우울했지만 루이스의 죽음에 더욱 당황한 기색이 역력한 프레드 팩스퍼드, '쓸모없는 돌팔이' 하버드 박사, 한때 루이스가 '또 하나의 나'로 묘사했던 오언 바필드, 또 다른 잉클링즈 회원 제임스 던더스그랜트 경찰서장, 탁월한 신학자

오스틴 패러와 소설가인 부인 캐슬린, 루이스의 학생이던 조지 세이어와 존 롤러, 옥스퍼드 모들린 칼리지의 학장 등 친구들과 동료들의 목록은 길다.

1963년 11월 말의 어느 날, 클라이브 스테이플즈 루이스의 평온한 죽음이 그들을 한데 불러 모았다. 워렌 루이스가 자리에 없는 것이 두드러진다. 그는 어린 시절에 겪은 어머니의 죽음만큼이나 커다란 상실감을 감당할 힘이 없어 현실을 잊고자 술에 취한 채 멀지 않은 킬른스에 있다. 그는 장례식의 자세한 내용을 알려선 안 된다고 고집을 부렸다. 같은 날인 11월 22일 금요일에 일어난 존 F. 케네디의 암살로 인해 루이스의 죽음이 가려지긴 했지만 어쨌거나 그의 임종 소식은 세상에 전해졌다.

"관이 구덩이 위에 자리를 잡을 때도 촛불은 꼿꼿하다. 무덤은 교회 묘지 구석에 있는 낙엽송 아래에 있다." 톨킨은 그렇게 적었다. 그는 사랑하는 친구를 위해 성 알로이시오 성당에서 드려진 미사에 하버드와 던더스그랜트와 함께 참석했다.

톨킨은 신체의 통증마냥 생생한 슬픔을 느낀다. 이제 그도 일흔이 넘은 노인이고 조문객들 주위에 있는 늦가을 나무들의 잎처럼 그의 잎도 하나씩 떨어지고 있다. 그러나 절친한 친구의 죽음은 뿌리가 도끼에 찍힌 듯한 느낌을 주었다. 그 육중한 도끼날의 충격에 그의 전신이 흔들렸다. 그와 루이스가 지난 10년간 소원해졌다고는 하나 상처는 여전히 아팠다. 나무잎을 잃는 것과 달리 그 상처는 없어지지 않을 것이었다. "인간은 죽음을 인내해야 한다." 와니는 그 말을 인용했었다.

톨킨은 몇 주 전 아들 존과 함께 루이스를 방문했던 기억을 떠올린다. 아픈 몸이었지만 루이스는 톨킨 부자와 함께 15세기의 《아서왕의 죽음》과 과연 나무가 죽는지에 대해 이야기를 나누었다. 거실에는 피에르 쇼데를로 드 라끌로가 쓴 혁명 이전의 퇴폐적인 유혹에 관한 소설 《위험한 관계》가 놓여 있었다. 루이스는 그 책을 젊은이처럼 재미있게 읽고 있었다. 아직도 금욕주의와는 거리가 멀군. 톨킨은 그렇게 생각했었다. 그는 변함없는 친구의 왕성한 잡식성 독서력이 감탄스러웠다

톨킨은 루이스가 양아들로 삼아 보살펴 온 젊은이가 서 있는 곳을 바라본다. 사람들은 이제 더글러스에게 애도를 표하고 있다. 더글러스를 바라보던 톨킨은 루이스가 지난 성탄절에 적어 보낸 글을 기억해 낸다. 그 후로 그는 여러 번 그 글을 생각했던 터였다. "내 인생철학은 '그동안 한 일들이 허사는 아니었다'는, 자네가 쓴 한 문장에 압축되어 있네." 그 문장은 오래 전에 루이스에게 읽어 준 것으로 《반지의 제왕》에 나오는 것이다. "슬픔도 있었고 어둠은 짙어 갔지만, 위대한 용기와 위업들이 허사는 아니었다." 톨킨은 친구가 생의 말년에 자신의 글에서 위로를 얻었다는 사실에 왠지 마음이 훈훈해졌다.[1]

⌾⌾

루이스는 성인병―방광 및 전립선 질환과 심장 약화―에다 건강 관리 소홀로 죽었다. 그는 자신의 질병에 대해 불평할 입장이 아니었다. 조이의 고통을 자신의 것처럼 아파했던 그에게 극심한 통증 같은 신체적 증상이 나타났고, 그것이 그의 건강에 큰 부담을 주었

다. 그는 그 증세를, 우리를 위한 그리스도의 수난에 근거해 찰스 윌리엄스가 제시한 '대신하는 사랑'이 적용된 것으로 받아들였다. 오랫동안 아일랜드에서 머물며 과음을 해대던 워렌이 돌아와 루이스의 생애 마지막 몇 달 동안 함께 있었는데, 그것이 루이스에게 큰 위로가 되었다.

루이스는 죽기 전에 자신의 마지막 책 《말콤에게 보내는 편지》의 교정쇄 교정을 마칠 수 있었다. 1964년 1월에 출간된 이 책은 《순전한 기독교》, 《고통의 문제》, 《기적》, 《시편사색》—모두가 전 세계의 독자들이 여전히 찾고 있는 책들이다—의 전통을 잇는 대중 신학서이지만 약간의 차이가 있다. 앞의 책들보다 더 암시적이라고 할 수 있는 이 책은 허구적 인물 'C. S. 루이스'—루이스 같은 작가로 그의 이름으로 글을 쓴다—가 허구적 인물 '말콤'에게 보낸 편지들로 이루어져 있다. 이런 형식 덕분에 루이스는 기도와 연옥과 천국에 대해 신학 서적에는 쓰지 않았을 이론들을 자유롭게 생각하고 제시할 수 있었다. 이런 접근법의 미묘한 차이는 독자가 놓치기 쉽지만, 그 안에 담긴 내용 중 루이스가 다른 책들에서 분명히 제시한 '순전한 기독교'의 본질과 다른 부분은 그리 많지 않다.

이 책은 천국이란 보통 사람이 현재 경험하는 바가 충족되는 곳이라는 그의 믿음을 분명히 보여 준다. "이제 나는 자네에게 지금은 사라져 버린 내 어린 시절의 들판—오늘날 그곳에는 건물이 들어서 있지—에 대해 불완전한 말로나마 설명할 수 있네. 어쩌면 내가 자네를 데리고 그곳을 거닐 수 있는 날이 올지도 모르겠군. ……무한한 침묵과 어둠이 지난 후, 새들은 다시 노래하고 물은 다시 흐르고 빛과 그림자가 다시 언덕 위로 지나가고 친구들은 우리를 알아

보고 깜짝 놀라며 웃게 될 걸세."

이 책에서 옥스퍼드 학부생 시절부터 알고 지낸 가상의 친구 말콤은, '루이스'가 기도와 천국과 몸의 부활 등을 주제로 쓴 스물두 통의 편지를 받는다. 책 속에는 '루이스'가 보낸 서한밖에 없지만, 그것만으로도 말콤에 대해 많은 것을 유추할 수 있다. 일부 평론가들은 루이스의 신학적 저작들이 체험적 깊이가 부족하다(영적 체험이 부족하다)고 말한다. 그러나 《말콤에게 보내는 편지》는 기독교인의 삶에서 가장 체험적인 주제 중 하나인 기도를 탁월하게 다루고 있다. 유신론으로 회심한 시점부터 루이스는 초자연적인 실재를 철저히 믿었다. 따라서 시간 속에서 시간 바깥에 계시는 하나님께 드리는 중보기도는 그에게 매우 중요한 문제였다. 하나님은 그 백성의 기도에 응답하여 실제 사건들을 변화시킬 수 있는 분이다. 참으로 루이스는, 죽어 가던 조이를 치료해 달라는 기도에 하나님이 응답하셨다고 믿었다. 그는 조이의 병들었던 골수가 저절로 낫고 3년 동안 회복되었던 것이 기도 덕분이라고 확신했다.

루이스는 창조주 하나님과 우리의 관계를 이해하는 데 기도가 필요하다고 생각했다. 그는 이렇게 썼다.

> 기도의 순간은, 이 '현실 세계'와 '현실적 자아'가 결코 근본적인 실재가 아님을 깨닫고 깨우치는—혹은 깨우칠 조건을 제공하는—순간이네. 육체 안에 있는 나는 무대를 떠나거나 무대 뒤로 가 보거나 객석에 자리를 잡고 앉을 수 없어. 하지만 광대나 영웅……으로 분장한 내 안에 무대 바깥의 삶을 가진 진짜 인간이 있다는 걸 기억할 수는 있지. 극중 인물은 진짜 인간을 감추고 있지 않는 한 무대를 밟

을 수 없어. 알려지지 않은 진정한 내가 존재하지 않는다면, 무대 위의 나를 진짜 나로 착각할 수도 없을 거야. 그리고 기도할 때, 이 진정한 나는 그때만이라도 다른 배우가 아닌 누군가에게 중심으로부터 말을 걸고 인사하려 애쓴다네. 그분을 뭐라 불러야 할까? 우리 모두를 만드셨으니 **작가**? 모든 것을 관리하시니 **제작자**? 아니면 공연을 지켜보시고 판단하실 것이니 **관객**?

책에서 말콤은 여러 해 동안 '루이스'와 연락을 유지했고 아내 베티와 아들 조지가 있다. 말콤의 가족은 편지 안의 지나가는 말이나 설명에서 유추할 수 있는 이야기 전개의 일부이다. '루이스'와 말콤의 깊이 있는 우정은 루이스와 아서 그리브즈, 오언 바필드, 그리고 톨킨과의 실제 우정에서 많은 것을 빌려왔다. 그러나 말콤은 그들 중 어느 한 명을 묘사한 것이 아님이 분명하다. 편지에 나타난 생생한 방언들 속에는 잉클링즈 모임에서 비공식적인 토론이 어떻게 진행되었는지 암시하는 힌트들도 있다.

루이스가 죽은 지 두 달 후 이 책이 출간되었을 때, 톨킨은 한 부를 구해 읽어 보고는 아주 흥미롭게 여겼다. 그건 마치 그의 친구가 기독교 신앙의 대중 전도사로서 여전히 그에게 시비를 걸고 성질을 긁는 것 같았다. 톨킨은 한 편지에서 이렇게 썼다. "개인적으로 《말콤에게 보내는 편지》는 애처롭고 부분적으로는 소름이 돋는 책입니다. 나는 그 책에 주석을 달기 시작했는데 그 작업이 끝나더라도 출간할 정도는 아닐 겁니다."[2] 그는 루이스의 저작에서 발췌한 인용문 선집에는 훨씬 호의적이었다. 선집은 편집자인 미국인 학자 클라이드 킬비[3]가 보내 주었다. 킬비는 톨킨과 루이스의 친구였고,

1966년 여름에는 미완성된 〈실마릴리온〉을 구성하는 자료의 정리를 돕기도 했다. 톨킨은 킬비에게 그 선집이 루이스의 저작에 산재해 있는 많은 좋은 글들을 떠올려 주었는데, 언제나 그런 것은 아니지만 가끔 문맥에서 떨어져 나와 제 맛을 잃어버린 경우도 있다고 말했다.[4] 톨킨은 그로부터 1년 전 킬비에게 보낸 편지에서 루이스의 서간집 《한 미국인 숙녀에게 보낸 편지》를 읽고 있는데 "아주 흥미롭다"고 썼으며, 이렇게 고백했다. "4년이나 지났지만 지금도 잭이 죽었다는 걸 실감하기가 어렵습니다."[5]

이 무렵, 톨킨은 생전에 출간된 마지막 이야기 《우튼 메이저의 스미스》(1967)를 썼다. 이 짧은 이야기는 요정 세계와 우리 세계의 관계를 추적하는 그의 에세이 〈요정 이야기에 대하여〉를 보충해 준다. 얼핏 볼 때 이 이야기는 너무나 단순해 보인다. 그러나 아이들도 재미있게 볼 수 있는 책이긴 해도 동화는 아니다. 톨킨은 그것을 "'사별'의 예감에 짓눌린 노인의 책"이라고 말했다. 톨킨은 이야기에 나오는 요정의 별을 가진 스미스처럼 자신의 상상력이 바닥나리라고 생각했던 것 같다. 자기 불신에 빠져든 것이다. 톨킨의 친구이자 잉클링즈 회원이었던 로저 랜슬린 그린은 그 작은 책에 대한 평론에서 "의미를 추구하는 것은 공의 탄력이 어디서 생기는지 알기위해 공을 잘라보는 일과 같다"라고 썼다.

이 이야기의 배경은 《햄의 농부 자일즈》처럼 불분명한 중세이다. 우튼 메이저와 우튼 마이너 마을은 호빗의 샤이어를 그대로 옮겨온 것처럼 보인다. 그리고 가운데땅에서처럼 요정의 세계를 들락거릴 수 있다. 이 이야기에는 변장한 요정의 왕 알프가 등장한다. 그는 서투른 빵집 주인 녹스의 실습생이다. 녹스는 요정 나라의 실재에 대해 아무것도 모른다. 그러나 그가 마을 아이들을 위해 조잡한 요정 여왕 인형으로 장식해 만든 달콤한 케이크는 소박한 사람들의 상상력도 자극할 수 있다. 녹스는 마법의 요정 별 하나를 발견하고는 케이크에 넣는데 그것을 당시 아이였던 스미스가 삼킨다. 덕분에 스미스는 요정 나라에 갈 수 있게 된다. 마을 어른들의 관심은 온통 먹고 마시는 것뿐이고 '다른' 것, 초자연적인 것(누미노제)에 마음을 여는 이들은 아이들뿐이다. 별은 결국 다시 나타나 스미스의 이마에 달라붙는다. 스미스는 자라서 '거장 스미스'가 된다("그는 철을 재료로 하여 나뭇잎과 꽃잎처럼 가볍고 부드러우면서도 철의 강함을 간직한 멋진 모양을 만들 수 있는 대장장이였다"). 책에 자서전적 요소가 있다고 본다면, 스미스는 톨킨을 상징하고 스미스의 능력은 요정과 요정 나라 이야기를 풀어 내는 톨킨의 재주를 뜻한다고 말할 수 있을 것이다.

톨킨의 이전 이야기 《니글이 그린 나뭇잎》에서처럼, 다른 세계들을 흘낏 본 경험은 인간의 예술과 기술을 변화시켜 요정 같은, 또는 영적인 특성을 부여한다. 마을 대장장이의 평범한 일이 새롭게 보이고 성례전적인 것으로 변화된다. 그것은 이야기꾼의 시시한 일이 '세계의 벽' 너머의 실재를 보여 줄 수 있는 것과 같다.

루이스가 죽은 얼마 후부터 톨킨은 자기 불신에 시달렸다. 그 동안 《반지의 제왕》의 인기는 폭발적으로 높아졌다. 그러나 그가 《우튼 메이저의 스미스》를 쓰고 있던 1965년, 미국의 에이스북스 출판사가 저작권법의 허점을 이용해 《반지의 제왕》의 불법 보급판을 출간했다. 휴턴 미플린 출판사에서 나온 정본이 뒤를 이었고 해적판 출간의 부당함을 성토하면서 책이 널리 알려졌다. 톨킨은 당대 미국 대학생들의 의식에 깊이 박혔고 그의 명성은 전 세계로 퍼져 나갔다. "프로도는 살아 있다"와 "간달프를 대통령으로" 같은 문구가 적힌 배지들을 어디서나 볼 수 있었다. 사람들은 톨킨이 "호빗을 만들고 있다"는 말을 들었다. 반지의 세계는 1960년대의 새로운 의식에 뿌리내리고 있었다.

톨킨은 자신이 국제적 인사가 되었다는 사실을 《반지의 제왕》을 통해 들어오는 수입과 급증한 서신 왕래로 실감했다. 그는 비상근 비서를 두지 않을 수 없었다. 비서는 샌필드 로의 차고를 개조한 서재에서 일했다. 1966년 그와 에디스는 금혼식을 축하했는데, 그 자리에서 도널드 스완이 《호빗》과 《반지의 제왕》에 나오는 시들로 만든 곡들이 연주되었다. 톨킨은 오페라 가수 윌리엄 엘빈이 부르는 그 노래들을 듣고 만족했다. 시들 중 일부는 요정의 시였는데, 톨킨은 가수의 성(Elvin)이 요정(elven)과 비슷하다는 사실에 흐뭇해했다. "예감이 좋은 이름이야!"라고 그는 말했다.

톨킨은 결국 자신의 저작, 특히 그가 평생을 쏟아 부은 미완성 작품 〈실마릴리온〉에 대한 회의를 딛고 일어섰다. 이제 그는 자신의 저작이 '완전히 허사'는 아니었다고 믿게 되었다.

1968년 무렵 에디스는 팔순이 가까웠고 톨킨은 일흔 여섯이었다. 에디스는 관절염이 심해져 집안을 돌보기가 힘들었다. 그들은 팬들의 관심에서 벗어난, 좀더 쾌적한 곳으로 이사하기로 했다. 그들이 선택한 곳은 퇴직자들이 즐겨 찾는 남해안의 휴양지 본머스였다. 그곳은 톨킨 부부가 휴가를 보내던 곳이었고, 에디스는 옥스퍼드보다 이 마을에서 친구를 더 쉽게 사귀었다. 레이크사이드 로 19번지의 계단 없는 단층집에 적응하는 동안 풍족한 인세 덕분에 형

편은 더 나아졌다. 톨킨은 〈실마릴리온〉의 다양한 원고를 붙들고 있었다. 이야기가 끊어진 것에 이전만큼 개의치 않았고 그 다양함에 스스로도 놀랐다. 1971년 무렵 그와 에디스는 편안한 일상에 적응을 했다. 그런 생활이 계속 이어졌다면 가운데땅 이전 시대의 연대기와 이야기들이 일관성 있게 정리될 수 있었을 것이다. 그러나 에디스의 건강이 갑자기 나빠졌다. 그녀는 담낭염으로 입원했다가 며칠 후인 1971년 11월 29일에 죽었다.

톨킨은 자신의 루시엔인 에디스를 잃었다. 이제 그가 본머스에 머물 이유는 없었다. 옛 직장 머튼 칼리지에서 그에게 명예 연구원 직과 칼리지에 딸린 집을 제의했다. 1972년 3월, 그는 감사한 마음으로 머튼 칼리지 부근의 머튼 로 21번지로 이주했다. 생애 마지막 2년 동안 그는 여행을 다니며 친구와 가족들을 만나고, 휴가를 보내고, 버킹엄 궁을 방문해 여왕으로부터 '대영제국 상급 훈작사'를 받았다. 그러나 본머스를 방문해 친구들과 머무는 동안 그는 급성 출혈성 위궤양에 걸렸고 그것이 흉부 감염으로 이어졌다. 그로부터 나흘 후인 1973년 9월 2일 일요일, 톨킨은 마침내 눈을 감았다.

말년에 톨킨은 자신이 유명인이라는 사실을 분명히 알았다. 그 사실은 그를 곤혹스럽게 하고 짜증스럽게도 했지만 《반지의 제왕》의 세부 내용에 대한 많은 편지에는 열정적으로 답장을 썼다. 그중 많은 편지는 그 이전 시대의 신화 〈실마릴리온〉과 관련된 내용이었다. 톨킨의 이러한 명성은 1965년, 옥스퍼드의 행사 때 있었던 일과 흥미로운 대조를 이룬다. 그 행사에는 할리우드 여배우 아바 가드너가 참석했다. 당시 시학 교수였던 로버트 그레이브즈의 강연(톨킨은 그를 "우스꽝스러울 만큼 엉터리"였다고 회상했다)이 있는 자리였다.

톨킨은 다른 사람들과 달리 그 영화배우의 이름을 들어 본 적이 없었지만 소개를 받고 호감을 느꼈다. 톨킨이 그레이브즈, 아바 가드너와 함께 강연장에서 나왔을 때, 카메라 플래시는 그녀에게 집중되었다.[6] 오늘날 같으면 어느 곳이건 그 여배우보다 톨킨을 아는 사람들이 더 많을 테지만!

⊚◖⊚

21세기 초, 톨킨과 루이스 모두 전 세계에 걸쳐 엄청난 인기를 누리고 있다. 그들이 죽은 이후로도 그들의 독자층은 꾸준히 증가해 왔다. 두 사람은 친구였고 그들 사이에는 차이점보다는 유사성이 훨씬 많았다. 그들은 모더니즘의 물결이 그들의 세계를 덮친다고 보았고 창작과 학문 활동을 통해 함께 그 흐름에 맞섰다. 그들은 나름의 방식으로 계몽주의—루이스가 '기계의 시대'라 부른 시기의 부모 시대—에 맞섰던 이전의 낭만주의 운동에서 영감을 얻었지만 그것과는 또 다른 사상을 구축했다. 그들은 기독교 신앙에 닻을 내린 영국의 작가였고 학자였다. 그리고 지금까지도 전 세계 온갖 배경에서 자라난 수많은 독자들의 사랑을 받고 있다.

루이스와 톨킨이 즐겨 거닐었던 애디슨 산책로.
그들은 이 찬연한 '우정의 산책로'를 함께 거닐며
서로의 인생에 '선물'이 되었다.

12. 우정의 선물 "누구에게나 과분한 선물이 아니겠는가?"

　　루이스와 톨킨의 우정은 1925년 리즈 대학 교수로 있던 톨킨이 옥스퍼드 대학으로 옮겼을 때로 거슬러 올라간다. 그들의 우정은, 우정이 정말 그렇게 끝나는 것이라면, 1963년 11월 루이스의 죽음으로 끝났다. 그들의 우정에도 물론 기복이 있었다. 40년 가까이 이어진데다 기질이 전혀 다른 두 사람이었으니 그런 기복은 불가피한 일이었는지도 모른다. 그들의 우정이 특히 냉랭해진 시기가 있다. 1950년대 초, 루이스가 조이 데이빗먼을 만난 뒤였다. 더욱이 루이스에게는 톨킨이 익숙해질 수 없는 부분이 늘 남아 있었다. 그것은 루이스가 기독교 신앙의 대중 전도사라는 점이었다. 톨킨이 루이스의 그런 활동을 탐탁지 않게 여긴 이유는 기독교 신앙 자체와는 아무 상관이 없었음이 분명하다. 톨킨 역시 독실한 가톨릭 신자였기 때문이다.

　　둘의 우정은 상당 부분 잉클링즈라는 모임을 통해 펼쳐졌다.

1949년 후반 잉클링즈가 낭독 모임의 기능을 상실했을 때, 그들의 생활에도 커다란 변화가 불가피했다. 잉클링즈 회원들은 모임에서 16년 동안 각자의 작품을 낭독했었다. 톨킨은 《반지의 제왕》의 상당 부분을 낭독했고, 어쩌면 《호빗》의 일부도 포함되었을지 모른다. 그는 가운데땅 초기 시대의 배경이 되는 신화도 일부 소개했다. 가끔은 시도 나누었다. 루이스는 막대한 양의 글을 폭넓게 낭독했다. 우주 공상물, 많은 시들, 《스크루테이프의 편지》, 《천국과 지옥의 이혼》, 《고통의 문제》, 그가 번역한 베르길리우스의 《아이네이아스》, 그리고 가끔은 에세이도 있었다. 루이스는 잉클링즈 모임 밖에서도 톨킨에게, 또는 톨킨과 윌리엄스에게 자주 자신의 글을 읽어주었다. 예를 들면 1949년 초, 루이스는 《사자와 마녀와 옷장》 원고의 일부를 톨킨에게 읽어 주었다. 그때 톨킨이 나니아 이야기를 탐탁지 않게 여긴 탓에 그 후부터는 루이스가 톨킨에게 자기 작품을 거의 읽어 주지 않은 것 같지만 단정할 수는 없다. 우리가 확인할 수 있는 자료라고는 편지에 적힌 짤막한 기록과 워렌 루이스가 가끔 쓴 일기뿐이기 때문이다.

어떻게 봐도 잉클링즈는 소수의 대학 교수와 전문 직업인들이 수수한 카페 '독수리와 아이'의 연기 자욱한 방이나 루이스의 소박한 연구실에서 모인 소규모의 강독 모임이었다. 더욱이, 톨킨과 루이스는 친구가 된 후 겨우 몇 년 동안 학계에서나 조금 알려졌을 뿐 픽션 작가로서는 둘 다 무명에 가까웠다. 그러나 그들은 서로에게 대단히 중요했고 서로의 유사성에 힘입어 삶에 대한 비전을 생생하게 유지할 수 있었다

톨킨의 신앙은 루이스에게 근본적이고 중요한 영향을 끼쳤다. 톨

킨은 무신론자였던 루이스가 하나님을 찾도록 도왔다. 톨킨은 복음서의 이야기들에는 상상력과 지성을 모두 동원해서 반응해야 한다는 데 초점을 맞춰 전력을 다해 루이스를 설득했다. 루이스는 그 두 가지를 모두 동원해 복음에 반응했다. 그리고 점차 그는 이야기 구사력과 특유의 문체로 기독교 사상을 전달하는 기술을 계발하고 익혀 나갔다. 세월이 흐름에 따라 그의 창작력과 논리적 구사력도 더욱 탁월해졌다. 그러나 톨킨의 설득에도 불구하고 루이스는, 톨킨이 뉴먼 추기경의 막강한 영향에 따라 유일한 정통 교회로 믿은 로마가톨릭에 귀의하지는 않았다.

신화와 사실의 관계에 대한 톨킨의 견해도 루이스에게 큰 영향을 끼쳤다. 톨킨은 신화와 사실의 관계는 언어의 본질에까지 거슬러 올라간다고 믿었다. 이를 '이야기 신학', 심지어 '언어 신학'이라 부를 수 있을 것이다. 톨킨은 이야기와 신화가 현실과 맺는 관계, 그리고 언어와 현실의 관계에 대해 복합적으로 이해하고 정리했다. 톨킨이 보기에 이야기와 언어는 인간의 창조 과정의 일부였다. 그 둘은 "뗄 수 없이 이어져" 있다. 톨킨은 하나님이 복음서의 이야기들을 역사의 실제 사건들 속에서 만드셨다고 생각했고, 그것이 빈틈없는 "이야기 그물"로 짜여 있다고 보았다. 인간이 지어낸 이야기—복음서의 사건들 이전이건 이후건—가 하나님의 임재로 생생하게 살아난다. 이야기의 중요성은 루이스에게도 핵심적인 요소가 되었다. 루이스는 《찰스 윌리엄스에게 바치는 에세이집》(1947)에서 〈이야기에 대하여〉라는 장을 썼고, 나중에 그 글의 논지를 독창적인 저작 《비평 실험》(1961)에서 발전시켰다.

하위 창조에 대한 톨킨의 독특한 생각도 루이스에게 영향을 끼쳤다. 톨킨은 예술의 최고 기능이 내적 일관성과 통일성을 갖춘 '2차 세계' 또는 '다른 세계'를 창조하는 일이라고 믿었다. 그런 세계들은 환상 문학 속에서 갖는 그 같은 정확성에 힘입어 1차 세계의 깊이와 장려함을 일부 포착할 수 있게 한다. 톨킨에게 요정 이야기는 단순히 요정들이 등장하는 이야기가 아니었다. 그것은 요정들을 둘러싼 지리와 역사가 있는, 어떤 의미에선 다른 세계의 이야기다. 하위 창조 개념은 톨킨의 예술관에서 가장 독특한 특징이다. 그는 하위 창조를 판타지 창작의 관점에서 보았지만, 그의 견해는 더 폭넓게 적용될 수 있다. 2차 세계는 예술, 특히 소설에서 여러 가지 형태를 띨 수 있다. 창작된 세계의 은유적 특성은, 그 배경이 이 세계건 다른 세계건 현실에 대한 우리의 지각을 깊게 하거나 변화시키기까지 하고, 우리에게 있는 불멸의 영혼을 일깨울 수 있다.

하위 창조의 개념은 루이스가 말라칸드라와 페렐란드라 행성(그의 성공적인 창조물 중 하나), 그리고 고대 그리스 북부에 위치한 글롬 왕국을 만들 수 있는 근거를 제공했다. 그것은 또한 그가 어린 독자들을 위해 만든, 최고의 인기를 얻은 나니아 나라를 창조하는 데 영감을 주었다.

이와 더불어 톨킨은 '영적이고 신비롭기까지 한 이야기'에 대한 비전과 이해를 루이스에게 전해 주었을 것이다. 톨킨의 견해에 따르면, 이야기는 그 자체를 뛰어넘는 중요성을 갖고 있다. 이야기는 이야기 자체가 아닌 현실을 가리킨다. 톨킨은 (하나님의 창조와 인간의 창조 사이의 연관성 때문에) "모든 이야기는 현실이 될지 모른다"라는 독특한 말을 했다. 루이스는 《마법사의 조카》에서 디고리의 사과(그 사과는 디고리의 어머니에게 생명을 주었다) 이야기를 하며 자신이 소망 충족 심리에 빠져 있는 것은 아니라고 생각했다. 그 이야기는 그의 어머니(그리고 다른 사람들의 어머니들)가 언젠가 온전한 인간, 영육을 갖춘 존재로서 다시 살아날 가능성을 구현한 것이었다.

톨킨이 친구 루이스에게 그렇듯 큰 영향을 끼쳤다면, 톨킨에게 루이스는 어떤 의미였을까? 톨킨은 루이스가 죽은 지 2년 후에 쓴 편지에서 이 질문에 대답했다. "나는 그에게 갚을 길 없는 큰 빚을 졌습니다. 그것은 흔히 말하는 '영향'이 아니라 '아낌없는 격려'였습니다. 오랫동안 그는 나의 유일한 청중이었지요. 내 '글'이 개인적 취미 이상의 작품이 될 수 있다고 생각하게 된 것은 오로지 루이스 덕분이었습니다. 그의 끊임없는 관심과 다음 이야기를 들려 달라는 재촉이 없었더라면 나는 결코 《반지의 제왕》을 끝마치지 못했을 것입니다……."[1]

톨킨에게 영향을 받은 것만큼 루이스가 톨킨에게 영향을 끼친 것 같지는 않다. 그러나 루이스는 톨킨의 작품을 열심히 들어 주고 그 가치를 알고 인정해 주었다. 이러한 강독과 경청은 잉클링즈의 목요일 저녁 모임으로 제도화되었다. 누가 알겠는가? 이 목요 모임이 1949년이 지나서까지 지속되었다면, 오늘날 《반지의 제왕》의 스케일에 육박하는 가운데땅 초기 이야기들이 완성된 형태로 남게 되었을지. 슬프게도, 루이스는 〈실마릴리온〉, 특히 베렌과 루시엔 이야기 같은 위대한 이야기들을 완성하라고 계속 격려하지는 않았다. 1950년대에 두 친구의 관계가 서서히 벌어진 것이 그 이유 중 하나였을 것이다.

루이스는 《네 가지 사랑》(1960)에서 톨킨과의 우정의 본질을 설명했다. 그가 구별한 네 가지 사랑은 애정, 우정, 에로스, 자비(아가페 또는 하나님의 사랑)이다. 그는 각 사랑에 고유한 특성을 부여하는 진정한 차이점들을 놓쳐서는 안 된다고 생각했다. 한 가지 사랑이 다른 사랑으로 바뀐다 해도(남녀 간의 우정이 연애로 바뀔 때, 부양 가족을 돌봐야 할 때, 자연적 애정이 희생적 사랑으로 깊어질 때) 마찬가지였다. 우정에는 톨킨과의 우정이 그렇듯 "뭐, 너도?" 하는 요소, 곧 공통된 비전을 인식하는 요소가 있다.

그래서 루이스는 우정이 네 가지 사랑 중에서 우리의 본능과 생물학적 필요와 가장 거리가 멀다고 생각했다. 오늘날엔 거의 우정을 사랑으로 여기지 않는다. 루이스는 우정이 가졌던 사랑의 지위를 회복시키려 했다. 《네 가지 사랑》에서 루이스는 고대인들이 우정이라는 사랑—구약성경에 나오는 다윗과 요나단 사이의 우정 같은—에 가장 높은 가치를 부여했음을 지적했다. 우정의 이상적인 환경은 소수의 사람들이 공통 관심사에 몰두하는 것이다. 연인들은 마주보는 모습으로, 친구들은 나란히 공통 관심사를 바라보는 모습으로 그려볼 수 있다. 가장 생물학적이지 않은 사랑인 우정은 이성애나 동성애의 맥락에서 설명될 수 없다. 루이스는 우정이 선한 사람들을 더욱 선하게, 악한 사람들을 더욱 악하게 만든다고 생각했다.

톨킨은 우정에 대한 루이스의 견해에 대체로 동의했는데, 이는 당시 옥스퍼드 대학 사회의 남성적 특성과도 잘 들어맞았다. 그러나 톨킨은 우정의 넓이에서 루이스만큼 관대하지는 않았다. 루이스는 무어 부인을 가장으로 하는 킬른스 가족의 일원이 되었을 뿐 생애 대부분을 총각으로 지냈지만, 톨킨은 가정 중심의 사람이었다. 덕분에 톨킨은 루이스보다 인간관계의 폭은 넓었다. 남편 노릇에다 아버지로서의 역할도 감당해야 했던 것이다. 그러나 두 사람은 독특한 상상력을 가미한 기독교 신앙을 공유했고 그것은 끈끈한 우정의 중요한 요소가 되었다. 물론 두 사람의 우정은 루이스가 유물론자였을 때부터 이미 확고했다.

그들의 공통적 신앙은 분명 수많은 공통적 신념을 낳았다. 그들 앞에 펼쳐진 전경을 표현할 때 상상력은 매우 중요했다. 루이스의 말을 빌면, 그들은 상상력을 "의미 기관"(organ of meaning)[2]으로 보았다. 상상력은 (나무, 돌, 언덕 등 개별 사물이나 특정 사람 또는 주위 세계를 통일성 있게 인지하도록) 우리가 현실을 감지하는 방식 전체에 개입한다. 상상력은 사고와 달리 개별적 사물이나 경험 또는 관계를 추상화하지 않는다. 그래서 작가로서 루이스와 톨킨은 현실을 상징적이고 신화적인 방식으로 보는 일에 가치를 부여했다.

그러므로 루이스와 톨킨에게 픽션이란 진리를 문자적으로 재진술한 것이 아니라 의미를 재창조한 것이었다. 그들에게 픽션은 하나님이 우주와 인간을 창조하실 때 보여 주신 위대한 창조성을 반영하는 것이었다. 자연물과 사람들은 단순한 '사실'이 아니다. 그것들의 의미는, 다른 사물·사건·사람과의 관계, 궁극적으로는 하나님과의 관계에서 나온다. 그것들은 창조된 유일성을 지니고 있으며, 거기서 의미와 충만함이 나온다.

톨킨은 클라이드 킬비와 만난 자리에서 자신과 루이스가 공유하는 이 생각에 대해 말했고 킬비는 그것을 기록했다. "모든 것은 독특하고⋯⋯ 아무리 작은 것이라도 관심의 대상이 되면 필연적으로 세계의 중심이 됩니다. 그리고 그것을 제대로 설명하기 위해서는 전 세계에 대한 모든 지식이 있어야 합니다."[3] 이 내용은 사물뿐 아니라 우리의 감각과 경험에도 해당된다. 감각과 경험 자체에만 초점을 맞추면 오히려 그 의미를 놓치고 만다. 감각과 경험은 그 자체가 아니라 다른 대상, 즉 사람과 사물과 장소를 포괄하는 세계 전체를 가리킨다. 그리고 루이스와 톨킨에게 감각과 경험은 '세계의 벽' 너머의 것들을 가리킨다. 문학 작품을 저자가 메시지를 전하는 매체가 아니라 단순히 저자의 표현 정도로만 본다면, 그 문학 작품은 의미를 잃게 된다. 사물 자체에 집중하지 않고 그것들이 다른 실재들을 어떻게 드러내는지 보면 거기서 많은 것을 얻는다. 그러기 위해서는 상상력이 필요하다. 특히 루이스는 지식이 늘 그런 식으로 진보해 왔다고 생각했다. 톨킨과 루이스는 좋은 상상은 좋은 사고만큼이나 중요하다고 생각했고 한쪽 없이는 다른 쪽도 힘을 잃는다고 보았다.

　루이스와 톨킨에게는 판타지 및 다른 상징적 소설을 쓰고 싶은 매우 근본적인 욕구가 있었다. 루이스는 한 편지에서 이렇게 털어놓았다.

　　내 안에 있는 판타지 작가는 기독교 작가나 평론가보다 더 오래 되었고 끊임없이 일하고 있으며, 그런 의미로 볼 때 이는 훨씬 더 본질적인 나의 모습입니다. 내가 처음으로 시인이 되기를 시도하게(별로 성공하지는 못했지만) 만든 것도 그였습니다. 내가 다른 사람들의 시를 읽고, 그 반응으로 평론을 쓰고, 그러한 내 반응을 옹호하기 위해 때로 비판적 논쟁가가 되게 만든 것도 그였습니다. 회심한 후 나의 종교적 신념을 상징적인 형태 또는 신화 만들기 형태로 구현하도록 이끈 것 역시 그였습니다. 그렇게 해서 나온 작품들이 《스크루테이프의 편지〉부터 신학적 공상과학 소설에까지 이릅니다. 그리고 지난 몇 년 동안 어린이들을 위한 나니아 이야기 시리즈를 쓰게 만든 것도 물론 그였습니다. 나는 어린이들이 원하는 게 뭘까 묻고 거기에 맞추려 애쓸 필요가 없었습니다. 요정 이야기는 내가 말하고 싶은 내용에 가장 잘 맞는 장르이기 때문입니다.[4]

이와 비슷하게 톨킨은 〈미소포에이아〉에서 전설을 만드는 이들에게 복이 있다고 썼다. 기록된 시간 너머의 일들을 말하는 이야기꾼들은 복이 있다. 죽음과 궁극적 패배까지 보았으면서도 겁을 내거나 절망하고 물러나지 않았기 때문이다. 오히려 그들은 자주 승리를 노래했고 그 음성에 담긴 전설의 불이 듣는 이들의 가슴을 타오르게 했다. 그럼으로 그들은 "아직 아무도 보지 못한" 밝은 태양으로 과거와 현재의 어둠을 밝혔다.

톨킨과 루이스는 상상력에 이렇듯 엄청난 가치를 부여했을 뿐 아니라 타자성(他者姓) 또는 타계성(他界性)의 감각도 똑같이 환영했다. 위대한 이야기들은 우리 자신과 실재에 대해 우리가 가정(假定)하고 있는 이른바 감옥 바깥으로 우리를 이끈다(그래서 현실 도피라는 비난을 자주 듣는다). 이 과정을 통해 이야기가 창조주 하나님을 반영할 때, 그 이야기는 궁극적 타자(他者)이신, 우리를 포함해 다른 모든 것과 구별되는 창조주 하나님과 대면하도록 돕는다. 판타지와 환상 문학의 원천은 절대적 타자에 대한 모든 이들의 직접적인 지식이다. 루이스에 따르면, "그럴듯하고 감동적인 '다른 세계들'을 만들기 위해서는 우리가 아는 유일한 진짜 '다른 세계', 즉 영(靈)의 세계에 의존해야 한다." 상상의 세계들은 "영의 영역"[5]인 것이다.

절대 타자에 대한 이 편만한 감각은 루이스와 톨킨 모두에게 경외롭고 두려운 특성으로 와 닿는다. 그것은 신학자 루돌프 오토가 《거룩함의 의미》(1923)에서 '누미노제'(오토가 만들어 낸 용어)라 부르며 설명한 근본적인 인간 경험이다. 그 책은 루이스에게 큰 영향을 끼쳤다. 톨킨과 루이스 모두 이러한 특성을 그들의 소설에서 성공적으로 구현했다. 중요한 누미노제 체험에는 인간이 절대 타자에 의존해야 한다는 감각이 따라온다. 이러한 타자성(또는 타계성)은 접근할 수 없는 두려움을 자아내는 동시에 우리를 매혹시킨다. 누미노제 체험은 이론적 분석보다는 제안과 암시로 더 잘 포착할 수 있다. 판타지나 동화에 포착된 많은 실재들이 누미노제의 특성을 일부 지녔다고 설명될 수 있다. 루이스는 이를 깨닫고 고통에 대한 기독교적 견해를 변증한 《고통의 문제》에서 이러한 접근 방식을 채택했다. 그리고 누미노제를 설명하기 위해 케네스 그레이엄의 동화 《버드나무에 부는 바람》(1908)에 나오는 사건을 인용했다. 다음은 모울과 래티가 섬에 있는 목신(牧神) 팬에게 다가가는 장면이다.

> "래트." 모울이 떨면서 숨죽여 속삭였다. "무섭니?" "무섭냐고?" 래트가 말로 표현할 수 없는 사랑을 담아 눈을 반짝이며 낮게 말했다. "무섭냐고? 그가? 오, 아니야, 절대 아니야. 하지만, 하지만 모울, 무섭기도 해."[6]

톨킨의 판타지에서 많은 요소들이 같은 특성을 보여 주는데, 그 중 상당 부분은 언어적 창의성의 결과다. 그가 사용하는, 아름답지만 낯선 요정어 이름과 단어와 구절들이 종종 누미노제의 분위기나 느낌을 불러일으킨다. 누미노제는 요정 나라나 요정 세계에 대한 그의 생각에 구현되어 있다. 그곳은 요정 같은 존재들이 살고 움직이고 역사를 만드는 일이 가능한, 다른 세계다. 요정의 세계는 《실마릴리온》의 초점이다. 루시엔이나 갈라드리엘 같은 일부 요정들은 초자연적 아름다움과 지혜로 누미노제를 강력하게 보여 준다.

　루이스와 톨킨 둘 다 자신의 작품에 기쁨의 특성을 구현하고자 하는 특별한 욕구가 있었다. 루이스에게 동경―기쁨을 향하는 열망이나 갈망―은 판타지를 규정하는 특징이었다. 톨킨의 작품에서도 기쁨이 중요한 특징으로 나타난다. 그가 기쁨을 중요하게 여겼다는 사실은 에세이 〈요정 이야기에 대하여〉에 분명히 나타난다. 그는 기쁨이 요정 이야기의 주요 특징이자 해피엔딩, 또는 '선(善)파국' (eucatastrophe : 톨킨이 비극적인 결말을 뜻하는 'catastrophe'[파국]에다 '좋음'을 뜻하는 그리스 접두어 'eu'를 붙여서 만든 신조어―옮긴이)과 관련이 있으며 요정 이야기가 주는 위안 중 하나라고 믿었다. 이야기 속의 기쁨은 이야기 바깥의 세계, 심지어 우리 세계 너머에 존재하는 다른 세계에서 오는 은혜가 있음을 나타낸다. "요정 이야기는 (많은 반대 증거에도 불구하고) 우주 최후의 패배를 거부하고, 그런 점에서 복음이 그렇듯 기쁨을 얼핏 엿보게 해 준다. 그것은 세상의 벽을 넘어서는 기쁨이고 고통처럼 절절한 기쁨이다. ……요정 이야기에서 갑작스런 '반전'이 찾아올 때 우리는 기쁨과 마음의 소원을 얼핏 바라보게 된다. 그것은 잠시 동안 틀을 벗어나 이야기의 그물을 찢고 한 줄기 빛이 비쳐들게 해 준다."

　톨킨은 에세이의 결말에서 기쁨의 특성을 더 깊이 검토하며 그것을 복음서의 이야기들과 연결지었다. 그의 견해에 따르면, 복음서의 이야기들은 다른 세계나 요정 나라에 대한 이야기의 특성들을 모두 갖추었으면서도 실제 세계사에 속한 사건이다. 그는 이야기의 세계와 1세기의 현실 세계를 동시에 가리키는 복음서 이야기의 이러한 이중성이 기쁨을 강화하고 자료의 객관성을 밝혀 준다고 믿었다.[7]

루이스는 갈망의 특성을 자신의 삶에서 직접 탐구한 끝에 기독교로 회심했고 글을 통해서도 모색했다. 루이스는 그런 갈망이야말로 인간이 경험하는 기쁨의 열쇠이고 작가에게 판타지 창작의 영감을 준다고 생각했다. '또 다른 세계'를 창조하는 일은 인간과 자연계를 화해시키고 상상력을 동원해 우리의 갈망을 구체적으로 충족시키려는 시도이다. 상상의 세계, 이상한 나라 또는 '영의 영역'은 몇몇 공상과학 소설, 시, 요정 이야기, 소설, 신화 등에서 찾아볼 수 있고 특정한 구절이나 문장에서 발견될 수도 있다.

루이스에게 기쁨은 궁극적 현실이자 천국, 바꿔 말하면 우리 세계가 인류의 타락으로 더럽혀지기 이전 또는 언젠가 새롭게 만들어질 모습의 전조였다. 그는 "기쁨은 천국의 중대한 관심사"라고 썼다. 루이스는 천국을 상상해 보려 시도하는 가운데 기쁨이 "각자의 영혼에 기록된 비밀스러운 서명"임을 발견했다. 그는 천국을 향한 갈망이 우리 인간성이 가진 (충족되지 않은) 본질의 일부일 것이라고 추측했다.[8]

톨킨의 작품에서 기쁨의 특성은 이야기의 갑작스러운 반전, 선파국 또는 전화위복이 주는 감각과 연결되어 있다. 그것은 루이스가 말하는 채울 수 없는 갈망, 달콤한 욕구와도 관련이 있다. 톨킨의 가운데땅 이야기 전체를 지배하는 것은 서쪽 끝에 있는 불사의 땅에 닿고자 하는 갈망이다. 그것은 바다를 향한 갈망으로 자주 그려진다. 가운데땅 서쪽에 있는 그 바다 너머에는 발리노르가 있다. 《반지의 제왕》에서 숲의 요정 레골라스는 바다와 그 너머의 땅을 갈망하게 되었는데, 그가 곤도르 서쪽 바다를 처음 보았을 때 그 욕구가 깨어났다.

톨킨과 루이스가 공감하는 판타지의 또 다른 특징은 복구(restoration) 또는 회복(recovery)이었다. 루이스처럼 톨킨은 이야기를 통해 현실 세계가 의미로 가득한, 좀더 마법적인 곳으로 바뀔 수 있다고 믿었다. 그렇다면 우리는 세계의 패턴과 색깔을 새롭게 보게 된다. 참된 세계관의 회복은 언덕과 돌 같은 개별적인 것들뿐 아니라 깊이를 알 수 없는 공간과 시간 같은 우주적인 것에도 적용된다. 톨킨의 견해에 따르면, 하위 창조 안에는 시간과 공간에 대한 '측량'이 있기 때문이다. 축소된 규모로 현실이 포착되는 것이다. 우리는 《반지의 제왕》 같은 이야기를 통해 사물을 바라보는 새로운 시야를 얻게 되고 세계의 소박하고, 영적이고, 물리적이고, 도덕적인 면면들을 분명하게 보게 된다.

톨킨과 루이스는 현대 작가들이 끊임없이 독창성을 추구한다고 보았고 이에 반대했다. 그들은 이야기의 참신함이 무(無)로부터 뭔가를 창조하는 데 있는 것이 아니라 하나님이 창조하신 세계에 이미 존재하고 있는 것을 다시 일깨우는 데서 나온다고 믿었다. 어떤 의미에서 우리는 아이같이 되어야 한다. 대개의 아이들은 일상의 경험들을 싫증내지 않는다. 톨킨과 루이스는 아이들의 이러한 태도야말로 사물을 보는 참된 시각이라고 생각했다. 그리고 어른들도 이야기의 세계에 잠김으로써 세계에 대한 참신한 느낌과 경이

감을 회복할 수 있다고 생각했다.

이에 대한 루이스의 설명을 들어 보자. "[아이는] 마법에 걸린 숲 이야기를 읽었다고 해서 진짜 숲을 경멸하지 않는다. 오히려 그런 독서는 아이가 모든 진짜 숲을 약간 마법이 깃든 곳으로 여기도록 만들어 준다."[9] 톨킨은 요정 이야기들이 우리가 그렇게 회복되도록 도와주고 "그런 의미에서 요정 이야기를 맛보는 것만이 우리를 아이같이 만들고 그 상태로 유지시킬 수 있다"고 생각했다. 그는 아이의 경이감을 높이 사면서도 성인 독자층을 위한 요정 이야기를 만드는 데 전력했다. 루이스가 《그 가공할 힘》에 "성인을 위한 현대의 요정 이야기"라는 부제를 단 것도 의미심장하다.

톨킨과 루이스 모두 기독교 이전의 이교 이야기에 몰두했다. 발데르와 프시케, 쿨레르보와 아이네아스, 에우리디케와 시구르트가 그 주요 등장인물들이다. 톨킨 소설의 배경 대부분은 그가 탁월한 모델로 삼은 《베어울프》처럼 기독교 이전 세계이다. 루이스 역시 고전적 소설 《우리가 얼굴을 가질 때까지》에서 이교 세계를 탐구했다. 루이스와 톨킨이 공유한 또 다른 특징은, 사람들과 어떤 장소 안에 있는 선함을 묘사할 줄 아는 보기 드문 능력이었다. 모든 소설가들이 아는 것처럼, 그럴듯한 악당을 만들어 내는 것이 선한 캐릭터를 만드는 것보다 더 쉽다. 같은 맥락에서 데이빗 다우닝은 이렇게 말한다.

조이스, 울프, 워, 피츠제럴드, 포크너—스티븐 킹이나 앤 라이스는 말할 것도 없고—는 악하고, 뒤틀리고, 신경증적이고 자기만 아는 캐릭터를 탁월하게 묘사한다. 그러나 현대 문학에서 소박하고, 선하고, 점잖고, 건전한 캐릭터들이 그렇게 성공적으로 자주 그려지는가? 루이스와 톨킨은 선함이 육체를 가졌을 때 어떤 모습이 되는지 스케일이 큰 캐릭터(아슬란, 갈라드리엘)와 소박한 캐릭터(비버 부부, 호빗족) 모두를 통해 보여 줄 수 있었다.[10]

그들은 멋진 장소들, 때로는 낙원 같은 장소들도 묘사할 수 있었다. 페렐란드라, 아슬란의 나라, 천국의 변경, 톰 봄바딜의 오두막, 샤이어, 발리노르, 로리엔 등이 그렇다.

물론 톨킨과 루이스 사이에는 중요한 차이점들이 있었다. 그러나 그 차이점 때문에 두 사람의 우정이 소원해졌을 때에도 그들 사이의 유사성은 여전히 많았다. 예술관에서는 톨킨이 루이스보다 더 세련되고 섬세했다. 그런 면은 성격에서도 드러나 루이스는 자기 주장이 강하고 선이 굵었다. 루이스는 사실상 존 버니언의 급진적 청교도주의에 더 가까웠는데, 그것은 그가 《16세기 영문학》에서 통찰력 있게 살펴본 적 있는 전통이기도 했다. 당시의 청교도주의는 오늘날 연상하는 금욕주의적이고 엄격한 태도와 전혀 달랐다. 루이스는 청교도주의를 거론할 때 도덕적 엄격함을 연상하게 된 원인을 칼뱅에게서 찾았고, 그러한 엄격함이 사람들의 숨통을 죄는 것이 결코 아니라고 지적했다. 칼뱅은 성(聖)과 속(俗), 공적이고 사적인 믿음의 구별을 거부했다. 루이스는 이렇게 썼다.

이러한 엄격함은 [칼뱅의] 신학이 로마가톨릭의 신학보다 더 금욕주의적이라는 뜻은 아니다. 칼뱅 신학의 엄격함은 로마가톨릭처럼 '종교' 생활과 세상 생활, 처세술과 십계명을 나누길 거부한 데서 나오

는 태도이다. 쾌락과 몸에 대해 논할 때, 온전한 그리스도인의 삶에
대한 칼뱅의 생각은 [로마가톨릭 주교 존] 피셔의 견해보다 적대적이
지 않았다. 그러나 칼뱅은 모든 사람이 온전한 그리스도인의 삶을
살아야 한다고 주장했다.[11]

　루이스는 이러한 옛 청교도 식으로 '종교 생활'과 '세상 생활'
사이의 구분을 거부하고 '순전한 기독교'(청교도 리처드 백스터가 만
들어 낸 용어)를 주장했다.
　톨킨은 일간지 〈데일리 텔레그래프〉가 "금욕주의자 루이스 씨"
라는 말로 루이스를 희화화하고 부적절하게 묘사한 데 반감을 느꼈
다. 그는 편지를 보내 이렇게 반박했다. "기가 막히는군요. 나는 오
늘 아침 그와 잠깐 만났습니다. 그 짧은 시간에 그는 맥주 세 잔을
비우고는 '사순절이라 자제한다'고 말했습니다."[12]
　톨킨은 '있는 그대로' 식으로 접근하는 루이스의 방식보다 영적
예술관에 더 매력을 느꼈다. 그는 루이스의 저작 중 일부, 특히 《나
니아 나라 이야기》가 너무 알레고리적이라고, 즉 개념적으로나 구
성상에서나 기독교적 신념이 너무 노골적으로 드러나 있다고 생각
했다. 톨킨은 기독교적 의미들이 작품 속에 더욱 자연스럽게 스며
들고 조화를 이루어 그 작품이 내적 광휘를 갖게 하려 애썼다. 그러
나 루이스는 《우리가 얼굴을 가질 때까지》에서 기독교 이전의 어떤
세계를 모색하면서 알레고리가 아닌 깊이 있는 상징, 스케일은 다
소 작고 대중성은 떨어지지만 톨킨이 《반지의 제왕》에서 이루어 낸
것만큼이나 탁월한 상징을 이루어 냈다. 톨킨이 《침묵의 행성에서》
를 높이 평가한 것은 당연한 처사로 여겨진다. 루이스는 그 작품에

서 '올드 솔라어'라는 나름의 언어를 갖춘 말라칸드라(화성)의 세계를 창조했고 '흐나우'(육체가 있는 인격체)라는 개념을 만들었다. 흐나우는 톨킨이 《반지의 제왕》에서 나무수염과 그 동료 엔트족 같은 생물들을 만들어 내는 수년 동안 계속해서 그의 흥미를 자극했다.[13]

대체로 루이스는 톨킨에 비해 하나님을 가까이하기 쉬운 존재로 묘사했다. 《반지의 제왕》에서는 하나님의 이름이 등장하지도 않는다. 물론 사건들을 만들어가는 섭리, 경배드려야 마땅한 섭리에 대한 명확하고 끊임없는 인식은 있다. 그러나 《실마릴리온》에서 하나님은 만인의 아버지, 일루바타르라고 불린다. 하나님에 대해 그렇게 접근한 이유는 톨킨이 이야기의 배경을 기독교 이전으로 잡았기 때문일 것이다. 그의 세계는 분명히 하나님의 임재로 충만하다. 반면 루이스의 소설은 말 그대로 그리스도가 중심에 있다(유일한 예외는 기독교 이전의 그리스 북부를 배경으로 한 소설 《우리가 얼굴을 가질 때까지》이다). 나니아에서는 창조자인 사자 아슬란이 중재자이다. 밀턴의 《실낙원》을 각색한 작품 《페렐란드라》를 보면, 침묵의 행성(지구를 가리킨다—옮긴이)에서 말렐딜(그리스도)이 당한 죽음은 인류의 타락이 그저 되풀이될 수 없음을 뜻한다. 엘윈 랜섬의 성(ransom은 몸값, 즉 그리스도의 속죄를 뜻한다—옮긴이)은 악에 대한 그의 희생적 저항을 나타낸다. 그 과정에서 그는 발꿈치에 큰 상처를 입는다(창세기 3장 15절에 예언된, 사탄에 맞선 궁극적 전투에서 그리스도가 당하는 수난을 직접 암시한 것). 반면, 톨킨의 세계에서 일루바타르의 자녀들과 일루바타르를 중재하는 것은 아이누들, 발라들, 천사 같은 존재들이다. 마법사 간달프는 낮은 등급의 천사 같은 존재이다. 가운데땅에서 그는 보호자 겸 수호자로서 암흑의 패배를 이끄는 사건들을 해석하고 일으키는 역할을 한다.

예술의 본질이 그 영적 힘에 있다고 여기는 톨킨의 생각은 요정에 대한 그의 개념과 이어져 있다. 그는 요정(elves)이 예술의 최고 단계에 해당하는 요정 이야기의 중심이라고 보았다. 톨킨은 영적 예술의 가치가 가장 위대한 이야기인 복음서로 입증되었다고 생각했고 이렇게 주장했다. "하나님은 천사들과 인간과 요정들의 주님이시다. 전설과 역사가 만나서 융합되었다."

그러므로 루이스와 톨킨이 공유한 신념의 핵심에는 판타지와 '로맨스' 문학에 대한 깊이 있는 종교적 견해가 놓여 있다. 그들에 따르면, 로맨스 문학은 어떤 면에서 다른 세계, 영계(靈界)를 불러일으키거나 포착하는 문학이다. 두 사람이 공유했던 낭만주의 신학은 특히 시적 상상력을 강조했다. 루이스는 '낭만적 신학자'라는 용어를 찰스 윌리엄스가 만들어 냈다고 말하며 이렇게 지적했다.

> 낭만적 신학자는 신학에 대해 낭만적인 사람이 아니라 로맨스에 신학적으로 접근하는 사람, 로맨스적 경험이 신학적으로 함축하는 바를 검토하는 사람을 뜻한다. 인간의 사랑이나 환상 문학을 통한 가장 진지하고 황홀한 경험들 속에 그런 류의 신학적 의미가 담겨 있는데, 그런 경험들이 건전하고 유익한 결과를 맺으려면 그 의미에 대해 열심히 숙고하고 그대로 진지하게 살아가야 한다. 이것이 [윌리엄스의] 모든 저작의 근본 원리이다.

윌리엄스의 주된 관심사는 낭만적 사랑이었던 반면, 루이스의 초점은 로망스적 갈망의 '신학적' 차원 및 그것이 인간의 기쁨과 맺는 연관성이었고, 톨킨은 요정 이야기와 신화의 영적 함축, 특히 하위 창조의 측면에 대해 깊이 숙고했다.

존 클루트와 데이빗 랭퍼드는 《판타지 백과사전》(1997)에서 판타지에는 전복적 특성이 있다고 지적한다. 그것이 인식의 변화를 부추기기 때문이다.

> 판타지(그리고 논란의 여지는 있지만 환상 문학 전체)에 독자를 즐겁게 하는 것 이외의 다른 목적이 있다면 그것은 독자들에게 '현실을 인식하는 법'을 보여 주는 것이다. 그 논리의 연장선상에서 본다면 판타지는 현실에 대한 독자들의 인식을 바꾸려 시도할 수 있을 것이다. ……최고의 판타지가 독자들을 안내하는 곳은 인식이 재고(再考)된 장이다. 그곳에는 인간 상상력의 한계 이외에 어떤 제약도 존재하지 않는다. ……대부분의 본격 판타지에는 본질적으로 독자를 변화시키려는 욕구가 숨어 있다. 그래서 본격 판타지는 정의상 전복적 문학 형태를 띤다.[14]

환상 문학의 좋은 작품들은 '도덕'이나 교훈으로 축소할 수 없다. 물론 그런 작품들을 통해 교훈을 얻을 수 있고 위대한 작품일수록 더욱 많은 적용을 이끌어 낼 수 있다. 루이스의 표현을 빌자면, 환상 문학가들은 한 그릇의 메시지를 위해 장자의 명분을 팔아서는 안 된다. 루이스는 《반지의 제왕》에 대한 평론에서 이렇게 말했다. "이 책이 알레고리가 아니라 신화라는 증거는 구체적으로 신학적·정치적·심리적 적용 대상을 가리키는 암시가 없다는 점이다. 신화는 모든 독자에게 그들이 가장 많이 살아가는 영역을 가리킨다. 신화는 마스터 키다. 당신이 원하는 문을 여는 데 사용하라." 사람들은 이렇게 물을 것이다. 판타지를 그런 용도에 쓰는 이유가 무엇인가? 통상의 현실주의 소설도 중요한 요점을 전달할 수 있지 않은가? 루이스는 이렇게 답한다.

> 판타지의 저자는 인간의 실제 삶이 신화적이고 영웅적인 특성이 있는 삶임을 말하고 싶어 하기 때문이다. [톨킨의] 캐릭터 창조에서 그 원리를 볼 수 있다. 현실주의 작품이라면 '캐릭터 묘사'로 이루어져야 할 상당한 작업이 여기서는 요정, 난쟁이, 또는 호빗이라는 캐릭터를 만듦으로써 간단히 해결된다. 상상의 존재들은 속내가 바깥에 나와 있다. 그들은 영혼이 보이는 존재들이다. 그리고 인간 전체, 우주에 맞선 인간에 대해 말하자면, 우리가 그를 요정 이야기의 영웅과 같은 존재로 보기 전에 진정 그를 보았다고 할 수 있을까? ……신화의 가치는 우리가 아는 모든 것을 가져다가 '익숙함의 베일'에 가려졌던 그 풍부한 의미를 회복해 준다는 데 있다. ……빵, 금, 말(horse), 사과나 도로까지 신화 속에 집어넣는 것, 그것은 현실에서 물러나는 것이 아니다. 현실을 재발견하는 일이다.[15]

루이스는 우정이 "자유롭게 선택한 관계의 찬란하고 고요하고 이성적인 세계"에 속한다고 보았다. 그와 톨킨의 우정은 두 사람 모두 자유롭게 선택한 것이었다. 루이스에게 우정은 "생물학적 신

경을 자극하는" 애정이나 연애와는 다른 것이었다. 그것은 인간의
자연적 사랑 중에서 "가장 생물학적이지 않은" 사랑, "짐승에게서
는 볼 수 없는" 인간만의 사랑이다. 판타지 이야기처럼 우정은 세상
을 새롭게 볼 수 있는 관점을 준다. 톨킨과의 우정은 루이스를 흔들
었고 유물론의 차가운 꿈에서 깨어나 정신이 번쩍 들게 만들었다.
루이스에겐 다른 가까운 친구들도 있었다. 그러나 예민하면서도 자
신의 비전을 충실히 따라간 《반지의 제왕》 작가와의 우정이 없었다
면, 루이스는 그렇듯 걸출한 작가요 사상가가 되지 못했을 것이다.
톨킨에게 루이스는 제1차 세계대전의 '죽음의 늪'에 누워 버린
T.C.B.S. 친구들에 버금가는 벗이었다. 톨킨은 루이스의 격려에 의
지했고, 그가 없었다면 잉글랜드를 위한 서사시—톨킨은 1천 쪽에
달하는 자신의 이야기를 그렇게 불렀다—를 창조하는 그 힘든 일을
끝마치지 못했을 것이다.

　루이스는 우정을 이렇게 칭송했다. "모든 사랑 중에서 우정만이
우리를 신들이나 천사의 수준까지 높여 주는 것 같다."

　다음은 루이스가 종일 도보 여행을 하고 친구들과 모인 자리를
생각하며 쓴 글이다. 톨킨도 틀림없이 그 친구 중 하나였을 것이다.

　　그건 황금 같은 시간이다.
　　……실내화를 신고 난롯불 앞으로 발을 쭉 뻗는다.
　　바로 곁에는 마실 것이 놓여 있다.
　　우리가 대화를 나눌 때면 온 세계가,
　　그리고 세계 너머의 무언가가 우리 마음에 모습을 드러낸다.
　　누구도 다른 사람에게 어떤 요구나 의무도 없으며,

마치 한 시간 전에 처음 만난 것처럼 모두가 자유롭고 동등하다.

그러면서도 세월에 무르익은 애정이 우리를 감싼다.

삶―자연적인 삶―은 이보다 좋은 선물을 줄 수 없다.

누구에게나 과분한 선물이 아니겠는가?[6]

부록 1
루이스와 톨킨의 인기가 식지 않는 이유

톨킨이 전 세계에 걸어 놓은 강력한 주문의 비법은 무엇일까? 《반지의 제왕》의 영성이 지금 같은 포스트모던 시대에 매력적으로 다가오는 것도 이유일 것이다. 더욱이 그는 기계의 지배를 모더니즘적인 마법으로 여기고 강력하게 비판한다. 모더니즘의 개념들과는 달리, 현대 사회와 기계의 지배는 훨씬 집요하기 때문에 그 문제에 대한 톨킨의 천착이 현대 독자와 영화 관객들의 심금을 울린 것 같다.

영화를 중심으로 가상현실이 깊이 다뤄지면서 현실의 범위가 어디까지인지를 놓고 중요한 철학적·신학적 질문들이 제기되었다. 현실은 측정 가능한 영역과 보고 만지고 들을 수 있는 영역 너머에까지 이어지는가? 현실을 닫힌 체계 속에 가두려 하는 모더니즘의 사조를 부정하는 일은 점점 더 공허해 보인다.

《반지의 제왕》은 실제 현실을 다룬 판타지이다. 그 내용을 뒷받침하는 것은 톨킨이 주의 깊게 구상한 하위 창조―2차 세계의 창조―개념이다. 그것은 인간 창작자가 하나님을 따라 그분의 세계를 상상하는 일이다. 톨킨에 따르면, 도덕적·영적 세계는 물리적 세계 못지않게 실재적이며, 각 세계는 실제로 한 피조계의 일부이며 가운데땅 같은 성공적인 하위 창조는 영계(靈界)와 물리계(物理

界) 모두를 유기적인 전체로 포착해 낸다. 그 결과 믿을 만한 지식으로 인정할 만한 현실의 이미지를 얻게 된다. 2차 세계, 있음직한 세계를 만들어 낸다는 생각은 판타지 이외의 분야에까지 적용된다. 모든 이야기, 심지어 현실을 배경으로 하는 소설도 아주 엉터리가 아닌 한 있음직한 세계를 창조한다. 그리고 그것은 커다란 은유가 된다. 물론 은유는 다른 것을 통해 말하는 방법이다. "사랑은 맹목적이다"라는 친숙한 속담에서 맹목성은 사랑의 일면을 보여 준다. 톨킨이 옳다면, 이야기가 만들어 낸 세계는 뭔가 다른 대상을 가리키고 그럼으로써 현실의 본질을 통찰하게 해 준다.

톨킨의 인기 비결에는 크게 네 가지 요소가 있는 것 같다.

첫째, 그는 뛰어난 이야기꾼이다. 《반지의 제왕》은 그가 요정 나라 이야기, 또는 요정 이야기라 불렸던 핵심 요소들에 뿌리를 둔 완성도 높은 이야기이다. 그런 요소들은 전 세계의 신화, 전설, 민간 설화에 담긴 원형적이고 보편적인 요소들이기도 하다. 원정과 여행의 모티프가 그중 하나다. 톨킨은 좋은 이야기의 요소들이 복음서에 가장 잘 드러나 있다고 본 듯하다. 성경은 역사상 가장 세계적인 책이고 모든 문자로 번역되었다. 흥미롭게도, 《반지의 제왕》은 성경의 뒤를 이어 세상에서 제일 많이 읽히는 책 중 하나가 되고 있다. 《반지의 제왕》의 뿌리에는 많은 성경적 모티프와 테마(섭리, 악의 문제, 희생, 구원 등)가 놓여 있다. 그러나 톨킨은 탁월한 상상력을 발휘해 아주 오래 전 옛날, 북유럽의 어딘가에 있는 전(前)기독교 세계를 배경으로 삼아 벌어지는 사건들을 통해 그 모티프와 테마를 펼쳐 나간다. 따라서 기독교적 요소들이 그의 기독교 신앙을 공유하지 않는 이들에게도 거부감 없이 매력적으로 다가갈 수 있는 형태를 띠게 된 것이다.

둘째, 톨킨의 이야기는 또 다른 2차 세계를 광범위하게 창조하여 많은 특징들을 갖게 되었다. 가운데땅은 나름의 언어와 지리와 역사로 가득하다. '하위 창조된' 이 세계의 생생함과 깊이는 분명 《반지의 제왕》의 매력을 더해 준다. 톨킨이 만들어 낸 풍부한 세계는 광대한 우주처럼, 가능성과 소망, 꿈을 활짝 열어 준다. 그는 독자들이 세속 문화의 미몽에서 깨어나도록 도와준다. 현대인들은, 삶에는 유물론적 문화로 해결할 수 없는 차원들이 있다는 불안감과, 대부분 그 차원들을 놓치고 있다는 불안감을 동시에 갖고 있다. 톨킨의 작품에 내재한 원형들(원정과 여행 같은)은 인간의 보편적 동경을 바탕 삼아 전 세계 사람들의 그러한 갈망에 초점을 맞추는 듯하다.

셋째, 톨킨은 《반지의 제왕》을 통해 '옛 서구'의 가치들을 버릴 때 나타날 결과를 경고하고자 했다. 그러나 그 과정에서 알레고리를 사용하지는 않았다. 그는 알레고리를 저자가 독자를 지배하려는 시도로 생각했기 때문이다. 《반지의 제왕》은 악에 대한 현실적 묘사가 탁월하다. 그것은 20세기의 몇몇 다른 예언적 소설들(조지 오웰의 《동물농장》과 《1984년》 윌리엄 골딩의 《파리대왕》, 그리고 C. S. 루이스의 《그 가공할 힘》 등)과 더불어 현대 세계전(世界戰)에서 드러난 구체적이고 무시무시한 악을 있는 그대로 묘사하는 방향으로 소설의 새 국면을 개척했다.[1] 톨킨의 《반지의 제왕》은 (앞서 말한 다른 책들과 같이) 우리 삶의 두려움과 공포를 이해하는 데 소위 현실주의 소설보다 더욱 적절할 수 있다. 현실주의 소설은 인류의 큰 문제들을 파고들 준비가 그만큼 되지 않았기 때문이다. 일부 평론가들이 톨킨의 소설을 현실 도피적이고 청소년들에게나 어울리는, 다시 말해 자기들 같은 성인들이 읽을 책이 아니라고 치부해 버린다는 점을 고려할 때 이는 참으로 아이러니한 상황이다.

톨킨이 묘사하는 '새로운 서구'의 중심에는 현대적 형태의 마법인 '기계'가 놓여 있다. 그는 이 문제에 접근하기 위해 '힘'과 '소유'를 깊이 있게 다룬다. 한 편지에서 톨킨은 "'힘'은 신들에게 적용될 경우를 제외하고는 불길하고 사악한 단어다"라고 썼다. 모르고스, 사우론, 그리고 마법사 사루만은 힘에 굶주린 존재들로, 유전자를 조작하고 기계를 사용하고 기계의 사용을 조장한다. 실제로 사우론은 최고의 전문 기술자다. 그리고 절대반지는 그의 탁월한 기술의 산물이다. 톨킨은 마법으로 표현되는 힘과 예술을 대조한다. 그의 이야기에서 예술은 요정의 모습에서 이상화된다. 그들은 힘에 매력을 느끼지 않는다. 그들은 지배하고 싶어 하지 않는다. 톨킨은 루이스처럼 기술만능주의, 기계적 사고를 현대판 흑마술로 여겼다. 현대 기술 관료들은 예술가가 재료를 다루듯 자연을 아끼고 가꾸기보다는 마법사처럼 자연을 억압하고 소유하고 싶어 한다.

가운데땅 이야기의 두 가지 주요 모티프, 실마릴과 절대반지는 힘과 소유라는 테마에 초점을 맞추고 있다. 태초의 잃어버린 빛이 담긴 실마릴은 온전히 선하고, 절대반지는 온전히 악하지만, 둘 다 그것들과 접촉하는 이들을 시험한다. 요정 왕 싱골은 실마릴을 갈망하다가 도덕적으로 비참하게 타락한다. 하지만 베렌은 실마릴을 소유하려 하지 않았다. 그는 더 큰 보물 루시엔을 사랑할 뿐이다. 그녀는 어떤 소유물보다 낫기 때문이다. 보로미르는 절대반지를 갖고 싶은 욕구에 굴복하지만, 빌보와 갈라드리엘은 그 욕구에 저항하고, 소박한 샘은 절대반지의 영향력을 거의 받지 않는다.

넷째, 톨킨의 인기는 세속화된 세계에서 새로운 의미와 영적 충족감을 추구하는 폭넓은 독자층에 매력적인 영성을 제시한다는 사실에서 나온다. 톨킨의 영성은 그가 가운데땅을 창조하는 데 대단히 중요한 역할을 했다. 그의 픽션의 핵심은 요정 창조이다. 요정들은 인간의 영성과 문화를 대표하고, 인간의 영성 자체에 요정의 특성이 깃들어 있다. 루이스처럼 톨킨은 나무, 천사, 인류의 타락, 치유의 능력, 지혜의 인격화, 빛과 어둠, 자연과 은총, 성경이 묘사하는 영웅주의와 악 같은 폭넓은 영적 이미지에 깊은 영감을 받았다.

톨킨은 좋은 판타지나 요정 이야기의 근본적 특성이 위안이라 보았다. 바로 이 특성을 통해 은혜—하나님의 임재, 뜻, 마음—가 이야기 속으로 들어간다. 그는 그리스도의 성육신, 죽음과 부활의 이야기 속에는 하나님이 실제 역사적 사건들을 빚어 가신 결과 나타나는 이야기의 가장 큰 특성들이 모두 담겨 있다고 주장했다. 그는 북유럽의 이야기건 고전 세계의 이야기건 요정 이야기가 인간 이야기의 핵심에 있다고 믿었다. 톨킨은 요정 나라의 개념이 훼손되었다고 보고 루이스가 그랬듯 학문 연구와 이야기 창작으로 그것을 회복시키고자 했다. 톨킨이 창조한 가운데땅의 신화에서 요정들은 인간의 본성을 규정하는 측면, 즉 언어, 창작, 문화에 대한 확장된 은유였다.

작가 톨킨을 이해하는 데 가장 어려운 부분은 〈실마릴리온〉일 것이다. 출간된 책 《실마릴리온》에다 사후에 출간된 《끝나지 않은 이야기》(1980), 열두 권 분량의 《가운데땅의 역사》(크리스토퍼 톨킨의 꼼꼼한 편집을 거쳐 1983년부터 1996년에 걸쳐 출간)를 모두 살펴보아야 비로소 이 미완성 저작의 스케일과 저자의 포부를 가늠할 수 있다. 부분적으로 〈실마릴리온〉은 이미 출간된 《실마릴리온》을 읽은 독자의 협력 하에 존재 가능한, 전례 없는 작품이다. 이와 관련한 비유를 하나 들어 보겠다. 렘브란트가 17세기 북유럽 생활의 모든 측면—건물, 인테리어, 무역, 경관, 도시와 시골생활, 온갖 계층과 직업의 사람들, 과학, 예술, 탐험, 교통수단, 발명, 신념—을 그려내는 미완성 대작을 준비하면서 서로 긴밀히 연관된 200-300점의 스케치를 정성 들여 그려 남겼다고 해 보자. 이 비유에서, 평생 동안 공을 들인 거대한 대작은 인간 생활의 신비를 포착하려는 시도이고, 그 전체는 각 부분들의 합보다 크다. 평범한 세계에 나타나는 영적인 것과 인간적인 것의 존재에 접근하는 렘브란트의 방법은 톨킨과 무척 달랐지만, 〈실마릴리온〉의 자료는 긴밀하게 연관된 스케치들이 함께 모여 더욱 훌륭한 뭔가를 이뤄 내는 것과 상당히 비슷한 모습을 보여 준다.

톨킨은 1936년 《베어울프》에 대한 강연에서 한 가지 비유를 들었는데, 그 비유는 가운데땅의 '제재'(題材)인 〈실마릴리온〉에도 똑같이 적용될 수 있다. 그는 《베어울프》의 시를 탑에다 비유했다. 그 탑은 어떤 사람이 물려받은 고대의 폐허로 쌓은 것이다. 학자들과 평론가들은 그 위대한 시—탑—전체를 보지 못하고 그것을 단순히 돌무더기로 묘사했다. 평론가들이 《베어울프》라는 탑을 '재건' 하고 재발견한 뒤에야 그 독특한 힘과 아름다움을 파악할 수 있었던 것처럼, 〈실마릴리온〉의 목적과 특성도 그렇게 인정되어야 한다. 그것이 단순히 다양한 단편들의 모음집이 아니라는 사실은 크리스토퍼 톨킨이 《실마릴리온》의 출간을 준비하며 작품을 재구성한 데서 분명히 드러난다.

사람들은 《베어울프》의 '돌무더기'를 보고 "완전히 난장판이군!"
하고 말했다. 이렇게 중얼거린 사람들도 있었다.

"정말 별난 사람이군! 생각해 봐, 이 오래된 돌을 사용해 터무니없는
탑을 짓다니! ······균형 감각이 없는 사람이야."
그러나 그는 그 탑의 꼭대기에서 바다를 내다볼 수 있었다.[2]

◯◫◯

톨킨이 그토록 엄청난 인기를 끌게 만든 요소들 대부분은 루이스
에게도 적용된다. 그러나 루이스는 가운데땅처럼 상세하고 현실적
인 세계를 만들지 않았다. 하지만 아동문학 작품으로 본다면 《나니
아 나라 이야기》는 《버드나무에 부는 바람》, 《이상한 나라의 앨리
스》, 《호빗》, 《곰돌이 푸》 그리고 최근에 나온 해리 포터 시리즈와
같은 대중문화의 고전으로 확고하게 자리 잡은 지 오래다.

톨킨과 공유하는 다른 요소들에 더해, 루이스의 인기가 식을 줄
모르는 또 다른 이유들이 있다. 우선, 그의 상상력이 대단히 폭이
넓다는 점이다. 스크루테이프, 마슈위글 퍼들글럼, 케임브리지 교
수 엘윈 랜섬, 나니아를 창조한 말하는 사자 아슬란, 골더스 그린의
사라 스미스, 분별 씨, 고대 왕국 글룸의 레디발, 잉글랜드 중서부
의 제인과 마크 스투덕 부부. 이들은 루이스가 창조한 캐릭터 중 일
부에 지나지 않는다. 그의 탁월한 지성과 상상력 안에서 기독교 신
앙이 진리임을 설파하기 위한 이야기들과 탁월한 논증들이 튀어나
왔다. 여러 해 동안 무신론자였던 루이스는 생애의 절반을 지나고

나서야 기독교 신자가 되었고, 덕분에 유물론자의 우주가 어떤 모습이고 어떤 맛을 띠고 어떤 냄새가 나는지 속속들이 이해할 수 있었다.

두 번째 이유는 분명하다. 친구 톨킨과 같이, 루이스는 나니아 나라 이야기로 아동문학에 지속적인 기여를 했다. 그 시리즈는 그의 다른 저작들보다 훨씬 많이 팔렸다.

루이스가 폭넓은 인기를 누리는 이유를 설명할 만한 요인들은 또 있다. 그는 《사랑의 알레고리》, 《16세기 영문학》, 《비평 실험》 등의 저작을 남긴 저명한 문학자였다. 인문주의와 르네상스에 대한 그의 견해와 서구 문명이 16세기가 아니라 19세기 초에 분수령에 도달했다는 그의 명제 등에 대해서는 이론(異論)의 여지가 있을 수밖에 없는데도 그 책들은 지금도 여전히 출판되고 있다.

그는 1947년에 이미 〈타임〉의 표지를 장식한 기독교 신앙의 탁월한 변증가요 옹호자였다. 그는 마지못해 초창기 미디어 복음전도자의 역할을 맡았고 그 일을 탁월하게 감당했다. 《순전한 기독교》만 해도, 많은 사람들이 자신의 경험을 얘기하며 그 책이 기독교로 회심하는 데 중요한 영향을 끼쳤다고 고백했다. 논쟁적인 책 《기적》은, 쓰인 지 50년이 넘도록 '하나님이 인간 경험에 적극 개입하신다는 건 이치에 맞지 않는다'고 생각하는 사람들에게 도전장을 던지고 있다.

그는 또한 성경의 주제들을 재치와 풍부한 상상력과 명료함으로 설득력 있게 전달할 수 있는 대중 신학자였다. 그의 신학은 《순례자의 귀향》, 《스크루테이프의 편지》, 《나니아 나라 이야기》, 그리고 공상과학 소설 3부작 같은 픽션들에 담겨 있다. 또한 《순전한 기독교), 《기적》, 《시편사색》, 《말콤에게 보내는 편지》, 《고통의 문제》 등에서도 볼 수 있다.

그는 능히 주류 공상과학 작가로 불릴 만하다. 아서 C. 클라크, 브라이언 올디스 같은 공상과학 장르의 리더들이 그를 존경했다. 랜섬이 주인공으로 등장하는 그의 공상과학 소설 3부작의 첫 두 권은 특히 많은 찬사를 받았다.

그는 소설가였고 소설가로서 그가 보여 준 장래성은 질병과 이른 죽음으로 갑자기 끝나고 말았다. 《우리가 얼굴을 가질 때까지》는 그의 가장 뛰어난 작품 중 하나다. 이 책은 기원전 몇백 년, 그리스 북부 어느 곳에 있는 매우 현실적인 가상의 나라를 배경으로 하고 있다. 이 책은 친구 톨킨의 작품과 유사하면서도 톨킨과는 전혀 다른 친구 찰스 윌리엄스의 영향을 깊이 받았고, 조이 데이빗먼과의 대화 가운데 만들어진 작품이다.

또 그는 학계에 발을 들여놓은 지 얼마 되지 않아 길버트 라일을 포함한 젊은 옥스퍼드 철학자들과의 토론 모임에 참여한 사상가였다. 그는 영문학 개별지도 교수로 교수 생활을 시작하기 전에 1년 동안 철학을 가르쳤다. 《고통의 문제》, 《기적》, 《인간의 폐지》는 일반 독자를 겨냥한 본격적인 철학서이다.

그는 2류 시인이었지만, 그의 작품은 서정시에서부터 긴 서사시 (현재는 인기가 없는)까지 광범위했다. 젊은 날의 포부는 위대한 시인이 되는 것이었지만—첫 번째 시집이 출간되었을 때 그의 나이 스물한 살이었다—그는 자신이 현대시와는 맞지 않음을 점점 더 분명히 알게 되었다. 1951년 옥스퍼드 시학 교수로 선출되지 못하자 못내 실망했지만 그의 시적 감수성은 논증서건 소설이건 그의 모든 산문에 영향을 주었다.

루이스의 이러한 다양한 측면들은 유기적으로 끊임없이 상호작용하여 그것을 모두 합친 것보다 큰 그만의 온전한 개성을 이루었다. 말년의 그는 1940년에 썼던 다음의 말로 자신의 삶을 되돌아볼 수 있었을 것이다.

> 우리는 모두 확고한 행복과 안전을 갈망하지만, 하나님은 세상의 본성상 그것을 허락하지 않으십니다. 그러나 그분은 기쁨과 쾌락과 즐거움을 널리 퍼뜨려 놓으셨습니다. 우리는 결코 안전하지 않지만, 풍성한 재미와 얼마간의 황홀함을 누립니다. 하나님이 그렇게 만드신 이유는 어렵지 않게 알 수 있습니다. 우리가 갈구하는 안전은 우리 마음이 세상에 안주하게 하고 그럼으로써 하나님께 돌아가지 못하게 막는 장애물이 될 수 있습니다. 그러나 잠깐 동안의 행복한 사랑, 아름다운 경치, 교향악, 친구들과의 즐거운 만남, 목욕, 축구 경기에는 그런 함정이 없습니다. 우리 아버지께서는 여행길에 기분 좋은 여관에 들러 원기를 회복하게 해 주시지만, 그 여관을 집으로 착각하게 만드시지는 않습니다.[3]

연보 · 저작물

루이스와 톨킨 연보

1857 톨킨의 아버지 아서 루얼 톨킨이 영국 버밍엄에서 출생.

1862 루이스의 어머니 플로렌스(플로라) 오거스타 해밀턴이 아일랜드 남
     부 코크 카운티의 퀸스타운에서 출생.

1863 루이스의 아버지 알버트 J. 루이스가 아일랜드의 남부 코크 카운티
     에서 출생.

1870 톨킨의 어머니 메이벨 서필드가 버밍엄에서 출생(그녀의 가족이 원
     래 살던 곳은 영국 우스터셔의 이브셤).

1889 1월 21일, 영국 글로스터에서 에디스 브랫(톨킨의 장래 아내) 출생.
     아서 톨킨이 아프리카 은행에서 일하기 위해 남아프리카공화국으
     로 배를 타고 건너가다.

1890 아서 톨킨이 케이프타운에서 1,100킬로미터 떨어진 블룸폰테인의
     중요한 지점에 임명되다.

1891 3월, 버밍엄에서 아서 톨킨을 만났던 메이벨 서필드가 그와 결혼하
     기 위해 증기선 로슬린캐슬 호를 타고 사우샘프턴을 떠나다.

1892 1월 3일, J. R. R. 톨킨이 블룸폰테인에서 출생.

1894 2월 17일, 톨킨의 동생 힐러리 아서 루얼 톨킨이 블룸폰테인에서
     출생.

1895 4월, 메이벨 톨킨이 두 아들을 데리고 영국으로 떠나 버밍엄 킹즈 히스 애슈필드 로에 있는 서필드 가(家)의 작은 집에서 지내다.

1895 6월 16일, 루이스의 형 워렌 해밀턴 루이스(애칭은 '와니')가 아일랜드 벨파스트에서 출생.

1896 2월 15일, 아서 톨킨이 블룸폰테인에서 사망.
여름, 톨킨 일가가 당시 버밍엄 시내에서 1.6킬로미터 정도 떨어져 있던 세어홀 방앗간 근처로 이주하다.

1898 11월 29일, C. S. 루이스(애칭은 '잭')가 벨파스트에서 출생.

1900 톨킨이 당시 버밍엄의 뉴스트리트 역 근처에 있던 킹에드워드 스쿨에 입학하다.
메이벨 톨킨과 그녀의 언니 메이가 로마가톨릭으로 개종.

1901 1월 22일, 빅토리아 여왕 서거.
이때 쯤 와니가 어린 잭의 놀이방에 비스킷 통 뚜껑을 가져오다.

1902 톨킨 일가가 버밍엄의 오라토리오회 근처 올리버 로로 이사하고 프랜시스 자비에 모건 신부를 만나다.

1903 가을, 톨킨이 킹에드워드 스쿨의 장학금을 받고 다시 공부를 시작하다.
에디스 브랫의 어머니 프랜시스 사망.
성탄절, 톨킨이 첫 번째 영성체를 받다.

1904 4월, 메이벨 톨킨이 당뇨병으로 입원하다. 형제는 친척들에게 보내졌는데 톨킨은 호브에 있는 제인 이모에게 가다.
6월, 톨킨 일가가 오라토리오회 소유의 우스터셔 레드널에서 다시 합치다.
11월 14일, 34세의 메이벨 톨킨이 당뇨병으로 사망.

1905 루이스 일가가 벨파스트 외곽에 새로 지은 집 '리틀 리'로 이주하다.

1907 에디스 브랫이 기숙학교를 마치고 버밍엄의 더치스 로 37번지에서 하숙을 하다.

1908 2월 15일, 플로라 루이스가 암 치료를 위해 대수술을 받다.
톨킨 형제가 더치스 로 37번지에서 하숙하면서 톨킨이 19세의 에디스를 만나다.
8월 23일, 플로라 루이스가 남편의 생일에 암으로 죽다.
9월, 루이스가 런던 근처 왓포드의 원야드 스쿨에 입학.

1909 가을, 톨킨이 옥스퍼드 입학시험에 실패. 에디스와 강제로 이별.
에디스 브랫이 가족의 연로한 친구들과 함께 머물기 위해 첼튼엄으로 이사하다. 이 기간 동안 그녀는 워릭셔의 한 농부와 약혼하다.

1910 여름, 톨킨이 킹에드워드 스쿨에서 티 클럽을 시작하다. 이 무렵 톨킨은 '자기만의' 언어를 개발하기 시작하다.
가을, 루이스가 반 학기 동안 벨파스트의 집 근처 캠벨 칼리지에 다니다. 톨킨은 옥스퍼드 입학시험에 통과하고 엑서터 칼리지의 장학금을 받다.

1911 루이스가 잉글랜드의 몰번 칼리지에 입학. 몰번에서의 기간 동안 어릴 때 가졌던 기독교 신앙을 버리다.
10월, 톨킨이 옥스퍼드 엑서터 칼리지에 들어가 고전학을 공부하다.

1912 조지프 라이트가 톨킨을 가르치기 시작하다. 톨킨은 웨일스어를 공부하고, 핀란드어를 익히고, 핀란드어를 근거로 요정어 방언 퀘냐어 만들기에 착수하다.

1913 1월, 톨킨이 에디스 브랫과 재회하다.
여름, 톨킨이 학사학위 1차 시험에서 2등급의 점수를 얻고 비교 언어학에서 '최고 점수'를 받은 후 영문학으로 전공을 바꾸다.

1914 1월 8일, 에디스 브랫이 로마가톨릭으로 개종하고 톨킨과 약혼하다.
2월, 워렌이 샌드허스트의 육군사관학교에 입학하다.

4월, 루이스가 아서 그리브즈와 알게 되다.

8월 4일, 영국이 독일에 선전포고하다.

9월 19일, 이날부터 1917년 4월까지 루이스는 써리의 그레이트 부컴에 머물며 '위대한 노크 선생' W. T. 커크패트릭에게 사사하다.

1915   여름, 톨킨이 우등으로 영어영문학 학위를 받다. 그리고 랭커셔 경보병 연대에 임관하다.

1916   3월 22일, 톨킨이 에디스와 결혼.

톨킨은 7월부터 10월까지 프랑스의 솜므 전투에 참전, '참호열'에 걸려 영국으로 돌아오다.

12월, 루이스가 고전학 장학생으로 옥스퍼드 유니버시티 칼리지에 선발되다.

1917   4월 26일부터 9월까지, 루이스가 옥스퍼드의 유니버시티 칼리지에서 공부하다. 그곳에서 '패디' 무어를 만나다.

11월, 루이스가 프랑스의 솜므 계곡 최전선에 도착하다.

11월 16일, 톨킨의 아들 존 출생.

1918   4월 15일, 루이스가 전투 중 부상당하다.

10월, 전쟁이 거의 끝나갈 즈음 톨킨이 옥스퍼드에서 일자리를 모색하다.

11월 11일, 제1차 세계대전 종전.

1919   루이스가 옥스퍼드 유니버시티 칼리지에서 학업을 재개하다.

1919   3월, 루이스가 클라이브 해밀턴이라는 필명으로 하이네만 출판사에서 《구속된 영혼》을 출간하다.

1920   루이스가 고전학 학사 자격 1차 시험(그리스와 라틴 문학)을 1등으로 통과하다.

루이스가 무어 부인과 그녀의 딸 모린을 위해 옥스퍼드에 집을 마련, 1921년 6월부터 무어 모녀와 함께 살다.

톨킨이 개인 교습할 학생을 충분히 확보하여 《옥스퍼드 영어 사전》 편찬 작업을 그만두다.

10월, 톨킨의 둘째 아들 마이클 출생.

1921   톨킨이 영문학 강사로 리즈 대학에 자리를 잡다.

1922   루이스가 고전학 학사 자격 최종시험(철학과 고대사)을 1등으로 통과하다.

1923   루이스가 옥스퍼드 유니버시티 칼리지 영문과를 1등으로 졸업하다.

1924   10월, 서른두 살의 톨킨이 리즈 대학 영문과 교수로 임명되다.
        루이스는 유니버시티 칼리지에서 E. F. 캐릿을 대신해 1년 동안 철학을 가르치다.
        11월, 톨킨의 셋째 아들 크리스토퍼 출생.

1925   5월 20일, 루이스가 옥스퍼드 모들린 칼리지의 개별지도 교수로 선출되다. 이후 29년간 영어와 영문학을 가르치다 1954년 케임브리지 모들린 칼리지로 옮기다.
        10월, 톨킨이 옥스퍼드 대학의 앵글로색슨어 담당 롤린슨 앤드 보즈워스 석좌교수로 임명되다.

1926   5월 11일, 톨킨과 루이스가 (기록상) 최초로 만나다.

1928   5월 2일, 알버트 루이스가 벨파스트 시의회 변호사 직책에서 연금을 받고 은퇴하다.

1929   루이스가 유신론자가 되다.
        9월, 알버트 루이스가 벨파스트에서 암으로 사망.
        톨킨의 딸 프리실라 출생.

1929   후반, 톨킨이 루이스에게 〈레이시엔의 노래〉를 읽어 보라고 주고 〈신화의 스케치〉를 그려 그 배경을 채우다. 루이스는 12월 6일 밤에 읽다.

1930(년대) 톨킨이 《햄의 농부 자일즈》의 초고를 쓰다. 아서 왕에 대한 미완성 시 〈아서 왕의 몰락〉을 쓰다.

1930 5월, 워렌 루이스가 루이스 가족 문서를 편집 · 정리하기로 결심하다.
10월, 무어 부인과 루이스와 워렌이 옥스퍼드 근처의 저택 '킬른스'를 사다.

1930(또는 1931) 톨킨이 《호빗》을 쓰기 시작하다.

1931 톨킨이 '어학'과 '문학'을 통합하는 방향으로 개정한 영문과 교수 요목이 받아들여지다.
9월 19-20일, 루이스가 톨킨, 휴고 다이슨과 함께 옥스퍼드의 애디슨 산책로를 거닐며 저녁 늦게까지 대화를 나눈 후 기독교 신앙의 진리를 확신하게 되다.
9월 28일, 형과 함께 사이드카가 달린 오토바이를 타고 윕스네이드 동물원으로 가던 도중 루이스가 기독교 신앙으로 귀의하다.

1932 후반, 루이스가 《호빗》의 미완성 원고를 읽다.

1933 5월 25일, 루이스의 《순례자의 귀향》 출간.
가을 학기에 루이스가 '잉클링즈'라는 명칭으로 친구들의 모임을 시작하다.

1934 톨킨의 시 〈톰 봄바딜의 모험〉이 〈옥스퍼드 매거진〉에 실리다.

1936 3월 11일, 찰스 윌리엄스가 자신의 소설 《사자가 있는 곳》에 찬사를 보내는 루이스의 첫 번째 편지를 받다.
봄, 루이스와 톨킨이 시간과 공간 이야기를 쓰는 일로 상의하다.
11월 25일, 톨킨이 영국 아카데미에서 '베어울프 : 괴물들과 평론가들'로 아이작 골란츠 경 기념강연을 하다.

1936 루이스의 《사랑의 알레고리》 출간.

1937 9월 21일, 톨킨의 《호빗》 출간.
      12월, 《반지의 제왕》 집필 시작.

1939 3월 8일, 톨킨이 스코틀랜드의 세인트앤드루스 대학에서 '요정 이
      야기에 대하여'라는 주제로 앤드루 랭 강연을 하다.
      9월 2일, 피난민 아이들이 킬른스에 도착하다.
      9월 4일, 영국이 독일에 선전포고한 다음날 워렌 루이스가 군 현역
      복무에 소집되다.
      9월 7일, 윌리엄스가 옥스퍼드 대학 출판부 런던 사무실 직원들과
      함께 옥스퍼드로 이주하다.

1940 루이스가 영국 공군을 대상으로 기독교 강연을 시작하다. 이 강연
      은 1941년까지 이어지다.
      8월 27일, 모린 무어가 노팅엄셔에 있는 워크숍 칼리지의 음악 지
      휘자 레너드 블레이크와 결혼하다.
      10월 14일, 루이스의 《고통의 문제》 출간, 잉클링즈에 헌정.

1941 8월 6일, BBC 라디오에 루이스의 첫 번째 25분 강연이 방송되다.

1942 윌리엄스의 《죄의 용서》 출간, 잉클링즈에 헌정.
      루이스의 《스크루테이프의 편지》 출간, 톨킨에게 헌정.
      크리스토퍼 톨킨이 영국 공군에 입대하여 남아프리카공화국에서
      전투기 조종사가 되기 위한 훈련을 받다.

1943 2월 18일, 윌리엄스가 옥스퍼드 명예 석사학위를 받다.

1944 1월 5일, 윌리엄스가 아내 마이클에게 〈타임〉 기자가 루이스에 대
      한 기사를 쓴다고 말하다. 표지 기사는 결국 1947년에 실리고 미국
      에서 루이스의 인기를 확고히 하는 계기가 되다.
      루이스가 케임브리지에서 클러크 강연을 하다(강연 내용은 《옥스퍼
      드 영문학사》에서 그가 집필한 부분의 중요한 장 〈새로운 지식과 새로운
      무지〉).

1945 5월 8일, 독일 항복. 9월 2일, 일본 항복. 제2차 세계대전 종전.
      5월 15일, 워렌 루이스가 일기장에 윌리엄스의 갑작스러운 죽음을
      기록으로 남기다("이렇게 해서 내가 운 좋게 만날 수 있었던 가장 훌륭하고
      좋은 사람이 사라졌다. 하나님이 영원하신 복락으로 그를 받아 주시기를").
      가을, 톨킨이 옥스퍼드 대학 영어영문학과의 머튼 석좌교수로 임
      명되다. 톨킨의 《니글이 그린 나뭇잎》 출간.

1947 루이스의 《기적》 출간.

1949 가을, 톨킨이 《반지의 제왕》을 완성하다.
      10월 20일, 워렌의 일기장에 기록된 잉클링즈 문학 모임의 마지막
      목요일 밤. 그 다음주에는 "아무도 나타나지 않았다." 그러나 루이
      스가 죽을 때까지 모임은 비공식적으로 계속되다.

1949 후반, 톨킨이 상당 부분 손으로 쓴, 〈실마릴리온〉의 미완성 원고를
      콜린스 출판사의 밀턴 월드먼에게 보내다.

1950 1월 10일, 루이스가 34세의 미국인 작가 헬렌 조이 데이빗먼 그레
      셤의 편지를 받다. 루이스의 《사자와 마녀와 옷장》 출간.

1951 1월 12일, 1950년 4월부터 옥스퍼드의 요양소에서 지내던 무어 부
      인 사망.
      톨킨이 벨기에의 언어학 총회에 참석하다.
      《반지의 제왕》 플롯에 맞추어 《호빗》 개정판 출간.

1952 6월 22일, 톨킨이 《반지의 제왕》 출간을 조지 앨런 앤드 언윈 출판
      사에 제안하다.
      루이스의 《순전한 기독교》 출간.
      9월, 루이스가 조이 데이빗먼을 처음으로 만나다.

1953 3월, 톨킨과 에디스가 옥스퍼드 근교 헤딩턴의 샌필드 로로 이주.

1954 루이스가 케임브리지의 중세·르네상스 문학 교수직을 받아들이
      다. 자신의 쉰여섯 번째 생일에 '시대 구분'이라는 제목으로 교수

직 취임 강연을 하다.

톨킨의 《반지의 제왕》 1·2권 출간, 초판을 잉클링스에 헌정.

루이스의 《16세기 영문학》 출간.

1955 루이스의 《예기치 못한 기쁨》 출간.

5월 20일, 톨킨의 《반지의 제왕》 부록 완성.

10월 20일, 《반지의 제왕》 마지막 권 출간.

1956 4월 23일, 루이스와 조이 데이빗먼이 옥스퍼드 호적 등기소에 혼인신고를 하다.

루이스의 《마지막 전투》 출간, 이 책으로 동화책에 수여되는 저명한 상 '카네기 메달'을 받다. 루이스의 《우리가 얼굴을 가질 때까지》 출간.

1957 3월 21일, 루이스가 조이 데이빗먼이 입원한 병원에서 조이와 영국 성공회 의식에 따라 결혼식을 올리다.

9월, 조이의 건강이 호전되다. 12월 10일, 조이가 다시 걷게 되다.

1958 3월, 톨킨이 네덜란드를 방문하다.

1959 6월 5일, 톨킨이 옥스퍼드 영어영문학과 머튼 석좌교수로서 '고별사'를 하다.

10월, 조이의 암이 엑스레이에 다시 나타나다.

1960 5월, 조이 데이빗먼과 에디스 톨킨이 병원에서 만나다.

7월 13일, 루이스 부부가 그리스에서 휴가를 마치고 돌아온 지 얼마 후 조이가 45세를 일기로 사망.

1963 6월 15일, 루이스가 심장 발작을 일으킨 후 애클랜드 요양소에 들어가다.

9월, 워렌이 몇 달 동안 아일랜드에 있다가 킬른스로 돌아오다.

11월 22일 금요일, 루이스가 예순다섯 번째 생일을 보내고 한 주 뒤 집에서 사망.

1964 루이스가 죽기 전 출간을 준비했던 《말콤에게 보내는 편지》 출간. 톨킨의 《나무와 나뭇잎》 출간.

1965 에이스북스 출판사가 저작권법의 허점을 이용해 《반지의 제왕》 해적판을 출간한 후 미국 대학가에서 톨킨의 인기가 올라가다. 미국 대학가에 불붙은 책의 인기가 전 세계로 퍼지고, "프로도는 살아 있다" "간달프를 대통령으로" 등의 구호가 적힌 배지가 유행하다.

1966 워렌 루이스가 엮은 《C. S. 루이스 서간집》 출간. 여름, 클라이드 킬비 교수가 톨킨의 〈실마릴리온〉 작업을 돕다.

1968 6월, 톨킨 부부가 팬들과 소음과 계단이 없는, 옥스퍼드 시에서 가까운 본머스로 이주하다.

1971 11월 29일, 에디스 톨킨 사망. 톨킨은 옥스퍼드 머튼 로에 있는 머튼 칼리지의 주택으로 돌아가다.

1972 3월 28일, 여왕이 톨킨에게 대영제국 상급 훈작사(C.B.E)를 수여하다.

1973 4월 9일, 워렌이 사랑하던 동생의 죽음을 여전히 슬퍼하며 사망. 9월 2일 일요일, 톨킨이 본머스에서 사망.

1975 헨리 '휴고' 빅터 다이슨 사망.

1977 크리스토퍼 톨킨이 편집한 《실마릴리온》 출간. 미국에서 양장본으로 100만부 이상 판매되다.

1984 마이클 톨킨 사망.

1997 12월 14일, 100세 생일을 얼마 안 남기고 오언 바필드 사망.

2003 존 톨킨 사망.

C. S. 루이스의 주요 저작물(출간순)

Spirits in Bondage : A Cycle of Lyrics. London : William Heinemann, 1919.

Dymer. London : J. M. Dent, 1926.

The Pilgrim's Regress : An Allegorical Apology for Christianity, Reason and Romanticism. London : J. M. Dent, 1933.

The Allegory of Love : A Study in Medieval Tradition. Oxford : Clarendon Press, 1936.

Out of the Silent Planet. London : John Lane, 1938.

Rehabilitations and Other Essays. London : Oxford University Press, 1938.

The Personal Heresy : A Controversy (with E. M. W. Tillyard). London : Oxford University Press, 1939.

The Problem of Pain. London : Geoffrey Bles, Centenary Press, 1940.

Broadcast Talks. London : Oxford University Press, 1942.

A Preface to Paradise Lost. London : Oxford University Press, 1942.

The Screwtape Letters. London : Geoffrey Bles, 1942. Reprinted with an additional letter as *The Screwtape Letters and Screwtape Proposes a Toast*. London : Geoffrey Bles, 1961. Further new material in *The Screwtape Letters with Screwtape proposes a Toast*. New York : Macmillan, 1982.

The Weight of Glory. Little Books on Religion 189. London : SPCK, 1942.

Christian Behaviour : A Further Series of Broadcast Talks. London : Geoffrey Bles, 1943.

Perelandra. London : John Lane, 1943. Reprinted in paperback as *Voyage to Venus*. London : Pan Books, 1953.

The Abolition of Man : Reflection on Education with Special Reference to the Teaching of English in the Upper Forms of Schools. Riddell Memorial Lectures, fifteenth series. London : Oxford University Press, 1943.

Beyond Personality : The Christian Idea of God. London : Geoffrey Bles, Centenary Press, 1944.

That Hideous Strength : A Modern Fairy Tale for Grown Ups. London : John Lane, 1945, A version abridged by the author was published as *The Tortured Planet* (New York : Avon Books, 1946) and as *That Hideous Strength* (London : Pan Books, 1955).

The Great Divorce : A Dream. London : Geoffrey Bles, Centenary Press, 1946. Originally published as a series in *The Guardian.* Bles inaccurately dated the book as 1945.

George MacDonald : Anthology. Compiled by, and with an introduction by, C. S. Lewis. London : Geoffrey Bles, 1946.

Essays Presented to Charles Williams. Edited by, and with an introduction by, C. S. Lewis. London : Oxford University Press, 1947.

Miracles : A Preliminary Study. London : Geoffrey Bles, 1947. Reprinted, with an expanded version of chapter 3, London : Collins Fontana Books, 1960.

Arthurian Torso : Containing the Posthumous Fragment of the Figure of Arthur by Charles Williams and A Commentary on the Arthurian Poems of Charles Williams by C. S. Lewis. London : Oxford University Press, 1948.

Transposition and Other Addresses. London : Geoffrey Bles, 1949. Published in the United States as *The Weight of Glory and Other Addresses.* New York : Macmillan, 1949.

The Lion, the Wich and the Wardrobe. London : Geoffrey Bles, 1950.

Prince Caspian : The Return to Narnia. London : Geoffrey Bles, 1951.

Mere Christianity. London : Geoffrey Bles, 1952. A revised and expanded version of *Broadcast Talks, Christian Behaviour, and Beyond Personality.*

The Voyage of the Dawn Treader. London : Geoffrey Bles, 1952.

The Silver Chair. London : Geoffrey Bles, 1953.

The Horse and His Boy. London : Geoffrey Bles, 1954.

English Literature in the Sixteenth Century Excluding Drama, vol. 3 of *The Oxford History of English Literature* (Oxford : Clarendon Press,

1954). In 1990 the series was renumbered and Lewis's volume was reissued as vol. 4, *Poetry and Prose in the Sixteenth Century.*

The Magician's Nephew. London : Bodley Head, 1955

Surprised by Joy : The Shape of My Early Life. London : Geoffrey Bles, 1955.

The Last Battle. London : Bodley Head, 1956.

Till We Have Faces : A Myth Retold. London : Geoffrey Bles, 1956.

The Four Loves. London : Geoffrey Bles, 1960.

Studies in Words. Cambridge : Cambridge University Press, 1960.

The World's Last Night and Other Essays. New York : Harcourt, Brace, 1960.

A Grief Observed (published under the pseudonym "N. W. Clerk"). London : Faber & Faber, 1961.

An Experiment in Criticism. Cambridge : Cambridge University Press, 1961.

They Asked for a Paper : Papers and Addresses. London : Geoffrey Bles, 1962.

루이스 사후에 출간된 저작물과 전집류

Letters to Malcolm : Chiefly on Prayer. London : Geoffrey Bles, 1964.

The Discarded Image : An Introduction to Medieval and Renaissance Literature. Cambridge : Cambridge University Press, 1964.

Poems. Edited by Walter Hooper. London : Geoffrey Bles, 1964.

Studies in Medieval and Renaissance Literature. Edited by Walter Hooper. Cambridge : Cambridge University Press, 1966.

Letters of C. S. Lewis. Edited, with a memoir, by W. H. Lewis. London : Geoffrey Bles, 1966. Revised edition, edited by Walter Hooper, 1988.

Of Other Worlds : Essays and Stories. Edited by Walter Hooper. London : Geoffrey Bles, 1966.

Christian Reflections. Edited by Walter Hooper. London : Geoffrey Bles,

1967.

Spenser's Images of Life. Edited by Alistair Fowler. Cambridge :
    Cambridge University Press, 1967.

Letters to an American Lady. Edited by Clyde S. Kilby. Grand Rapids,
    Mich. : Eerdmans, 1967 ; London : Hodder and Stoughton, 1969.

A Mind Awake : An Anthology of C. S. Lewis. Edited by Clyde S. Kilby.
    London : Geoffrey Bles, 1968.

Narrative Poems. Edited and with a preface by Walter Hooper. London :
    Geoffrey Bles, 1969.

Selected Literary Essays. Edited and with a preface by Walter Hooper.
    Cambridge : Cambridge University Press, 1969.

God in the Dock : Essays on Theology and Ethics. Edited and with a
    preface by Walter Hooper. Grand Rapids, Mich. : Eerdmans, 1970.
    British edition : *Undeceptions : Essays on Theology and Ethics*
    (London : Geoffrey Bles, 1971)

Fern Seeds and Elephants and Other Essays on Christianity. Edited and
    with a preface by Walter Hooper. London : Collins Fontana Books,
    1975.

The Dark Tower and Other Stories. Edited and with a preface by Walter
    Hooper. London : Collins, 1977.

The Joyful Christian : Readings from C. S. Lewis. Edited by William
    Griffin. New York : Macmillan, 1977.

*They Stand Together : The Letters of C. S. Lewis to Arthur Greeves (1914–
    1963).* Edited by Walter Hooper. London. : Collins, 1979.

Of This and Other Worlds. Edited by Walter Hooper. London : Collins
    Fount, 1982.

The Business of Heaven : Daily Readings from C. S. Lewis. Edited by
    Walter Hooper. London : Collins Fount, 1984.

Boxen : The Imaginary World of the Young C. S. Lewis. Edited by Walter
    Hooper. London : Collins, 1985.

Letters to Children. Edited by Lyle W. Dorsett and Marjorie Lamp Mead.

London : Collins, 1985.

First and Second Things : Essays on Theology and Ethics. Edited and preface by Walter Hooper. Glasgow : Collins Fount, 1985.

Present Concerns. Edited by Walter Hooper. London : Collins Fount, 1986.

Timeless at Heart. Edited by Walter Hooper. London : Collins Fount, 1987.

Letters : C. S. Lewis and Don Giovanni Calabria : A Study in Friendship. Edited by, and with an introduction by, Martin Moynihan. Glasgow : Collins, 1988. Includes Latin text. First issued as *The Latin Letters of C. S. Lewis*, paperback edition. Westchester, Ill. : Crossway Books, 1987, without Latin text.

All My Road Before Me : The Diary of C. S. Lewis 1922–27. Edited by Walter Hooper. London : HarperCollins, 1991.

The Collected Poems of C. S. Lewis. Edited by Walter Hooper. London : HarperCollins, 1994.

The Collected Letters, vol. 1, *Family letters 1905–1931.* Edited by Walter Hooper. London : HarperCollins, 2000.

C. S. Lewis : Collected Letters, vol. 2, *The Christian Scholar 1931–1951.* Edited by Walter Hooper. London : HarperCollins, 2003.

J. R. R. 톨킨의 주요 저작물 (출간순)

A Middle English Vocabulary. Oxford : Clarendon Press, 1922. Prepared for use with Kenneth Sisam's *Fourteenth Century Verse and Prose* (Oxford : Clarendon Press, 1921) and later published with it.

Sir Gawain and the Green Knight. Edited by J. R. R. Tolkien and E. V. Gordon. Oxford : Clarendon Press, 1925 (new edition, revised by Norman Davis, 1967)

The Hobbit, or There and Back Again. London : George Allen & Unwin, 1937.

Farmer Giles of Ham. London : George Allen & Unwin, 1950.

The Fellowship of the Ring : Being the First Part of The Lord of the Rings.

London : George Allen & Unwin, 1954.

The Two Towers : Being the Second part of The Lord of the Rings. London
: George Allen & Unwin, 1954.

The Return of the King : Being the Third Part of The Lord of the Rings.
London : George Allen & Unwin, 1955.

The Adventures of Tom Bombadil and Other Verses from the Red Book.
London : George Allen & Unwin, 1962.

Ancrene Wisse : The English Text of the Ancrene Riwle. Edited by J. R. R.
Tolkien. London : Oxford University Press, 1962.

Tree and Leaf. London : George Allen & Unwin, 1964.

The Tolkien Reader. New York : Ballantine Books, 1966.

The Road Goes Ever On : A Song Cycle. Poems by J. R. R. Tolkien, music
by Donald Swann. Boston : Houghton Mifflin , 1967 (enlarged edition,
1978).

Smith of Wootton Major. London : George Allen & Unwin, 1967.

톨킨 사후에 출간된 저작물

Sir Gawain and the Green Knight, Pearl and Sir Orfeo. Translated by J. R.
R. Tolkien; Edited by Christopher Tolkien. London : George Allen &
Unwin, 1975.

The Father Christmas Letters. Edited by Baillie Tolkien. London : George
Allen & Unwin, 1976.

The Silmarillion. Edited by Christopher Tolkien. London : George Allen &
Unwin, 1977.

Pictures by J. R. R. Tolkien. Edited by Christopher Tolkien. London :
George Allen & Unwin, 1979.

Unfinished Tales of Numenor and Middle-earth. Edited by Christopher
Tolkien. London : George Allen & Unwin, 1980.

The Letters of J. R. R. Tolkien. Edited by Humphrey Carpenter, with the
assistance of Christopher Tolkien. London : George Allen & Unwin,

1981 ; Boston : Houghton Mifflin, 1981.

Old English Exodus. Text, translation, and commentary by J. R. R. Tolkien
; edited by joan Turville-Petre. Oxford : Clarendon Press, 1981.

Finn and Hengest : The Fragment and the Episode. Edited by Alan Bliss.
London : George Allen & Unwin, 1982

Mr. Bliss. London : George Allen & Unwin, 1982 ; Boston : Houghton
Migglin, 1983.

The Monsters and the Critics and Other Essays. Edited by Christopher
Talkien. London : George Allen & Unwin, 1983.

The History of Middle-earth. Editd by Christopher Tolkien. Published in
twelve volumes between 1983 and 1996, by George Allen & Unwin,
Unwin Hyman, and HarperCollins.

Roverandom. Edited by Christina Scull and Wayne G. Hammond. London :
HarperCollins, 1998.

Beowulf and the Critics. Edited by Michael D. C. Drout. Tempe, Ariz. :
Arizona Center for Medieval and Renaissance Studies, 2002.

주(註)

1장. 두 인격의 형성기

1) 이 장면은 톨킨이 여러 편지와 인터뷰를 통해 석탄열차에 대해 했던 말로 재구성한 것이다. 지금도 그 철로는 웨스트필드 로 86번지에 있던 그의 집 뒤쪽으로 지나가고 있지만 킹즈 히스 역은 사라지고 없다.

2) 1970년 12월 16일, BBC 제4라디오 *Now Read On*의 진행자 Denis Gueroult와의 인터뷰.

3) 워렌의 비스킷 깡통 정원과 그 중요성에 대한 기록은 C. S. 루이스의 *Surprised by Joy*(《예기치 못한 기쁨》, 홍성사 역간), 3-4쪽에서 볼 수 있다.

4) *Surprised by Joy*, 4, 11.

5) C. S. Lewis, *Miracles*, chapter 11.

6) *The Tolkien Family Album*, 16.

7) 1970년 12월 16일, BBC 제4라디오 *Now Read On*의 진행자 Denis Gueroult와의 인터뷰, 그리고 1967년 1월 15일, *Sunday Times*의 Philip Norman과의 인터뷰.

8) *The Hobbit*(《호빗》, 씨앗을뿌리는사람 역간), 15.

9) 1970년 12월 16일, BBC 제4라디오의 Denis Gueroult와의 인터뷰.

10) John Ezard가 톨킨과 인터뷰한 내용을 1991년 12월 28일자 *The Guardian*에 인용.

11) Tolkien, *Letters*, Letter 330 and Letter 213.

12) 아틀란티스 꿈에 대한 그의 기록을 보려면 Tolkien, *Letters*, Letter 163(수신자 W. H. Auden)을 보라.

13) Tolkien, *Letters*, Letter 250.

14) *Surprised by Joy*, 6-7.

15) *My Life*, By Jacks Lewis. *Lewis Family Papers*.

16) *Surprised by Joy*, 18.

17) Tolkien, *Letters*, Letter 131.

18) *Christ*의 104행에서. 1965년 12월 18일 Clyde S. Kilby에게 보낸 편지. Kilby, *Tolkien and The Silmarillion*, 57에서 인용.

19) *Lewis Papers*, vol. 11, 251-255.

20) 1967년 1월 15일, *Sunday Times*의 Philip Norman과의 인터뷰.

21) *The Two Towers*, Book Ⅳ, chapter 2.

22) Tolkien, "On Fairy-Stories" in *Tree and Leaf*, 41.

23) 1970년 12월 16일, BBC 제4라디오의 Denis Gueroult와의 인터뷰.

24) 1967년 1월 15일, *Sunday Times*의 Philip Norman과의 인터뷰.

25) The Wade Center Oral History, Maureen Moore와의 인터뷰.

26) *Surprised by Joy*, 42.

27) "Valedictory Address," in Tolkien, *The Monsters and the Critics*, 238.

28) Nancy Martsch, "A Tolkien Chronology," in *Proceedings of the J. R. R. Tolkien Centenary Conference*, 293.

29) 톨킨이 번역한 *Beowulf*는 발견되지 않은 채로 있다가, 미국 Wheaton College 의 Michael D. C. Drout 박사에 의해 1996년 옥스퍼드 보들리 도서관에서 발견되었고 머지않아 출간될 예정이다.

30) The Wade Center Oral History, Maureen Moore와의 인터뷰.

31) *Lewis Papers*, vol. 8, 90.

2장. 상상력 풍부한 두 지성인의 만남

1) 여기까지는 1926년 5월 11일 화요일 루이스의 일기를 근거로 한 것이다. 1939년 9월 18일 형에게 보낸 편지에서 루이스는 그런 상황에서 무어 부인이 어떤 분위기를 만들어 냈는지 회상한다. 양어머니에 대한 루이스의 태도가 형보다 훨씬 긍정적이었다는 점은 일기에도 잘 나타나 있다. 'Don'은 옥스퍼드 대학과 케임브리지 대학의 개별지도 교수(tutor)나 특별연구원(Fellow)을 가리키는 명칭으로, 주(主)를 뜻하는 라틴어 *dominus*에서 유래해서 돈키호테(Don Quixote) 같은 스페인어 직함 Don을 거쳐 쓰이게 되었다.

2) *An Experiment in Criticism*, 105-106.

3) *Miracles*, 23.

4) 그것을 잘 보여 주는 예가 *A Study in Words*(1960)이다.

5) *Surprised by Joy*, 161.

6) *Poetic Diction*, 22.

7) *Poetic Diction*, 22.

8) 루이스는 *Selected Literary Essays*의 "Bluspels and Flalansferes"와 *Miracles*의 "Horrid Red Things"를 통해 사고(思考)에서 의미가 시적 조건을 갖는다는 바필드의 생각과 같은 요점의 내용을 자세히 다룬다. 후자는 특히 *Poetic Diction*에서 바필드가 주장한 바를 루이스가 대중화하려 시도한 장이다.

9) 이것은 1956년 6월 11일, 그가 옥스퍼드 시학 교수로 부임하면서 행한 취임 강연에서 한 말이다.

10) 로즈 장학생이었던 듯. Ready, *The Tolkien Relation*, 17에 인용.

11) 1925년 4월이나 5월경의 날짜가 적히지 않은 편지. *Letters of C. S. Lewis*, 9.

12) Michael Polanyi는 그의 책 *Personal Knowledge*에서 지식을 세부 사실에 주목하는 것과 그것들을 체득(indwell)하는 것으로 구분하고 후자를 강조한다. 인간의 지향성과 언어의 지시에 대한 철학적 논쟁 역시 같은 테마에 속한다. 이 구분들과 새뮤얼 알렉산더의 구분 사이에는 유사성이 있다.

13) *Oxford Memories*, chapter 13.

14) Helen Gardener, "C. S. Lewis : 1898-1963," 419.

15) *The Tolkien Family Album*, 50.

16) *Lewis Family Papers*의 기원에 대해서는 세 번째 단락을 참고하라.

17) John Bremmer는 *The C. S. Lewis Readers' Encyclopedia* (ed. Schutz and West)에서 이런 주장을 한다. 채워지지 않는 갈망과 관련된 Friedrich Hölderins의 소설 *Hyperion*에서도 디오티마를 볼 수 있다. 루이스는 독일 낭만주의 운동에 큰 관심이 있었으므로 이 소설을 알고 있었을 가능성이 있다.

18) *The Independent*, March 7, 1994.

19) The Wade Center Oral History 인터뷰.

20) *Exploring the Christian World Mind*.

21) Hughton Mifflin 출판사의 홈페이지 www.houghtonmifflinbooks.com에서.

22) *C. S. Lewis : A Biography*, 117.

23) *Surprised by Joy*, 174.

24) *All My Road Before Me*, 379.

3장. 이야기가 만든 세계

1) 이 장면은 *Surprised by Joy*, 174-175를 근거로 한 것이다.

2) *Christian Reflections*, chapter 14.

3) *Letters of C. S. Lewis*, November 22, 1931.

4) Helen Gardener, "C. S. Lewis 1898-1963." 고학년(Final Honour School)은 3년제인 영문과 학부 과정의 주요 부분에 해당하는 2, 3학년 과정을 가리킨다.

5) *Letters of C. S. Lewis*, May 25, 1962.

6) 1962년 3월 30일에 Charles Huttar에게 보낸 편지.

7) *Letters of J. R. R. Tolkien*, Letter 276.

8) 1929년 12월 7일에 톨킨에게 보낸 편지, *The Lays of Beleriand*, 151에 인용.

9) 톨킨은 C. S. 루이스가 편집한 *Essays Presented to Charles Williams*에 실린 바필드의 에세이 "Legal Fiction"에 대해서도 이와 유사한 긍정적 반응을 보였다. *Letters of C. S. Lewis*, 384를 보라.

10) 톨킨이 번역한 *Beowulf*에 대한 정보는 1996년에 그 원고를 발견한 미국 Wheaton College의 Michael D. C. Drout 박사와의 연락을 통해 얻게 되었다. 그는 새로 발견된 자료를 근거로 1936년 *Beowulf*에 대한 톨킨 강연의 확장판을 출간했고, 톨킨이 번역한 *Beowulf*는 머지않아 출간될 예정이다.

11) The Wade Center Oral History, Dickens 교수와의 인터뷰, April 17, 1989.

12) *Letters of J. R. R. Tolkien*, August 30, 1964.

13) *Letters of C. S. Lewis*, October 29, 1944.

14) *Letters of C. S. Lewis*, January 12, 1950.

15) Green and Hooper, *C. S. Lewis : A Biography*, 제3판, 111에서 인용.

16) Letter December 22, 1922. *Collected Letters*, vol. 1, 850.

17) Letter, January 26, 1930.

18) Letter, March 21, 1930. *Collected Letters*, vol. 1, 887.

19) Letter to Barfield, February 1930.

20) 이 장면은 *Surprised by Joy*, 184-185에 적힌 루이스의 기록과, 워렌 루이스가 *Brothers and Friends*, 100-102에서 윕스네이드 동물원으로 소풍 간 일을 적은 일기장 기록에 근거한 것이다. 윕스네이드 소풍의 분위기는 무어 부인과 다른 사람들을 태운 차가 나중에 도착하고 루이스와 와니가 무어 부인의 개(동물원에는 개 출입이 금지되어 있었다)를 번갈아 돌보게 되면서 망쳤다.

21) *J. R. R. Tolkien : A Biography*, 148에서 인용.

22) Balder와 Tegner의 *Drapa, Surprised by Joy*, 12. 내가 풀어 쓴 내용은 Longfellow가 번역한 Tegner의 시를 근거로 한 것이다.

23) *George MacDonald : An Anthology* 서문.

24) "The Weight of Glory" in *Screwtape Proposes a Toast*, 106–107.

25) *Surprised by Joy*, 170.

26) "Myth became fact," in *God in the Dock*, 43–44.

4장. 상상력과 전통 신앙이 만난 시대

1) 이 대표적 사건은 *The Silmarillion*과 *Unfinished Tales, The History of Middle-earth* 등에서 다양한 형태로 볼 수 있는 '투린 투람바르 이야기'를 근거로 소개한 것이다. 미완성 운문 형태의 이 이야기는 *The Lays of Beleriand*에 나와 있다.

2) David L. Russel, in "C. S. Lewis," in *British Children's Writers*, vol. 160, 134–149.

3) "Greek Clerk," in *Light on C. S. Lewis*, ed. Jocelyn Gibb.

4) *An Experiment in Criticism*, 121.

5) 루이스와 케임브리지 영문과의 대결에 대한 전반적인 기록을 원한다면 Brian Barbour, "Lewis and Cambridge," *Modern Philology* 96, no. 4 (May 1999) 를 보라.

6) Brian Barbour, "Lewis and Cambridge," 453–454에 인용됨.

7) "The Monsters and the Critics"는 *The Monsters and the Critics and Other Essays*, 1983에 다시 실렸다.

8) Harry Blamires, "Against the Stream : C. S. Lewis and the Literary Scene," in *Journal of the Irish Christian Study Center* 1 (1983) : 15. 이 시기의 옥스퍼드 모임들에 나타난 기독교 신앙에 대한 더 깊은 통찰은 다음에 드러나 있다. "Is there an Oxford 'School' of Writing? : A discussion between Rachel Trickett and David Cecil"(*The Twentieth Century*, June 1955, 559–570).

9) Edmund Crispin's *Swan's Song*, 1947, 59–60.

5장. 잉클링즈의 시작

1) 이 장면은 잉클링즈의 여러 모임에서 오갔던 말들을 가지고 구성한 것이다. 독수리와 아이의 구조는 개축과 후면 확장으로 1937년 늦가을의 모습과 많이 달라졌다. 여종업원에게 줄 선물은 가상의 내용이지만, Chad Walsh는 1948년 무렵 한 여종업원에게 그곳을 자주 찾은 루이스에 대해 아는 바가 있느냐고 물었다. 그녀는 "모들린 칼리지에서 오신 점잖은 신사분이지요"라고 대답했고 그가 책을 썼다는 사실에 깜짝 놀랐다. 나는 이 사건을 약간 바꾸어 어린 자녀가 있는 여종업원이 잉클링즈의 떠들썩한 대화 중에 《호빗》이야기를 듣게 되는 모습을 상상해 보았다(Chad Walsh—The Wade Center Oral History 인터뷰).

2) Letter 298, *Letters* of *J. R. R. Tolkien*.

3) Letter to Swann, October 14, 1966.

4) *The Four Loves*(《네 가지 사랑》, 홍성사 역간), 58–59.

5) 이 이야기는 Rand Kuhl, "Owen Barfield in Southern California," *Mythlore* 1, no. 4 (1969)에 기록되었다.

6) 하버드에 대한 나의 기록은 1984년 7월 26일, 그가 Wade Center와 가졌던 인터뷰를 근거로 한 것이다. "Philia : Jack at Ease," in *C. S. Lewis at the Breakfast Table*, ed. James Como를 보라.

7) *Owen Barfield on C. S. Lewis*, ed. G. B. Tennyson (Middletown, Conn. : Wesleyan University Press, 1989).

8) 잉클링즈가 남자들만의 모임이라는 사실은 당시의 상황 속에서 봐야 한다. 당시 그런 모임은 대부분 남성들만으로 이루어졌다. 이 사실은 Mabbot이 쓴 책 *Oxford Memories*, 특히 "Co-ed"에 대한 장에서도 찾아볼 수 있다. 그런데 얼스터 출신의 루이스에게는 Jane McNeil 같은 여성 친구들, 더 적절한 예를 찾자면 Ruth Pitter와 Joy Davidman 같은 친구들이 있었다. 톨킨도 잉클링즈 밖에서는 여성 친구들을 만났고, 윌리엄스의 여성 친구들의 수는 헤아릴 수 없을 정도였다. Dorothy L. Sayers는 루이스와 윌리엄스 둘 다 아는 친구였다. 루이스와 톨킨은 남자의 깊은 우정은 남자하고만 가능하다는 당시의 견해를 공유하고 있었다. Joy Davidman은 이러한 루이스의 견해를 반박했지만, 그는 *The Four Loves*(1960) 같은 후기 작품의 우정에 대한 장에서도 그것을 당연하게 여기고 있었다.

9) Barbara Reynolds, *Dorothy L. Sayers : Her Life and Soul* (London :

Hodder & Stoughton, 1993), 188, 356에서 인용.

10) Letter to Arthur Greeves, *They Stand Together*, February 26, 1936, 479 쪽을 보라.

11) Letter, Wednesday, March 11, 1936, in *C. S. Lewis : Collected Letters*, vol. 2, The Christian Scholar 1931-1951, ed. Walter Hooper.

12) Bodleian Library, MS.Eng. c.6825, fol 48. Hooper and Green, *C. S. Lewis : A Biography*, 137에서 인용.

6장. 떠났다 돌아오는 여행

1) 이 장면은 《호빗》의 기원을 설명하는 톨킨의 여러 인터뷰를 근거로 한 것이다. 서재에 대한 설명은 *The Tolkien Family Album*(55-56)에서 John과 Priscilla Tolkien이 아버지의 서재에 대해 회상하는 부분과 J. I. M. Stewart의 *Young Pattullo* (New York : W. W. Norton, 1975), 106-108에 나오는 Timbermill 교수(Timbermill은 노스무어 로 20번지에 살던 톨킨을 모델로 한 캐릭터)의 서재 모습을 근거로 한 것이다.

2) Letter 183, February 4, 1933, *They Stand Together*.

3) Letter 184, March 25, 1933, *They Stand Together*. "요정 나라의 뿔피리"는 G. K. Chesterton의 책 *Orthodoxy*의 한 장(章)을 암시한다. 판타지와 요정 이야기에 대한 Chesterton의 이해는 루이스와 톨킨의 이해와 유사하다.

4) A. N. Wilson, *C. S. Lewis : A Biography*, 135를 보라.

5) 톨킨은 대체로 알레고리를 사용하지 않았고 공감하지도 않았지만, 그의 단편 *Leaf by Niggle*(1945)은 알레고리 작품이다.

6) Letter 184, March 25, 1933, *They Stand Together*.

7) *The Pilgrim's Regress*, book 3, chapter 9.

8) *Essay Collection and Other Short Pieces*, chapter 84, 579-586.

9) "Living Truth for a Dying World : The Message of C. S. Lewis," in *The J. I. Packer Collection*, ed. Alister McGrath (Leicester : Inter-Varsity Press, 1999). 그 이야기에서 루이스는 1920년대와 1930년대 초의 지적 풍토를 생생하게 그리고 있다.

10) *The Pilgrim's Regress*, 3판 서문, 1943.

11) Ibid., book 1, chapter 3.

12) Letter 194, *They Stand Together*.

7장. 공간, 시간, '새로운 호빗'

1) 모들린의 루이스 연구실 모습은 다음 몇 가지 설명을 근거로 재구성했다. "Don v. Devil," *Time magazine*, September 8, 1947, John Wain의 *Sprightly Running*, 184, 그리고 아래 인용된 C. S. Lewis의 *Arthurian Torso*. 이 장면은 대체로 *The Lost Road*, 7-10에 제시된, 그 도전에 대한 Christopher Tolkien 의 설명을 근거로 한 것이다. 톨킨의 여러 편지(July 1964, Letter 257, February 1968, Letter 257)와 루이스의 편지(October 21, 1925)도 참고했다. 당시에 출간된 이야기의 본질에 대한 작품에서 두 사람이 쓴 말도 참고했다. Mary Shelly와 여러 사람들에 대한 언급은 가상이다. 판타지를 제외한 다른 현 대 소설을 거의 읽지 않은 톨킨이었지만 공상과학 소설은 많이 읽었다. 대화가 이 루어진 날짜는 추측할 수밖에 없다. "The Lost Road"에 대한 Christopher Tolkien의 논평을 참고할 때, 1937년보다는 1936년이 가능성이 높다고 본다.

2) 《반지의 제왕》에서 톨킨은 누메노르가 가라앉았을 때 엘렌딜과 그의 두 아들 이 실두르(헤렌딜과 동일 인물일 것 같은데 확실치 않음)와 아나리온이 가운데땅 동 쪽으로 탈출해서 아르노르와 곤도르 땅을 발견한다고 밝힌다.

3) July 17, 1971, Hooper and Green, *C. S. Lewis : A Biography*, 210에 인용 됨.

4) Barbara Reynolds는 *An Anglo-American Literary Review* 18 (2001) : 102-107에서 케임브리지 대학의 새로운 도서관에 대한 시기 논쟁을 언급하며 "The Dark Towers"의 집필 시기에 대한 단서를 제공한다.

5) *The Lost Road*, 57.

6) J. R. R. Tolkien, *The Silmarillion* (1977); "The Music of the Ainur" in *The Book of Lost Tales*, I (1983); "The Ambarkanta" or "The Shape of the World" in *The Shaping of Middle-earth* (1986); "Ainulindalë" in *The Lost Road* (1987).

7) *The Lost Road*, 57.

8) *The Lost Road*, 52-53.

9) *The Lost Road*, 45.

10) *Out of the Silent Planet*, chapter 9.

11) Letter 77, *Letters of J. R. R. Tolkien*.

12) *Out of the Silent Planet*, chapter 5.

13) Letter 24, February 18, 1938, *Letters of J. R. R. Tolkien*.

14) *The Return of the Shadow*, 13.

15) 마지막 단락에 나오는 톨킨의 인용문. 인용문 전문을 보려면 본문 170쪽을 보라.

8장. 2차 세계대전과 그 후

1) 이 장면과 피난민에 대한 묘사는 당시의 기록들과 킬른스에 피난했던 이들의 증언에 근거한 것이다. 이들의 증언은 Stephen Schofield가 편집한 *In Search of C. S. Lewis*와 Justin Phillips가 편집한 *C. S. Lewis at the BBC*에 실렸다. 그리고 *Letters of C. S. Lewis*에서 1939년 9월 2일과 9월 18일에 쓴 루이스 편지들에서도 인용했다.

2) Hooper and Green, *C. S. Lewis : A Biography*에서 인용. Roger Lancelyn Green에 따르면, 이 메모는 "The Dark Towers"의 원고 사이에 끼어 있었고 뒷면에는 "방송 강연"에 대한 메모가 적혀 있었다. Green은 *C. S. Lewis : A Biography*의 원래 장 "Through the Wardrobe"를 썼다. Green은 첫 번째 나니아 나라 이야기의 탄생에 중요한 역할을 했다. 자세한 내용은 본서 9장을 보라.

3) *Charles Williams : A Celebration*, Brian Horne, ed. (Leominster : Gracewing, 1995), 1.

4) "The Significance of Charles Williams," in *The Listner*, December 19, 1946, 894-895.

5) Michal은 윌리엄스가 아내 Florence를 부르는 애칭이었다.

6) "Introductory," *Arthurian Torso*.

7) The Wade Center Oral History interiew, July 26, 1984.

8) 루이스의 방송 강연과 배후 사정을 자세히 알려면 Justin Phillips, *C. S. Lewis at the BBC* (London : HarperColins, 2002)를 보라.

9) Letter Whit Sunday 1956. 저작권은 Wade Center에서 보유.

10) *Sauron Defeated*, 148.

11) 이러한 개념에서 Owen Barfield의 영향을 볼 수 있다.

12) 톨킨과 윌리엄스의 상상력은 차이가 있지만, 누메노르의 파멸이 현대 잉글랜드로 침입한다는 착상은 매우 근사하고 윌리엄스의 발상과도 비슷하다. 그것은 고대의 타로카드를 사악한 방법으로 사용해 거대한 위력을 가진 눈보라가 생겨나고 그로 인해 우주의 질서가 어지러워진다는 윌리엄스의 소설 *The Great Trumps*(1932)를 연상케 한다.

13) John Wain, *Sprightly Running*, 182.

14) Warren Lewis의 일기를 보라. April 24, 1947; October 23, 1947; October 30, 1947, *Brothers and Friends*.

9장. 교수의 옷장과 마법의 반지들

1) 이 장면은 Hooper and Green, *C. S. Lewis : A Biography*, 305–308에 나오는 Roger Lancelyn Green(1918–1987)의 회상과, 1986년 6월 12일 Green과 가진 The Wade Center Oral History 인터뷰를 참고해서 재구성했다.

2) Letter 105, *Letters of J. R. R. Tolkien*.

3) C. S. Lewis, "On Three Ways of Writing for Children," in *Of This and Other Worlds* (1982), 57.

4) Letter March 3, 1955 (copy in The Wade Center)

5) Letter September 23, 1963 (copy in The Wade Center)

6) Letter May 31, 1947.

7) *Past Watchful Dragons*, Walter Hooper, 81.

8) Letter January 13, 1941, *The Letters of Evelyn Underhill*, 301.

9) 1970년 12월 16일, BBC 제4라디오의 Denis Gueroult와의 인터뷰.

10) Letter 131, *Letters of J. R. R. Tolkien*.

11) Sleevenotes, *J. R. R. Tolkien Reads and Sings His The Hobbit and The Fellowship of the Ring*, Caedmon, TC1477, 1975.

10장. 예기치 못한 케임브리지와 조이

1. 이 장면은 루이스의 케임브리지 교수직 임명을 둘러싼 편지들을 참고해서 재구성한 것이다. Brian Barbour, "Lewis and Cambridge," *Modern Philology 96*, no. 4 (May 1999) : 459–465와 Hooper and Green, *C. S. Lewis : A Biography*, 340–345를 보라. 그 서신들의 사본은 모두 Wade Center 기록보관

소에 있다. 무어 부인의 만년부터 루이스와 결혼한 Joy Davidman이 회복되던 시기까지의 킬른스에 대한 묘사는 Douglas Gresham, *Lenten Lands*, 53-58 의 도움을 많이 받았다. "하수처리장입니다"라는 말로 전화를 받던 루이스의 습관은 톨킨이 Clyde S. Kilby에게 들려주었다(Wade Center에 있는 Clyde S. Kilby의 노트에 나와 있다). '조개더미'는 Douglas Gresham, *Lenten Lands*, 82에서 나온 표현이다. 나는 H. V. D. Dyson이 만들어 낸 표현이라 생각했다. 너무나 Dyson다운 표현이기 때문이다.

2) Helen Gardner, "Clive Staples Lewis 1989-1963," 424-425. 그녀의 글은 George Watson, ed., *Critical Thought 1 : Critical Essays on C. S. Lewis* (Aldershot : Scolar Press, 1992)에 다시 실렸다.

3) Walter Hooper, *Through Joy and Beyond*, 125. John Wain도 루이스의 대중적 저작에 대한 사람들의 반감에 관해 이렇게 말했다. "많은 옥스퍼드 동료들은 압도적인 논증에다 풍자와 함께 저널리스트 같은 재치까지 돋보이는 《스크루테이프의 편지》를 쓴 그를 결코 용서하지 않았다."

4) Gardner, "Clive Staples Lewis 1898-1963," 427-428.

5) D. Lodge, ed., *Twentieth Century Literary Criticism : A Reader* (1972).

6) Letter to Chad Walsh, December 23, 1954.

7) *De Descriptione Temporum*, 1955.

8) *De Descriptione Temporum*, 1955.

9) Letter 49, *Letters of J. R. R. Tolkien*.

10) Wilson, *C. S. Lewis : A Biography*, 135-136에서 인용.

11) Joy Davidman, *Smoke on the Mountain*에 루이스가 쓴 서문에서 인용.

12) Joy Davidman, "The Longest Way Round," in *These Found the Way : Thirteen Converts to Protestant Christianity*, ed. David Wesley Soper (Philadelphia : Westminster Press, 1951), 23.

13) *The Monsters and the Critics and Other Essays*에 다시 실렸다.

14) 1967년 1월 15일자 *Sunday Times*의 Philip Norman과의 인터뷰.

15) *Proceedings of the J. R. R. Tolkien Centenary Conference*, 25.

11장. 그림자 나라여 안녕

1) 이 장면은 톨킨의 편지(Letter 251, *Letters of J. R. R. Tolkien*)와 Douglas

Gresham의 *Lenten Lands*, 158을 근거로 한 것이다. 톨킨과 그 아들 존이 루이스를 방문한 일에 대한 John Tolkien의 기록은 Hooper and Green, *C. S. Lewis : A Biography*, 430에 인용되어 있다. 루이스가 《위험한 관계》(*Les Liaisons Dangereuses*)를 읽은 일은 James Como, ed., *C. S. Lewis at the Breakfast Table*에 기록되어 있다.

2) Letter to David Kolb, S.J., Letter 265 (November 11, 1964), *Letters of J. R. R. Tolkien*.

3) Clyde S. Kilby(1902-1986)는 Wheaton College의 영문과 교수였고, 루이스 및 신념과 작품 면에서 루이스와 유사성을 가진 다른 여섯 작가들의 저작을 조사 · 연구하는, Wade Center를 설립했다. 여섯 명은 Tolkien, Charles Williams, Owen Barfield, Dorothy L. Sayers, G. K. Chesterton, 그리고 George MacDonald.

4) April 15, 1968.

5) December 3, 1967.

6) Letter 267, *Letters of J. R. R. Tolkien*.

12장. 우정의 선물

1) Letter 276, *Letters of J. R. R. Tolkien*.

2) *Selected Literary Essays*의 "Bluespels and Flalansferes : A Semantic Nightmare" 참조.

3) Wade Center에 소장된 Clyde S. Kilby의 노트에서.

4) *Letters of C. S. Lewis*, 444.

5) "On Stories," in *Of This and Other Worlds*, 35-36.

6) *The Problem of Pain*(《고통의 문제》, 홍성사 역간), 6.

7) "On Fairy-Stories," in *The Monsters and the Critics and Other Essays*, 153, 154, 155.

8) 기쁨과 천국에 대한 루이스의 사색은 *The Problem of Pain*의 10장 "Heaven" 과 *Screwtape Proposes a Toast and Other Pieces*의 "The Weight of Glory"에서 볼 수 있다.

9) "On Three Ways of Writing for Children," in *Of This and Other Worlds* (1982), 65.

10) 2002년 12월 12일 David C. Downing과 주고받은 서신을 허락 하에 인용함.

11) *English Literature in the Sixteenth Century*, 42.

12) Letter 56, *Letters of J. R. R. Tolkien*.

13) *J. R. R. Tolkien : A Biography*, 194를 보라. 1940-1941년 겨울 무렵 톨킨은 루이스의 흐나우 개념을 활용해 엔트족을 '발견'했다. 그는 이렇게 물었다. "나무 인간은…… 나무처럼 된 흐나우일까 흐나우가 된 나무일까?"

14) 인용문은 각각 "Perception"과 "Fantasy"에 대한 항목에서 뽑은 것이다.

15) 《반지의 제왕》에 대한 루이스의 서평은 *Of This and Other Worlds*에 다시 실 렸다.

16) "Friendship," in *The Four Loves*, chapter 4.

부록 1. 루이스와 톨킨의 인기가 식지 않는 이유

1) 이 요점은 다음 글에서 볼 수 있다. Tom A. Shippey, "Tolkien as a Post-War Writer," *Scholarship and Fantasy : Proceedings of The Tolkien Phenomenon*, May 1992, Turku, Finland, ed. K. J. Battarbee (Turku, Finland : University of Turku, 1993).

2) "Beowulf : The Monsters and the Critics," in *The Monsters and the Critics and Other Essays*, 7-8.

3) *The Problem of Pain*, chapter 7.

참고문헌

Adey, Lionel. *C. S. Lewis's "Great War" with Owen Barfield*. University of Victoria : Canada, 1978.

_____. *C. S. Lewis : Writer, Dreamer and Mentor*. Grand Rapids, Mich. : Eerdmans, 1998.

Armstrong, Helen, ed. *Digging Potatoes, Growing Trees : Twenty-five Years of Speeches at the Tolkien Society's Annual Dinners*. Vols. 1 and 2. The Tolkien Society, 1997, 1998.

Arnott, Anne. *The Secret Country of C. S. Lewis*. London : Hodder, 1974.

Barfield, Owen. *Poetic Diction : A Study in Meaning*. 2nd ed. London : Faber and Faber, 1962.

Battarbee, K. J., ed. *Scholarship and Fantasy : Proceedings of The Tolkien Phenomenon, May 1992, Turku, Finland*. Turku, Finland : University of Turku, 1993.

Becker, Alida, ed. *The Tolkien Scrapbook*. New York : Grosset and Dunlap, 1978.

British Children's Writers. Dictionary of Literary Biography. Detroit : Bruccoli Clark Layman, 1996.

Burson, Scott, and Jerry Walls. *C. S. Lewis and Francis Schaeffer*. Downers Grove, Ill. : InterVarsity Press, 1998.

Carnell, Corbin S. *Bright Shadows of Reality*. Grand Rapids, Mich. : Eerdmans, 1974.

Carpenter, Humphrey. *The Inklings : C. S. Lewis, J. R. R. Tolkien, Charles Williams and Their Friends*. London : George Allen & Unwin, 1978 ; Boston : Houghton Mifflin, 1979.

_____. *J. R. R. Tolkien : A Biography*. London : George Allen & Unwin,

1977 ; Boston : Houghton Mifflin, 1977.

Chance, Jane. *The Lord of the Rings : The Mythology of Power.* Lexington
: University Press of Kentucky, 2001.

_____. *Tolkien the Medievalist.* New York : Routledge, 2002

_____. *Tolkien's Art : A Mythology for England.* Lexington : University
Press of Kentucky, 2001.

Christensen, Michael J. *C. S. Lewis on Scripture.* London : Hodder, 1980.

Christopher, Joe R. *C. S. Lewis.* Boston : G. K. Hall, 1987.

Clute, John, and John Grant. *The Encyclopedia of Fantasy.* London :
Orbit, 1997.

Como, James T., ed. *C. S. Lewis at the Breakfast Table and Other
Reminiscences.* New York : Macmillan, 1979.

Cunningham, Richard B. *C. S. Lewis, Defender of the Faith.* Philadelphia :
Westminster Press, 1967.

Curry, Patrick. *Defending Middle-eath : Tolkien, Myth, and Modernity.*
London : HarperCollins, 1997.

Dorsett, Lyle. *Joy and C. S. Lewis.* London : HarperCollins, 1988, 1994.

Downing, David C. *The Most Reluctant Convert : C. S. Lewis's Journey to
Fath.* Downers Grove, Ill., and Leicester : InterVarsity Press, 2002.

_____. *Planets in Peril : A Critical Study of C. S. Lewis's Ransom Trilogy.*
Amherst : University of Massachusetts Press, 1992.

Duncan, John Ryan. *The Magic Never Ends : The Life and Work of C. S.
Lewis.* Nashville : W Publishing Group ; Milton Keynes : Authentic
Publishing, 2002.

Duriez, Colin. "'Art Has been Verified……' The Friendship of C. S. Lewis
and J. R. R. Tolkien," in *Digging Potatoes, Growing Trees : Twenty-
five Years of Speeches at the Tolkien Society's Annual Dinners.*
Edited By Helen Armstrong. Vol. 2. The Tolkien Society, 1998.

_____. *The C. S. Lewis Encyclopedia.* Wheaton, Ill. : Crossway Books, and
London : SPCK, 2000.

_____. "C. S. Lewis' Theology of Fantasty," in *Behind the Veil of*

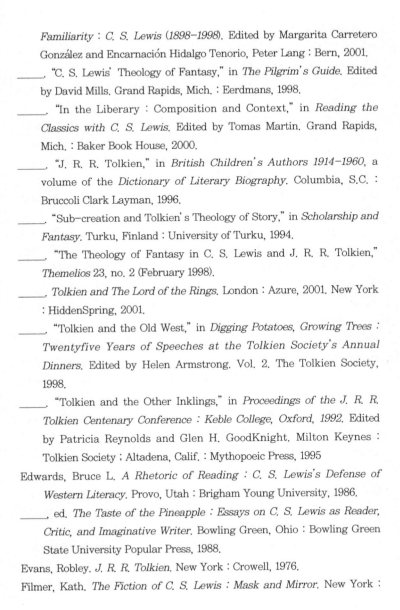

Familiarity : *C. S. Lewis (1898–1998)*. Edited by Margarita Carretero González and Encarnación Hidalgo Tenorio, Peter Lang : Bern, 2001.

____. "C. S. Lewis' Theology of Fantasy," in *The Pilgrim's Guide*. Edited by David Mills. Grand Rapids, Mich. : Eerdmans, 1998.

____. "In the Liberary : Composition and Context," in *Reading the Classics with C. S. Lewis*. Edited by Tomas Martin. Grand Rapids, Mich. : Baker Book House, 2000.

____. "J. R. R. Tolkien," in *British Children's Authors 1914–1960*, a volume of the *Dictionary of Literary Biography*. Columbia, S.C. : Bruccoli Clark Layman, 1996.

____. "Sub-creation and Tolkien's Theology of Story," in *Scholarship and Fantasy*. Turku, Finland : University of Turku, 1994.

____. "The Theology of Fantasy in C. S. Lewis and J. R. R. Tolkien," *Themelios* 23, no. 2 (February 1998).

____. *Tolkien and The Lord of the Rings*. London : Azure, 2001. New York : HiddenSpring, 2001.

____. "Tolkien and the Old West," in *Digging Potatoes, Growing Trees : Twentyfive Years of Speeches at the Tolkien Society's Annual Dinners*. Edited by Helen Armstrong. Vol. 2. The Tolkien Society, 1998.

____. "Tolkien and the Other Inklings," in *Proceedings of the J. R. R. Tolkien Centenary Conference : Keble College, Oxford, 1992*. Edited by Patricia Reynolds and Glen H. GoodKnight. Milton Keynes : Tolkien Society ; Altadena, Calif. : Mythopoeic Press, 1995

Edwards, Bruce L. *A Rhetoric of Reading : C. S. Lewis's Defense of Western Literacy*. Provo, Utah : Brigham Young University, 1986.

____, ed. *The Taste of the Pineapple : Essays on C. S. Lewis as Reader, Critic, and Imaginative Writer*. Bowling Green, Ohio : Bowling Green State University Popular Press, 1988.

Evans, Robley. *J. R. R. Tolkien*. New York : Crowell, 1976.

Filmer, Kath. *The Fiction of C. S. Lewis : Mask and Mirror*. New York :

Macmillan, 1993.

Flieger, Verlyn. *Splintered Light : Logos and Language in Tolkien's World.* Grand Rapids, Mich. : Eerdmans, 1983.

Fonstad, Karen Wynn. *The Atlas of Middle-earth.* Boston : Houghton Mifflin, 1981.

Ford, Paul F. *Companion to Narnia.* San Francisco : Harper & Row, 1980.

Foster, Robert. *The Complete Guide to Middle-earth : From the Hobbit to the Silmarillion.* London : George Allen & Unwin, 1978 ; New York : Ballantine Books, 1978.

Fuller, Edmund. *Books with Men Behind Them.* New York : Random House, 1962.

Garbowski, Christopher. *Recovery and Transcendence for the Contemporary Myth-maker : The Spiritual Dimension in the Works of J. R. R. Tolkien.* Lublin : Maria Curie-Sklodowska University Press, 2000.

Gardner, Helen. "Clive Staples Lewis 1898-1963." *Proc. British Academy* 51(1965) : 417-28

Gibb, Jocelyn, ed. *Light on C. S. Lewis.* London : Geoffrey Bles, 1965.

Goffar, Janine. *C. S. Lewis Index : Rumours from the Sculptor's Shop.* Riverside, Calif. : La Sierra University Press, 1995; Solway : Carlisle, 1997.

Green, R. L., and Walter Hooper. *C. S. Lewis : A Biography.* London : Collins, 1974 ; 3d ed., 2002.

Gresham, Douglas. *Lenten Lands : My Childhood with Joy Davidman and C. S. Lewis.* London : Collins, 1989.

Griffin, William. *Clive Staples Lewis : A Dramatic Life.* San Francisco : Harper & Row, 1986. British edition : *C. S. Lewis : The Authentic Voice.* Tring : Lion, 1988.

Grotta, Daniel. *The Biography of J. R. R. Tolkin : Architect of Middle-earth.* Philadelphia : Running Press, 1978.

Hadfield, Alice Mary. *Charles Williams : An Exploration of His Life and*

Work. Oxford : Oxford University Press, 1983.

Hammond, Wayne G., with the assistance of Douglas A. Anderson. *J. R. R. Tolkien : A Descriptive Bibliography*. New Castle, Del. : St. Paul's Bibliographies, Winchester and Oak Knoll Books, 1993.

Hammond, Wayne G., and Christina Scull. *J. R. R. Tolkien, Artist and Illustrator*. London : HarperCollins, 1995.

Harris, Richard. *C. S. Lewis : The Man and His God*. London : Collins Fount, 1987.

Harvey, David. *The Song of Middle-earth : J. R. R. Tolkien's Themes, Symbols and Myths*. London : Allen & Unwin, 1985.

Hillegas, Mark R., ed. *Shadows of Imagination : The Fantasies of C. S. Lewis, J. R. R. Tolkien, and Charles Williams*. Carbondale : Southern Illinois University Press, 1969, new edition, 1979.

Holbrook, David. *The Skeleton in the Wardrobe : C. S. Lewis's Fiction, A Phenomenological Study*. Lewisburg, Pa, : Bucknell University Press; London Associated University Press. 1991.

Holmer, Paul L. *C. S. Lewis : The Shape of His Faith and Thought*. New York : Harper & Row, 1976 ; London : Sheldon Press, 1977.

Hooper, Walter. *C. S. Lewis : A Companion and Guide*. London : HarperCollins, 1996.

_____. *Past Watchful Dragons*. London : Collins Fount, 1979.

Horne, Brian, ed. *Charles Williams : A Celebration*. Leominster : Gracewing, 1995.

Howard, Thomas. *The Achievement of C. S. Lewis : A Reading of His Fiction*. Wheaton, Ill. : Harold Shaw, 1980.

_____. *The Novels of Charles Williams*. London : Oxford University Press, 1983 ; repr. San Francisco : Ignatius Press, 1991.

Huttar, Charles A., ed. *Imagination and the Spirit : Essays in Literature and the Christian Faith*. Grand Rapids, Mich. : Eerdmans, 1971.

Keefe, Carolyn, ed. *C. S. Lewis : Speaker and Teacher*. London : Hodder, 1974.

Kilby, Clyde S. *The Christian World of C. S. Lewis*. Grand Rapids, Mich. : Eerdmans, 1965, 1996.

_____. *Images of Salvation in the Fiction of C. S. Lewis*. Wheaton, Ill. : Harold Shaw, 1978.

_____. *Tolkien and the Silmarillion*. Wheaton, Ill, : Harold Shaw, 1976 ; Lion : Tring, 1977.

Kilby, Clyde S., and Douglas Gilbert. *C. S. Lewis : Images of His World*. Grand Rapids. Mich. : Eerdmans, 1973.

Kilby, Clyde S., and Marjorie Lamp Meade, eds. *Brothers and Friends : The Diaries of Major Warren Hamilton Lewis*. San Francisco : Harper & Row, 1982.

Knight, Gareth. *The Magical World of the Inklings*. Longmead, Dorset : Element Books : 1990.

Kocher, Paul H. *Master of Middle-earth : The Fiction of J. R. R. Tolkien*. Boston : Houghton Mifflin, 1972. British edition : *Master of Middle-earth : The Achievement of J. R. R. Tolkien*. London : Thames and Hudson, 1972.

Lawlor, John, ed. *Patterns of Love and Courtesy : Essays in Memory of C. S. Lewis*. London : Edward Arnold, 1966.

Lindskoog, Kathryn. *C. S. Lewis : Mere Christian*. Glendale, Calif. : Gospel Light, 1973.

_____. *The Lion of Judah in NeverNeverLand : God, Man and Nature in C. S. Lewis's Narnia Tales*. Grand Rapids, Mich. : Eerdmands, 1973.

Lobdell, Jared. *A Tolkien Compass*. La Salle, Ill. : Open Count, 1975 ; New York : Ballantine, 1980.

Lochhead, Marion. *Renaissance of Wonder : The Fantasy Worlds of C. S. Lewis, J. R. R. Tolkien, George MacDonald, E. Nesbit and Others*. Edinburgh : Canongate, 1973 ; San Francisco : Harper & Row, 1977.

Mabbott, John. *Oxford Memories*. Oxford ; Thornton's of Oxford, 1986.

Manlove, C. N. *Christian Fantasy : From 1200 to the Present*. Basingstoke and London : Macmillan, 1992.

_____. *C. S. Lewis : His Literary Achievement*. New York : St. Martin's Press, 1987.

_____. *Modern Fantasy*. Cambridge : Cambridge University Press, 1975.

Menuge, Angus, ed. *Lightbearer in the Shadowlands : The Evangelistic Vision of C. S. Lewis*. Wheaton, Ill. : Crossway Books, 1997.

Mills, David, ed. *The Pilgrim's Guide : C. S. Lewis and the Art of Witness*. Grand Rapids, Mich. : Eerdmans, 1998.

Montgomery, John Warwick, ed. *Myth, Allegory and Gospel : An Interpretation of J. R. R. Tolkien, C. S. Lewis, G. K. Chesterton and Charles Williams*. Minneapolis : Bethany Fellowship, 1974.

Moseley, Charles. *J. R. R. Tolkien*. Plymouth : Northcote House, 1997.

Myers, Doris, *C. S. Lewis in Context*. Kent, Ohio : Kent State University Press, 1994.

Noel, Ruth S. *The Languages of Tolkien's Middle-earth*. Boston : Houghton Mifflin, 1980.

_____. *The Mythology of Middle-earth*. Boston : Houghton Mifflin, 1977 ; London : Thames and Hudson, 1977.

O'Neill, Timothy R. *The Individuated Hobbit : Jung, Tolkien and the Archetypes of Middle-earth*. Boston : Houghton Mifflin, 1979.

Patrick, James. *The Magdalen Metaphysicals : Idealism and Orthodoxy at Oxford 1901-1945*. Macon, Ga. : Mercer University Press, 1985.

Payne, Leanne. *Real Presence : The Holy Spirit in the Works of C. S. Lewis*. Eastbourne : Monarch Publications, 1989.

Pearce, Joseph, ed. *Tolkien : A Celebration, Collected Writings on a Literary Legacy*. London : Fount, 1999.

Phillips, Justin. *C. S. Lewis at the BBC*. London : HarperCollins, 2002.

Polanyi, Michael. *Personal Knowledge : Towards a Post-Critical Philosophy*. London : Routledge & Kegan Paul, 1958.

Purtill, Richard L. *C. S. Lewis's Case for the Christian Faith*. Harper & Row : 1982.

_____. *Lord of the Elves and Eldils : Fantasy and Philosophy in C. S. Lewis and J. R. R. Tolkien*. Grand Rapids, Mich. : Zondervan, 1974.

Ready, William. *The Tolkien Relation*. Chicago : Regnery, 1968.

Reilly, Robert J. *Romantic Religion : A Study of Barfield, Lewis, Willams and Tolkien*. University of Georgia Press : Athens, 1971.

Reynolds, Patricia, and Glen H. GoodKnight, eds. *Proceedings of the J. R. R. Tolkien Centenary Conference : Keble College, Oxford, 1992*. Milton Keynes : Tolkien Society ; Altadena, Calif. : Mythopoeic Press, 1995.

Sale, Roger. *Modern Heroism : Essays on D. H. Lawrence, William Empson and J. R. R. Tolkien*. Berkeley and Los Angeles : University of California Press, 1973.

Sayer, George. *Jack : C. S. Lewis and His Times*. London : Macmillan, 1988.

Schakel, Peter J. *Reason and Imagination in C. S. Lewis : A Study of "Till We Have Faces."* Paternoster Press : Exeter, 1984.

Schofield, Stephen, ed. *In Search of C. S. Lewis*. South Plainfield, N. J. : Bridge Publications, 1984.

Schultz, Jeffrey D., and John G. West Jr., eds. *The C. S. Lewis Reader' Encyclopedia*. Grand Rapids, Mich. : Zondervan, 1998.

Shideler, Maty McDermott. *The Theology of Romantic Love : A Study in the Writings of Charles Williams*. Grand Rapids, Mich. : Eerdmans, 1962.

Shippey, T. A. *J. R. R. Tolkien : Author of the Century*. London : HarperCollins, 2000.

_____. *The Road to Middle-earth*. London : George Allen & Unwin, 1982 ; New York : Houghton Mifflin, 1983.

Sibley, Brian. *Shadowlands*. London : Hodder. 1985.

Soper, Donald. *Exploring the Christian World Mind*. London : Vision Press, 1964.

Tennyson, G. B., ed. *Owen Barfield on C. S. Lewis*. Middletown, Conn. : Wesleyan University Press, 1989.

Tolkien, John and Priscilla. *The Tolkien Family Album*. London :
Unwin/Hyman, 1992.

Urang, Gunnar. *Shadows of Heaven : Relision and Fantasy in the Writing
of C. S. Lewis, Charles Williams and J. R. R. Tolkien*. London : SCM
Press, 1970 ; Philadelphia : United Church Press, 1971.

Vanauken, Sheldon. *A Severe Mercy*. London : Hodder, 1977 ; New York :
Harper & Row, 1979.

Wain, John. *Sprightly Running*. London : Macmillan, 1962.

Walker, Andrew, and James Patrick, eds. *A Christian for All Christians :
Essays in Honour of C. S. Lewis*. London : Hodder, 1990.

Walsh, Chad. *C. S. Lewis : Apostle to the Skeptics*. New York : Macmillan,
1949.

_____. *The Literary Legacy of C. S. Lewis*. New York : Harcourt Brace
Jovanovich, 1979.

Watson, George, ed. *Critical Thought 1 : Critical Essays on C. S. Lewis*.
Aldershot Scolar Press, 1992.

White, Michael. *Tolkien : A Biography*. London : Little. Brown. 2001.

White, William L. *The Image of Man in C. S. Lewis*. London : Hodder,
1970.

Williams, Charles, ed. *The Letter of Evelyn Underhill*. London : Longmans,
Gereen, 1943.

Wilson, A. N. *C. S. Lewis : A Biography*. London : Collins, 1990.

Wilson, Colin. *Tree by Tolkien*. London : Covent Garden Press, 1973 ;
Santa Barbara, Calif. : Capra Press, 1974.

기타 자료 출처

Extracts and sourcing from the Oral History Project interviews with
Maureen Blake Nee Moore (Lady Dunbar of Hempriggs), Professor A.
G. Kickens, Dr. Robert 'Humphrey' Havard, and Roger Lanclyn
Green used with the kind permission of the Wade Center, Wheaton

College, Wheaton, Illinois, USA.

찾아보기

C. S. 루이스와 톨킨의 책 속에 등장하는 등장인물과 장소들은 따옴표로 표시했다. 그들이 쓴 저작들의 제목은 "루이스, 클라이브 스테이플즈"와 "톨킨, 존 로널드 루얼" 항목 아래에서 찾을 수 있다.

ㅎ

옮긴이 **홍종락**

서울대학교 언어학과를 졸업하고, 한국 사랑의집짓기운동연합회에서 간사로 4년간 활동했다. 지금은 번역 프리랜서로 일하고 있으며, 재미있는 동화를 써서 딸아이에게 읽어 주는 것이 꿈이다. 지금까지 《성령을 아는 지식》, 《소설 마르틴 루터 1, 2》, 《엄마 아빠가 들려주는 아름다운 기도》(이상 홍성사), 《내 눈이 주의 영광을 보네》(좋은 씨앗) 외 여러 책을 번역했다.

루이스와 톨킨
우정의 선물

글쓴이 콜린 듀리에즈
옮긴이 홍종락
펴낸이 이재철
만든이 정애주

편집 옥명호 이현주 한미영 한수경 김혜수
제작·미술 홍순홍 권진숙 서재은 최정은 조은애
영업 오민택 백창석 관리 이남진 박승기
총무 정희자 김은오 쿰회원관리 국효숙 김경아

펴낸날 2005. 10. 21. 초판 1쇄 발행
      2005. 12. 15. 초판 2쇄 발행

펴낸곳 주식회사 홍성사
1977. 8. 1. 등록 / 제 1-499호
121-885 서울시 마포구 합정동 377-9
TEL. 02) 333-5161 FAX. 02) 333-5165
http://www.hsbooks.com E-mail: hsbooks@hsbooks.com

ⓒ 홍성사, 2005

ISBN 89-365-0698-6
값 14,500원 ※잘못된 책은 바꾸어 드립니다.